Das Buch der Flucht

Die Bibel in 40 Stationen

An Deck des Schnelldampfers «Bremen», 1930er-Jahre

Das Buch der Flucht

Die Bibel in 40 Stationen

Neu erzählt von
Johann Hinrich Claussen

C.H.Beck

Mit 45 Abbildungen

Der Verlag dankt akg images
für die gute Zusammenarbeit.

© Verlag C.H.Beck oHG, München 2018
Satz: Fotosatz Amann, Memmingen
Druck und Bindung: CPI – Ebner & Spiegel, Ulm
Umschlaggestaltung: Rothfos & Gabler, Hamburg
Umschlagabbildung: Giotto di Bondone: «Die Flucht nach Ägypten»,
Fresko in der Unterkirche von S. Francesco in Assisi, um 1315/20,
© akg-images/Stefan Diller
Gedruckt auf säurefreiem, alterungsbeständigem Papier
(hergestellt aus chlorfrei gebleichtem Zellstoff)
Printed in Germany
ISBN 978 3 406 72690 3

www.chbeck.de

Inhalt

Für Ulrich Aldag

man muss geduldig träumen
in der Hoffnung dass der Inhalt sich erfüllt
dass die fehlenden Wörter
in die verstümmelten Sätze einziehen
und die Gewissheit auf die wir warten
den Anker wirft

Zbigniew Herbert

Vorwort

Viel habe ich Flüchtlingen bisher nicht geholfen. Dafür gab es Gründe, wahrscheinlich keine besonders guten. Einmal habe ich es doch getan. Meine Kirche hatte ein altes, zum Abriss vorgesehenes Verwaltungsgebäude wieder in Betrieb genommen, um Flüchtlingen, die am Hamburger Hauptbahnhof gestrandet waren, eine Übernachtung zu bieten. Für eine Spätschicht hatte ich mich eingetragen. Junge Leute, die alles organisierten, wiesen mich ein, gaben mir eine signalorange Helferweste und stellten mich in den Speisesaal hinter einen riesigen Suppentopf. Der Saal war eilig und billig eingerichtet worden. Getränkekisten mit Brettern darauf dienten als Tische und Bänke. Ich wärmte die Suppe auf und kochte Tee. Dann kamen die Busse, einer, zwei, drei – bis nach Mitternacht, und brachten Menschen: Familien mit kleinen Kindern, junge Männer einzeln und in Gruppen, dunkel und ärmlich gekleidet, zu dünn für den Winter. Einen inneren Widerstand musste ich anfangs überwinden, dann ging es. Die Suppe, die Bananen, der Tee wurden höflich angenommen. Sprechen konnten wir nicht miteinander. Irgendwann fiel mir auf, dass ich hier schon einmal gewesen war. Damals war der Saal nicht mit Getränkekisten und Brettern, sondern mit einem schweren langen Tisch und mächtigen Stühlen möbliert gewesen. Auf ihnen saßen Bischöfe, Professoren und Oberkirchenräte, um das theologische Examen abzunehmen. So ändert sich die Welt: Damals wurde ich hier von meiner Obrigkeit geprüft – jetzt teilte ich Flüchtlingen Suppe aus. Letzteres war mir angenehmer.

Am nächsten Morgen saß ich wieder an meinem Schreibtisch, noch müde von der Nachtschicht. Ich blätterte in meiner Bibel. Ich suchte nach etwas, das mich aufwecken könnte. Ich blätterte hin und her, vor und zurück, schließlich kam ich zum Propheten Jesaja und dort zu den «Völkersprüchen». Das sind Weissagungen über die Nachbarn Israels: Ägypten

und Babylon, Moab und Tyrus, die Assyrer und Philister. Ein lautes, schril-
les Weh wird da gerufen über einzelne Reiche und Städte.

> Sieh, Damaskus hört auf, eine Stadt zu sein,
> und wird zur Trümmerstätte, zum Trümmerhaufen.
> Die Städte der Aroer werden verlassen für immer,
> und es wird aus sein mit dem Königtum aus Damaskus.

Alle Völker der alten Welt überfällt dieses Wehgschrei.

> Ha, ein Tosen vieler Völker, wie das Tosen des Meeres!
> Ein Brausen der Völkerschaften, wie das Brausen gewaltiger
> Wassermengen!
> Er schilt sie, und sie fliehen in die Ferne,
> sie werden gejagt wie die Spreu auf den Bergen vom Wind
> und wie wirbelnde Blätter vom Sturmwind.
> Am Abend, siehe, da ist Schrecken,
> und ehe es Morgen wird, sind sie nicht mehr da.[1]

Quer las ich nun über diese Kapitel hin mit all ihrem Weh und Ach, dem
Schelten und Fliehen, den zertretenen Völkern und vernichteten Städten,
dem Geschrei und der Totenstille danach. Ich fand keinen Halt, keinen
Ausblick.

> Wächter, ist die Nacht bald hin? Wächter, ist die Nacht bald hin?
> Der Wächter spricht: «Wenn auch der Morgen kommt, so wird
> es doch Nacht bleiben.»[2]

Endlich stieß ich auf einen Vers, bei dem ich anhalten konnte. Den las ich
genau, einmal, zweimal, dreimal.

> Dies ist die Last für Arabien: In der Wüste, im Gestrüpp der
> Wüste müsst ihr übernachten, ihr Karawanen der Dedaniter.
> Den Durstigen bringt Wasser, die ihr wohnt im Lande Tema,
> bietet Brot den Flüchtigen. Denn sie fliehen vor dem Schwert,

vor dem gezückten Schwert, vor dem gespannten Bogen, vor der
Gewalt des Kampfes.[3]

Dieser Vers sollte mich noch länger begleiten.

In den Monaten danach begann ich, die Bibel neu zu lesen – als ein
Flüchtlingsbuch. Im Grundbuch der abendländischen Kultur entdeckte
ich nun Geschichten, Lieder, Gebete, Klagen und Visionen von Geflohenen, Vertriebenen, Deportierten, Ausgezogenen, Entkommenen, Heimat-
suchenden, Migranten und Wanderern aus dem Morgenland. Vieles sah
ich neu oder las es anders. Es war eine lange Neu-Lektüre dieses alten
Buches. Währenddessen folgten die unterschiedlichsten Ereignisse aufeinander: Viele Menschen, aus unterschiedlichen Ländern, kamen nach
Europa, dann nur wenige, weil die Fluchtrouten gesperrt wurden, bis sie
andere Routen fanden oder auf dem Weg starben. Die einheimische
Bevölkerung reagierte sehr unterschiedlich: Anfangs begrüßten viele die
Flüchtlinge freundlich, dann beschimpften einige sie, manche zeigten
Größe, andere äußerten Skepsis oder Befürchtungen. Feindseligkeit und
Gelassenheit, Euphorie und Ernüchterung, Gewöhnung und Erschöpfung
wechselten sich ab. Manchmal schien wieder Ruhe einzukehren, aber das
täuschte. Denn gleichgültig, ob viele oder wenige kamen, das «Thema»
blieb, und die «Krise» wird bleiben. Die «Flüchtlingskrise» ist nicht nur
ein aktuelles Problem, sondern eine epochale Herausforderung – und
dies nicht allein in politischer, polizeilicher oder diakonischer, sondern
auch in kultureller und damit religiöser Hinsicht, denn sie stellt die
grundsätzliche Frage nach dem Eigenen und dem Fremden. Deshalb
lohnt sich ein frischer Blick in das Grundbuch europäischer Kultur. Es ist
ein Buch von Flüchtlingen für Flüchtlinge. Heimatverlust und Heimat-
suche sind seine Kernthemen. Durch Vertreibung und Flucht verloren die
Israeliten ihre alten Gottesbilder und fanden im Exil andere Vorstellun-
gen der Gottesbeziehung und des menschlichen Zusammenlebens. Erst
mit dem Verlust von König, Tempel und eigenem Land entstand der
Glaube an den einen Gott, fand die Religion ihren Ort in der Sprache,
wurde das Buch zum neuen Tempel, bildete sich eine humane Moralität.

Vielleicht ist dies ein gemeinsames Kennzeichen der drei monothei-
stischen Weltreligionen, dass sie von Flüchtlingen und Heimatlosen aus-

gingen. Der Polytheismus ist eine Religionsform für verwurzelte Völker: Ihre Götter haben feste Wohnsitze – diesen heiligen Berg, jenen Hain, diese Quelle, jenen Tempel. Der Glaube aber an nur einen Gott, der auf der ganzen Welt zu Hause ist und zugleich nirgends, ist ein Glaube von Menschen, die keine sichere Heimat mehr haben, die ihren Ort auf dieser Erde erst suchen müssen und deshalb auf einen Gott hoffen, der so wie sie nicht sicher wohnt, aber mit ihnen geht. So war es bei den Israeliten, deren höchstes Fest an die Flucht aus Ägypten erinnert. Ähnlich war es bei den ersten Christen, die Palästina verlassen mussten und in alle Welt ausschwärmten. Ähnlich war es auch bei den Muslimen: Ihre Zeitrechnung beginnt mit der Flucht Mohammeds aus Mekka (im Jahr 622 nach christlicher Zählung).

Wer in dieser Perspektive die Bibel liest, dem geht auf, dass sie ein Menschheitsbuch ist, in dem sich die Erfahrungen der Gegenwart widerspiegeln können. Das heißt natürlich nicht, dass aus den biblischen Erzählungen und Weisungen unmittelbar Erkenntnisse darüber zu gewinnen wären, wie man heute mit Flucht- und Wanderungsbewegungen umgehen sollte. Aber die Wahrnehmung dafür wird geschärft, dass das Abendland aus dem Morgenland stammt und ohne dieses nicht zu denken ist, dass das Grunddokument des vermeintlich Eigenen ein Buch der Fremden ist, dass es Geschichten und Gedanken enthält, die dazu anstiften, eine eigene Balance aus Barmherzigkeit und Besonnenheit, Nüchternheit und Nächstenliebe zu finden.

Wenn man die Bibel heute mit diesem Fokus liest und anderen zum Lesen gibt, dann sollte man versuchen, etwas miteinander zu verbinden, was scheinbar gegensätzlich ist, nämlich eine existentiell engagierte Lektüre und die Einsichten, die die historische Bibelwissenschaft erarbeitet hat. Meist steht beides unverbunden nebeneinander: hier die erbauliche Nacherzählung und dort die akademische Rekonstruktion. Wenn man aber die Bibel als Flüchtlingsbuch betrachtet, lässt sich beides verknüpfen. Man kann verstehen, dass die biblischen Geschichten zwar dem widerstreiten, was die nüchterne Historiographie feststellt, aber dadurch ganz neue Lebensperspektiven und Sinnhorizonte eröffnen.

Die Bibel als Sammlung antiker Schriften ist etwas ganz anderes als die Bücher, die man heute kennt. Die allermeisten von ihnen wurden nicht von einzelnen Autorenpersönlichkeiten verfasst, sondern entstanden in einem langen Prozess des Redens und Hörens, des Nacherzählens und Weitersagens, dann des Aufschreibens und Fortschreibens, des Redigierens und Komplettierens. Deshalb ist es fast unmöglich zu sagen, welcher Vers «ursprünglich» oder «später hinzugefügt» ist. Diese Unterscheidung ist zwar unerlässlich, weil sie dazu anstiftet, den überlieferten Text kritisch zu untersuchen, aber sie ist zugleich eine moderne Frage, die den Verfasserkollektiven der Bibel unverständlich gewesen wäre. Diese haben im Licht ihrer eigenen Fragen und Erfahrungen überliefert, was sie gehört und gelesen haben.

Wer die Bibel heute mit seinen eigenen Fragen und Erfahrungen liest, schreibt sie auf seine Weise ebenfalls fort. Es entspricht der inneren Dynamik der Bibel, sie auf sich selbst hin zu lesen und im eigenen Nacherzählen fortzuschreiben. Manchmal verbinden sich dann die Zeiten oder werden miteinander überblendet: Die Geschichte verbleibt nicht in ihrer unverständlichen Ferne und die Gegenwart nicht in ihrer flüchtigen Heutigkeit. Dabei gehört es allerdings zu einer modernen Lektüre, dass man die – immer vorläufigen – Ergebnisse der historischen Wissenschaft berücksichtigt. So soll nun in diesem Bibellesebuch versucht werden, die Bibel auf eine Grundfrage und Grunderfahrung hin neu zu lesen, die ihre Verfasser und Redaktoren beschäftigt hat und die uns heute erneut beschäftigt. Einige Kapitel werden sich strenger am Original orientieren, andere stärker der historischen Kritik verpflichtet sein, andere wiederum einzelne Geschichten schlicht oder frei nacherzählen – je nachdem, was erforderlich oder angemessen ist. Texttreue und freie Bearbeitung sollen dabei keinen Widerspruch darstellen, sondern gemeinsam dazu beitragen, dass ein Bild entsteht, das heutige Leser hoffentlich irritiert und inspiriert. Vollständigkeit wird dabei nicht angestrebt, eine Auswahl von vierzig Stationen soll genügen.

Da die Bibel hier als ein Menschheitsbuch vorgestellt werden soll, in dem sich existentielle Grunderfahrungen vieler Zeiten widerspiegeln können, enthält dieses Buch nicht nur Texte, sondern auch Bilder. Es sind Photographien von Flucht und Vertreibung, Deportation und Exil, Ankunft in der Fremde oder Rückkehr in die Heimat. Sie stammen aus dem Zeitraum zwischen 1860 und 1950, sind also zeitlich so weit entfernt, dass sie sich von tagesaktueller Pressephotographie unterscheiden, aber doch nah genug, um assoziative Brücken zwischen dem Damals und dem Heute zu schlagen.

Natürlich ist es sinnvoll, im historischen Rückblick und in aktuellen Debatten zu unterscheiden: «Flucht» und «Vertreibung» sind nicht dasselbe, «Auswanderung aus der Armut» ist etwas anderes als «Deportation». Doch wenn man die Menschen auf diesen Bildern sieht und mit dem Blick auf sie die biblischen Texte liest, dann bekommt man eine Ahnung davon, wie relativ solche begrifflichen Differenzierungen sind und was Menschen in den unterschiedlichsten historischen Situationen existentiell verbindet, die ihre Heimat verlieren und in der Fremde überleben müssen. Deshalb heißt dieses Buch einfach nur «Das Buch der Flucht».

Für das, was mir mit diesem Buch vorschwebt, habe ich bei dem polnischen Dichter Zbigniew Herbert die passendsten Worte gefunden: «Der Dialog mit der Vergangenheit, das Hinlauschen auf die Stimmen derer, die uns verlassen haben, das Berühren der Steine, auf denen halb verwischte Inschriften früher Schicksale zurückgeblieben sind, das Beschwören der Schatten, damit sie sich nähren von unserem Mitleid ... das Verweilen bei der Vergangenheit kann, aber es muss nicht die Flucht aus der Gegenwart, die Enttäuschung bedeuten. Denn wenn wir uneingefroren auf eine Reise in die Zeit ausziehen, mit dem ganzen Gepäck unserer Erfahrung, wenn wir die Mythen, Symbole und Legenden prüfen, um für uns aus ihnen das, was gültig ist, herauszufinden – dann kann man dieser Mühe kaum ihr tätiges Verhalten absprechen.»

Präludium:
Erste Vertreibung, erste Flucht:
Adam und Eva, Kain und Abel

Ellis Island, New York, 1905

Geschichten vom Anfang erzählen davon, wie es immer war und sein soll. Sie sind Urgeschichten, die Grundmuster menschlichen Lebens entwerfen. Dazu erzählen sie, wie alles wurde – und immer noch ist. Sie malen Bilder davon, wie Himmel und Erde erschaffen wurden, wie das Leben entstand und der erste Mensch auf die Welt kam. Der erste Mensch aber ist jeder Mensch. Deshalb gehört zu den Urgeschichten der Bibel auch eine Erzählung, die von Vertreibung und Heimatverlust berichtet.

Es war einmal, ganz am Anfang, alles gut für den Menschen, für die Frau und den Mann. Sie lebten im Paradies. Wenn sie sich umsahen: Siehe, es war sehr gut! Es war ein Leben ohne Krankheit und Schmerz, Geburt und Tod waren noch nicht erfunden, es gab kein Gut und Böse, keine Not und deshalb auch keine Gier, nichts war knapp und alles mühelos. Das war ein Kinderleben, ein Leben in träumender Unschuld. Der Mann lebte mit seiner Frau wie Bruder und Schwester. Ihr Vater sorgte für sie, sie mussten sich um nichts sorgen. Und was der Vater ihnen befahl, das befolgten sie, so als hätten sie keinen eigenen Willen, kein selbständiges Urteil. Doch konnten sie nicht für immer Kinder bleiben. Irgendwann mussten sie aufwachen und erwachsen werden.

Da hörte die Frau eine Stimme. Diese Stimme schlängelte sich an sie heran, schmeichelte und lockte:

«Willst du nicht von allen Bäumen des Gartens essen?»

Die Frau antwortete, was sie gelernt hatte: «Wir dürfen von allen Bäumen essen, nur nicht von den Bäumen in der Mitte des Gartens, weil wir sonst sterben.»

Die Schlange widersprach: «Ihr werdet bestimmt nicht sterben. Im Gegenteil, euch werden die Augen aufgehen. Ihr werdet endlich wissen, was Gut und was Böse ist. Ihr werdet wie Gott sein, wenn ihr davon esst.»

Da sah sich die Frau die Früchte von den Bäumen in der Mitte des Gartens an. Sie waren eine Lust für die Augen. Deshalb nahm sie eine von dem einen Baum – er hieß «Baum der Erkenntnis» – und biss hinein. Dann ging sie zu ihrem Mann und gab sie ihm. Der aß von der Frucht, ohne zu fragen. Und tatsächlich, den beiden gingen die Augen auf. Sie sahen sich an und erkannten plötzlich, dass sie nackt waren. Das war ihnen vorher, als sie noch Kinder waren, gar nicht aufgefallen. Nun aber sahen sie sich an und schämten sich. Zum ersten Mal betrachteten sie einander mit erwachsenen Augen und lernten die Scham kennen, eines der tiefsten und schmerzlichsten Gefühle. Doch die beiden wussten sich zu helfen und wurden erfinderisch. Vorher war ihnen alles gegeben worden, jetzt schufen sie zum ersten Mal selbst etwas Neues: Aus Feigenblättern machten sie sich Schurze.

Da hörten sie, wie Gott sich näherte. Er liebte es, in der Kühle des Abends durch seinen Garten zu wandeln. Furcht überkam die beiden. So konnten sie ihm nicht vor die Augen treten. Deshalb versteckten sie sich unter den Bäumen. Aber Gott rief: «Wo seid ihr?»

«Wir haben deine Schritte gehört», antwortete der Mann, «da bekamen wir Angst, denn wir sind ja nackt.»

«Wer hat dir denn gesagt, dass du nackt bist?», fragte Gott. Er wusste aber schon, was geschehen war: «Hast du etwa von den Früchten gegessen, die ich euch verboten habe?»

Gott konnte dem Mann und der Frau nicht vergeben. Die beiden zeigten keine Reue und baten nicht um Verzeihung. Stattdessen schoben sie die Schuld hin und her, der Mann auf die Frau und die Frau auf die Schlange. So blieb Gott nichts anderes übrig, als ein Urteil zu verkünden und eine Strafe festzusetzen. Mann und Frau wurden aus dem Garten vertrieben. Nie wieder sollten sie in das Paradies ihrer Kindheit zurückkehren. Sie mussten hinaus in die wirkliche Welt. Harte Worte gab Gott ihnen mit auf den Weg.

Zur Schlange sprach er: «Verflucht bist du vor allen Tieren, auf deinem Bauch wirst du kriechen und Staub fressen. Feindschaft setze ich zwischen dir und den Menschen.»

Zur Frau: «Du wirst viele Schwangerschaften haben und deine Kinder unter Mühen gebären. Nach deinem Mann wirst du verlangen, und er wird über dich herrschen.»

Zum Mann: «Verflucht ist der Acker deinetwegen, mit Mühsal sollst du dich von ihm ernähren. Dornen und Disteln soll er tragen, das Kraut des Feldes musst du essen. Im Schweiße deines Angesichts sollst du dein Brot essen, bis du wieder zu Erde wirst, von der du genommen bist. Staub bist du und zum Staub kehrst du zurück.»

So vertrieb Gott die beiden aus dem Paradies ihrer Kindheit, schickte sie in die wirkliche Welt und sicherte die Grenze durch Engel mit Flammenschwertern. Aber auch wenn er ihnen nicht vergeben konnte, so half er ihnen doch – ein wenig. Ihm musste aufgefallen sein, dass sie mit ihren Feigenblattschurzen draußen, in Kälte und Nässe nicht überleben würden. Also nahm er Felle und machte ihnen zum Abschied warme, feste Kleidung.[1]

Auf diese erste Eigenmächtigkeit sollte eine zweite, viel schrecklichere Schuld folgen. Aus dem ersten Streit zwischen Mensch und Gott folgte die erste Vertreibung, die zweite Schuld aber mündete in die erste Flucht der Menschheitsgeschichte.

Zwei Söhne hatten der Mann und die Frau. Der eine mit Namen Abel war ein Schafhirte, der andere namens Kain war ein Bauer. Einmal wollten die beiden Brüder etwas von ihrer Arbeit Gott zum Opfer bringen: Kain nahm dazu von den Früchten seines Feldes, Abel von den Erstlingen seiner Herde. Aber Gott behandelte beide nicht gleich. Abels Opfer nahm er freundlich an. Kain verweigerte er dies. Neidisch wurde darauf der eine Bruder auf den anderen. Finster senkte Kain seinen Blick und sah Abel nicht mehr an. Gott bemerkte dies und sprach zu ihm: «Warum senkst du so zornig deinen Blick?»

Doch Kain antwortete ihm nicht, sondern sprach zu Abel: «Lass uns auf mein Feld gehen.»

Als sie dort waren, erschlug er ihn.

Dies war der erste Mord.

Bald darauf rief Gott nach Kain und fragte ihn: «Wo ist dein Bruder Abel?»

Frech antwortete der: «Ich weiß es nicht. Soll ich der Hüter meines Bruders sein?»

«Kain, was hast du getan? Hörst du nicht, wie die Stimme des Blutes deines Bruders von der Erde zu mir schreit?»

Und er verfluchte Kain: «Dein Acker soll dir keine Früchte mehr geben. Unstet und flüchtig sollst du sein auf Erden.»

So wurde Kain zum ersten Flüchtling. Er floh vor der Stimme des Blutes seines Bruders, das er auf seinem Feld vergossen hatte.

Kain war der erste Mörder, und wie viele Mörder nach ihm zeigte er keine Reue, gab seine Schuld nicht zu, sondern beklagte sich wehleidig über die Schwere seiner Strafe: «Ich habe keinen Acker und keine Heimat mehr. Ich muss mich verbergen und fliehen. Jeder kann mich totschlagen.»

Da machte Gott ein Zeichen an diesem verfluchten Flüchtling, damit niemand ihn töte. Denn wer das täte, sollte siebenfache Rache erfahren. Im Schutz dieses Zeichens floh Kain in den Osten und musste dort fortan in der Fremde leben. Nur seine Schuld nahm er mit sich.[2]

1.
Zwei Königreiche und ein Volk

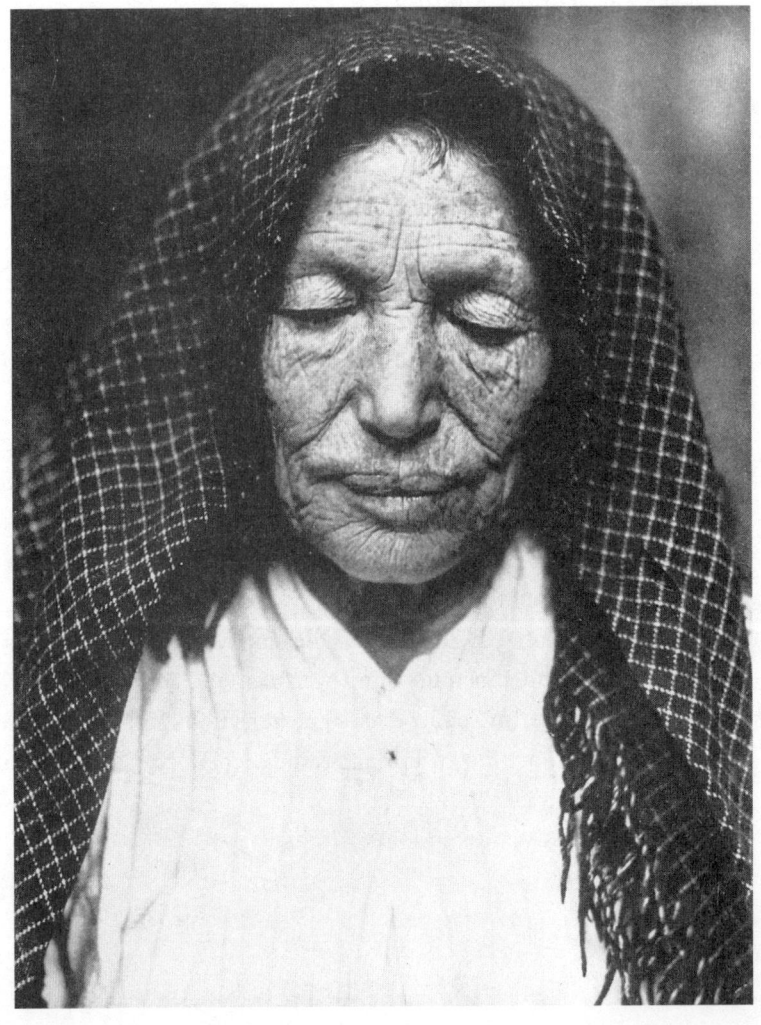

Ellis Island, New York, 1905

Palästina ist der archäologisch wohl am besten erforschte Flecken der Erde. Nirgendwo wurde so aufwendig und umfassend gegraben, wurden die Funde mit vergleichbarer Sorgfalt gesichert und untersucht, wurden so komplexe Zusammenhänge rekonstruiert wie hier. Das hat natürlich damit zu tun, dass kaum ein Landstrich von so welthistorischer Bedeutung ist wie eben dieser. Zudem gibt es immer noch starke weltanschauliche Interessen an der Archäologie des Heiligen Landes. Doch das Bild, das die moderne Archäologie von seiner frühen Geschichte zeichnet, unterscheidet sich deutlich von dem, was man zu kennen meint.

Die Geschichte des Heiligen Landes beginnt im Übergang von der späten Bronzezeit zur frühen Eisenzeit, etwa um 1100 vor Christus. Menschen wanderten in vielen verschiedenen Zügen ein oder lebten schon im Land, zogen aber darin umher. Oft waren es Nomaden, die erst langsam sesshaft wurden. Sie bildeten Familien, Sippen und Stämme, gründeten Dörfer, aus denen Städte wurden, die in wechselnden Koalitionen zusammenfanden oder gegeneinander kämpften. Mauerreste zeugen vom Leben in diesen ersten urbanen Zentren, Brandspuren dagegen von Eroberungen und Vertreibungen.

Schließlich entstanden zwei Königreiche, die das Gebiet zwischen sich aufteilten. Das deutlich größere, mächtigere und kulturell fortschrittlichere war Israel im Norden mit der Hauptstadt Samaria. Sein kleinerer Bruder im Süden mit der Hauptstadt Jerusalem wurde Juda genannt. Ein gemeinsames Großreich unter den Königen David und Salomo, das beide Teile umfasst hätte, hat es wahrscheinlich nie gegeben. Israel und Juda haben sich unabhängig voneinander entwickelt. Beide waren durch Verwandtschaften, eine gemeinsame Sprache, religiöse und kulturelle Ähnlichkeiten verbunden. Aber dass die Menschen des Nordens und des Südens sich als ein «Volk» verstanden, ist unwahrscheinlich. Die Bevölkerung war damals noch gar kein Volk, das sich von anderen Völkern abgehoben hätte. Die Israeliten waren anfangs Kanaanäer. Man könnte sie auch Palästinenser nennen, die sich in kaum etwas von Philistern oder anderen Nachbarn unterschieden. Die Abgrenzung zwischen den vermeintlich von außen eingewanderten «Israeliten» hier und den «Kanaanäern» dort ist erst viel später aufgekommen.

Das zeigt sich auch in der Religion. Sie wurde zunächst an vielen Orten ausgeübt, in den Häusern und Dörfern, an ungezählten kleineren Kultstätten überall im Land sowie in einigen größeren Tempeln. Noch im neunten Jahrhundert vor Christus scheint es weder in Israel noch in Juda einen zentralen Kult gegeben zu haben. Dies änderte sich, als die Könige des Nordens und des Südens mächtig genug waren, die Religionsausübung an ihre Residenz zu binden und in Samaria sowie – später und deutlich kleiner – in Jerusalem Zentraltempel bauten. Diese waren einem Gott namens Jahwe gewidmet, der im Laufe des neunten Jahrhunderts zum obersten Gott eines Pantheons aufstieg und, wenn man den Archäologen glauben darf, eine Frau mit Namen Aschera hatte. Eine Erinnerung daran findet sich in einem alten Gebet.

> Jahwe ist König.
> Darüber freue sich die ganze Erde. Alle Inseln sollen fröhlich sein.
> Wolken und Dunkelheit sind rings um ihn her.
> Feuer geht ihm voraus und verbrennt alle seine Feinde.
> Seine Blitze erhellen den Erdkreis. Die Erde erschrickt.
> Vor Jahwe schmelzen Berge wie Wachs. Er ist der Herrscher der ganzen Erde.
> Der Himmel verkündet seine Gerechtigkeit. Alle Völker sehen seine Herrlichkeit.
> Du, Jahwe, bist der Höchste über der ganzen Erde. Du stehst hoch erhöht über allen anderen Göttern.[1]

Die Archäologie kann immer nur einen winzigen Bruchteil der Frühgeschichte sichtbar machen und erklären. Doch eines ist deutlich: Das Israel des Anfangs war, bevor unsere eigentliche Geschichte beginnt, gar nichts Besonderes. Es war ein Volk wie alle Völker ringsum, mit einem Gott, wie es einige gab. Besser gesagt, es waren zu Beginn zwei kleine Königreiche, die, je nachdem wie es den Großmächten im Süden oder im Osten gefiel, ein gutes oder schwieriges Dasein führten. Solange Israel und Juda auf eigenem Grund und Boden lebten, jeweils noch ihren König und ihren Tempel hatten, waren sie genau wie alle anderen. Sie waren ein Teil von Kanaan. Zu Hause sein heißt eben auch: wie alle sein, sich nicht unterscheiden. Zu etwas Einzigartigem, zu «Israel», wurden sie erst, als ihnen alles genommen wurde und sie fortmussten.

2.
Der Untergang Israels

Anatolien, 1915

Mitte des achten Jahrhunderts vor Christus sollte in Bethel, einer bedeutenden Stadt in Israel, ein Fest gefeiert werden. Die Gassen und der Tempel müssen voller Menschen gewesen sein. Es wurde geopfert, gesungen, gebetet, gehandelt, geredet und gefeiert. Da erschien auf einmal ein Fremder. Mitten in den frommen Lärm rief er schrill hinein:

> Hört dieses Wort, ihr vom Haus Israel, ich muss diese Totenklage über euch anstimmen: Die Jungfrau Israel ist gefallen, sie steht nicht wieder auf. Niedergestreckt liegt sie am Boden, und niemand ist da, der sie aufrichtet. Denn so spricht Gott: «Von der Stadt, die zum Kampf ausrückt mit tausend, bleiben nur hundert übrig, und von der Stadt, die zum Kampf ausrückt mit hundert, bleiben nur zehn übrig dem Haus Israel.»[1]

Amos hieß der Fremde. Er kam aus Juda und war ganz anders als die amtlich bestallten Propheten in der Stadt, die Hundertschaften der Wahrsager am Tempel und am Hof. Eigentlich war er gar kein Prophet, sondern bloß ein Viehzüchter und Maulbeerfeigenzüchter aus Tekoa, einem Dorf südlich von Jerusalem. Warum ausgerechnet er dazu bestimmt war, das heilige Fest im Norden zu stören, lässt sich nicht erklären. Der Geist Gottes muss über ihn gekommen sein. So fühlte er sich berufen, eine schreckliche Neuigkeit anzukündigen.

> Gott wird brüllen vom Berg Zion, aus Jerusalem lässt er seine Stimme so laut werden, dass die Weiden der Hirten verdorren und der Gipfel des Karmel vertrocknet.[2]

Aber noch hörte allein Amos dieses Gottesgebrüll. Die anderen waren dafür taub, besonders die vielen Propheten, die ihren Seherdienst im Tempel und am Hof verrichteten. Sie meinten, in sicheren Verhältnissen zu leben, unter Gottes Schutz zu stehen, und wiegten das Volk in Sicherheit. Sie konnten sich nicht vorstellen, dass in wenigen Jahren das Reich Israel untergehen würde, die Hauptstadt erobert, der König gestürzt, der Tempel zerstört, die Oberschicht verschleppt werden würde. Sie hatten kein Auge für den heraufziehenden Sturm, kein Ohr für das näher kommende Donnergrollen.

Was Amos tat, war Aufruhr. Er störte den öffentlichen Frieden in Bethel, indem er Unheil ankündigte und damit dem herrschenden Glauben widersprach, wonach Jahwe der oberste Gott Israels war und Israel das Volk Jahwes, verbunden durch Thron und Altar, eine untrennbare Einheit. Amos leugnete diese Einheit. So etwas stand unter Strafe.

Während Amos seine Zornreden hielt, schickte Amazja, der Oberpriester von Bethel, einen Boten nach Samaria zu Jerobeam, dem König von Israel, und ließ ihm sagen: «Ein Mann namens Amos macht einen Aufruhr gegen dich, mitten im Haus Israel. Das Land kann seine Worte nicht ertragen. Denn er verkündet: ‹Jerobeam wird durch das Schwert sterben, die Israeliten werden gefangen genommen und aus ihrer Heimat weggeführt.›»

Dann sagte Amazja zu Amos: «Du, Seher, verschwinde von hier, flieh ins Südreich, iss dein Brot in Juda, weissagen magst du in deiner Heimat. In Bethel aber darfst du nicht mehr weissagen, denn dies ist ein Heiligtum des Königs.»

Aber Amos antwortete Amazja: «Ich bin kein Prophet und kein Jünger eines Propheten, sondern bin ein Hirte und züchte Maulbeerfeigen. Doch Gott hat mich von meiner Herde weggenommen und mir gesagt: ‹Geh, weissage meinem Volk!› Deshalb höre du jetzt Gottes Wort. Weil du sagst, dass ich nicht gegen Israel weissagen soll, deshalb spricht Gott zu dir: ‹Deine Frau wird nach der Zerstörung dieser Stadt zur Hure werden. Deine Söhne und Töchter werden durch das Schwert fallen. Dein Acker wird verteilt. Und du wirst fern von hier, in der

Fremde, in einem unreinen Land sterben. Israel wird aus seiner Heimat vertrieben.›»[3]

Es heißt, Propheten wären Sturmboten, Wächter, die auf einer hohen Zinne stehen und am Horizont nahendes Unheil erspähen, Seismographen, die kommende Erdbeben spüren und das Volk warnen. Aber seltsam, man hat den Eindruck, als wollte Amos die Oberen und die Bevölkerung Israels gar nicht warnen. Dann hätte er erwarten müssen, dass sie auf ihn hören und auf seinen Ruf hin irgendetwas tun. Amos scheint jedoch auf kein Echo gehofft zu haben. Vielleicht wollte er gar nicht zu seinen Zuhörern in Bethel sprechen, sondern zu ihren Nachfahren. Man meint, dass seine Worte weniger für seine Zeitgenossen als für spätere Generationen gesprochen, erinnert, überliefert, auf- und fortgeschrieben wurden. Denn erst nach der Katastrophe, die sie ankündigten, sollten sie überhaupt verständlich werden. Doch das lag noch weit in der Ferne.

Amos kündigte einen neuen Tag an. Bisher hatten die Menschen, wenn sie in Angst waren, den Tag Gottes herbeigesehnt. Dann würde Gott kommen und ihnen helfen. Amos sah den Tag Gottes kommen, aber er erkannte, dass der ganz anders sein würde als gemeinhin erhofft.

> Weh denen, die auf den Tag Gottes hoffen! Was soll er euch denn bringen? Der Tag Gottes ist Finsternis und nicht Licht. So wie einer vor dem Löwen flieht und dann fällt ein Bär über ihn her und er rettet sich ins Haus, stützt sich mit der Hand an die Wand, da beißt ihn eine Schlange! Ja, der Tag Gottes wird finster und nicht licht sein, dunkel und nicht hell.[4]

Der Tag Gottes wird ein Tag der Vernichtung sein. Gott wird sein Volk vernichten. Dazu wird er sich einer Weltmacht aus dem Osten bedienen. Er wird die Assyrer herbeirufen und ihnen Israel in die Hand geben. Warum wird Gott dies tun? Was für ein Gott soll das sein, der sein eigenes Volk aufgibt und dann niemanden mehr hat, der ihn anbetet und ihm opfert? Verrückt dieser Gedanke, einem Gott könnte sein Volk so viel und so wenig bedeuten wie die übrigen Völker. Aber genau dies ließ Amos Gott sagen:

Seid ihr Israeliten für mich nicht genauso viel wert wie die Kuschiter? Habe ich nicht die Philister ebenso aus Kaftor geführt wie die Israeliten aus Ägypten oder die Aramäer aus Kir?[5]

Was Amos in Bethel vorausgesagt haben soll, geschah einige Jahre später tatsächlich. Israel hatte sich stark genug gefühlt, der Großmacht seiner Zeit, Assyrien, zu trotzen. Die Assyrer aber waren damals der Schrecken der Völker. Der Prophet Jesaja hat ihre furchtbare Macht so beschrieben:

Vom Ende der Erde kommen sie. Schnell eilen sie heran. Keiner von ihnen ist müde oder schwach, keiner gähnt oder schläft. Ihre Pfeile sind scharf und alle ihre Bogen gespannt. Ihre Wagenräder sind wie ein Sturmwind, und sie brüllen wie junge Löwen. Sie werden daher brausen und den Raub packen und davontragen, dass niemand ihn retten kann. Wenn man dann das Land ansehen wird, sieh, da ist es finster vor Angst, und kein Licht scheint mehr.[6]

Im Jahr 722 vor Christus wurde Israel von den Assyrern zerstört. Darüber gibt es einen ausgesprochen kurzen, sachlichen Bericht.

Hoschea, der König Israels, hatte den Assyrern den Tribut verweigert. Er hatte eine Verschwörung geplant und Boten zum König von Ägypten, dem Feind der Assyrer, gesandt. Als dies Salmanassar, der König von Assyrien, erfuhr, ließ er Hoschea gefangen nehmen und sperrte ihn in ein Gefängnis. Danach zog er durch Israel und belagerte Samaria. Nach drei Jahren eroberte er die Hauptstadt. Er führte die Bevölkerung fort und siedelte sie um nach Halach und an den Habor, den Fluss von Gosan, und in die Städte Mediens. Dann ließ er Leute von Babylon kommen, von Kuta, Awa, Hamat und Sefarwajim und ließ sie anstatt der Israeliten in den Städten des Nordens wohnen.[7]

Israel war zerstört, die Städte erobert, der König gefangen gesetzt, ein Großteil der Bevölkerung in andere Länder verschleppt oder geflohen, das

Land mit Fremden neu besiedelt. Eigentlich hätte die Geschichte Israels damit zu Ende gewesen sein müssen. Doch im Süden sollte sie einen neuen Anfang nehmen.

3.
Die Flucht in den Süden

Frohnleiten (Österreich), 1942

Archäologische Funde weisen darauf hin, dass es nach dem Untergang des Nordreichs zu einem erheblichen Zuwachs der Bevölkerung im Südreich gekommen sein muss. Das lässt sich nur dadurch erklären, dass viele Flüchtlinge aus Israel nach Juda einwanderten. Es lebten fortan aber nicht nur mehr, sondern auch unterschiedlichere Menschen im Süden. Denn die Bevölkerung Israels war vielfältiger gewesen als diejenige Judas. Bei den Verwandten im Süden fanden die Flüchtlinge aus dem Norden Schutz vor den assyrischen Feinden und eine neue Heimat. Wie ihre Flucht vonstattenging, wie sie empfangen wurden, wie sie sich eingliederten, ist nicht bekannt. Doch gibt es Anzeichen dafür, dass erst jetzt so etwas wie ein Bewusstsein der Zusammengehörigkeit heranwuchs. Es entstand die Idee, gemeinsam zu einem «Volk» zu gehören. Das zeigt sich am Namen. «Israel» war vorher allein die Bezeichnung des Nordreichs gewesen. Dieses war zerstört, aber sein Name lebte im Süden weiter, wurde dort zum Namen des ganzen Volkes. Aus Flüchtlingen und Einheimischen in Juda wurde nun «Israel».

Jetzt erst, das legen philologische Beobachtungen nahe, scheint man damit begonnen zu haben, eine gemeinsame Geschichte zu erzählen, die den Norden und den Süden von Anfang an verbinden sollte. Das neue, eine Volk Israel bildete sich in Juda auch dadurch, dass es sich eine einheitliche Gründungsgeschichte gab. Drei sagenhafte Könige – Saul, David und Salomo – sollen ein großes und herrliches Königreich geschaffen haben, mit einem prächtigen Königspalast und einem noch bedeutsameren Tempel in Jerusalem. Erst später wurde es von schlechten Nachfolgern in zwei Reiche aufgespalten. Aber eigentlich war Israel ein Reich und Jerusalem seine Hauptstadt. Diese Geschichte mag es den Flüchtlingen aus dem Norden erleichtert haben, im Süden heimisch zu werden und sich als Teil des Ganzen zu verstehen. Dabei aber wurde das ehemals viel mächtigere, nun aber schrecklich verwüstete Nordreich schroff abgewertet, und die tatsächlichen Größenverhältnisse wurden rückblickend in ihr Gegenteil verkehrt.

Vor allem vor einer Aufgabe standen die Menschen im Südreich nun – die Einheimischen wie die Flüchtlinge –, nämlich die Katastrophe im Norden zu verstehen. Etwas musste grundsätzlich falsch gewesen sein. Ob das Unheil nicht die Strafe für eine Schuld war? Warum, so fragte man sich jetzt im Süden, hatte Gott sich im Norden seines eigenen Volkes beraubt?

Nun erinnerte man sich an Amos, dessen vorzeitige Totenklage in Bethel man damals nicht recht verstanden haben dürfte. Jetzt schien sie einen Sinn zu ergeben. Man erinnerte sich auch an einen anderen Propheten, der in ähnlicher Weise dem Norden Unheil angesagt haben soll – als gerechte Strafe für eine große Schuld. Zu den Habseligkeiten, die man hatte retten und mitnehmen können, müssen auch Prophetenworte und -geschichten gehört haben.

> Während der Zeit, als Jerobeam König des Nordreichs war, sprach Gott nicht nur zu Amos, sondern kurz darauf auch zu Hosea.
> Er sagte ihm: «Geh, nimm dir eine Hure zur Frau und zeuge mit ihr Hurenkinder! Denn wie eine Hure läuft das Land von mir weg und treibt Hurerei mit anderen.»
> Hosea ging los und nahm Gomer, die Tochter Diblajims, zur Frau. Sie wurde schwanger und brachte einen Sohn zur Welt.
> Da sprach Gott zu Hosea: «Nenne ihn Jesreel. Denn nur noch kurze Zeit, dann werde ich das Blut rächen, das das Königshaus in Jesreel vergossen hat, und dann mache ich mit dem Nordreich und seinem König ein Ende. Dann werde ich den Bogen Israels zerbrechen in der Ebene von Jesreel.»
> Ein zweites Mal wurde Gomer schwanger und brachte eine Tochter zur Welt.
> Da sprach Gott zu Hosea: «Nenne sie Ohne-Erbarmen. Denn ich will mich nicht mehr Israels erbarmen und ihnen nicht vergeben.»
> Nachdem Gomer ihre Tochter Ohne-Erbarmen entwöhnt hatte,

wurde sie wieder schwanger und brachte einen zweiten Sohn zur
Welt.

Da sprach Gott zu Hosea: «Nenne ihn Nicht-mein-Volk. Denn
ihr seid nicht mein Volk, deshalb will ich nicht euer Gott sein.»[1]

Am eigenen Leib, am Leib seiner Frau und seiner Kinder soll der Prophet
Hosea den Menschen des Nordreichs gezeigt haben, dass sie ehr- und
schamlos waren wie Huren, untreu und deshalb selbst schuld daran, dass
Gott sie verlassen würde, weil sie ihn, mit dem sie doch verheiratet waren,
in seiner Ehre verletzt hatten.

> Gott hat zu mir gesprochen: «Geh, nimm dir eine Ehebrecherin
> und liebe sie! Denn ich habe die Israeliten geliebt, obwohl sie
> fremde Götter geliebt haben.» So habe ich mir eine Frau gekauft
> für fünfzehn Silberstücke und fünfzehn Scheffel Gerste. Ich habe
> zu ihr gesagt: «Lange Zeit sollst du nur für mich da sein, ohne
> herumzuhuren, ohne mit einem anderen Mann zu schlafen. Und
> auch ich werde nicht zu dir kommen.» Denn lange Zeit werden
> die Israeliten ohne König bleiben, ohne Opfer, ohne Gott. Da-
> nach werden sie zurückkehren und Gott suchen.[2]

Gott also hatte sich von Israel getrennt und sein Volk den assyrischen
Mördern überlassen. Aber Hosea soll die Israeliten gelehrt haben, die
Ursache dafür bei sich selbst zu suchen. Dahinter mag eine dünne Hoffnung gestanden haben: Wenn sie ihre Schuld erkennten, würde Gott vielleicht zurückkommen. Vorher aber sollte ihnen Ungeheuerliches geschehen.

> Samaria wird büßen, dass es seinem Gott so untreu und un-
> gehorsam war. Durch das Schwert sollen sie fallen. Ihre kleinen
> Kinder werden zerschmettert, ihre Schwangeren aufgeschlitzt.[3]

Daran erinnerte man sich nun im Süden: Hosea hatte das Unheil ange-
kündigt, zugleich eine Erklärung mitgegeben. Seine Anklage machte aus
dem Schicksal eine Strafe. Nun wird man sich auch daran erinnert haben,

dass Amos dies – wenn auch in etwas anderer Weise – ebenfalls getan hatte.

> So spricht Gott: «Ich will das Nordreich nicht verschonen wegen seiner Vergehen, weil sie die Unschuldigen für Geld verkaufen und die Armen für ein Paar Schuhe. Sie treten den Kopf der Hilflosen in den Staub und drängen die Elenden vom Weg ab. Sohn und Vater gehen zu derselben jungen Frau, um meinen heiligen Namen zu entweihen. Auf gepfändeten Kleidern räkeln sie sich neben jedem Altar und trinken Wein im Haus ihres Gottes, bezahlt vom Geld der Entrechteten.[4]

Als hätte es keiner vor ihm bemerkt, als wäre es ihm als Erstem aufgefallen, so scheint Amos die Ungerechtigkeit gesehen zu haben, die die Macht ergriffen hatte, und den Betrug, der das Volk beherrschte.

> Hört, die ihr die Armen unterdrückt und die Schwachen im Land zugrunde richtet! Ihr sprecht: «Wann sind endlich die Feiertage vorbei, dass wir Getreide verkaufen können, und wann ist der Sabbat um, dass wir Korn anbieten können? Dann verkleinern wir das Maß, treiben den Preis und fälschen die Waage. Dann kaufen wir den Armen ihren Besitz mit wenig Geld ab und den Schwachen ihr Eigentum um ein Paar Schuhe. Dann verkaufen wir ihnen Spreu als Korn.» Hört, Gott hat bei sich geschworen: «Niemals werde ich ihre Untaten vergessen! Sollte darüber nicht die Erde beben müssen und jeder Bewohner auf ihr trauern? Ich lasse die Sonne am Mittag untergehen und bringe Finsternis über das Land am helllichten Tag. Eure Feiertage verwandle ich in Trauer und eure Lieder in Wehklagen. Ich will ein Trauern schaffen, wie man über den einzigen Sohn trauert.»[5]

Unbestechlich soll sein Blick für die Bosheit der Menschen gewesen sein. Amos – ein wahrer Prophet nicht nur deshalb, weil er zukünftige Ereignisse genau vorhersagte, sondern auch, weil er seine Gegenwart durchschaute. Er betrachtete Herrschaft und Wirtschaft und sah die Gier und

Verlogenheit der Mächtigen und Reichen. Dabei weiß man allerdings nicht, wie sich Amos ein gutes Zusammenleben vorgestellt hätte. Oder hat ihn diese Frage gar nicht interessiert? Es scheint ihm genügt zu haben, die Schuld der Oberschicht anzuzeigen und damit Gottes Zorn zu erklären: Das Volk ist verdorben durch die Bosheit seiner Führer, deshalb will Gott es verstoßen, nicht mehr mit ihm feiern.

> Hört, Gott spricht: «Ich hasse eure Feiertage und verachte sie, ich kann eure Gottesdienste nicht riechen. Wenn ihr mir Brandopfer darbringt – ich habe kein Gefallen daran. Eure fetten Schlachtopfer – ich sehe nicht hin. Weg von mir – das Geplärr eurer Lieder. Euer Harfenspiel – ich höre es mir nicht an! Es ströme aber das Recht wie Wasser und die Gerechtigkeit wie ein nie versiegender Bach.»[6]

Aber was hätten die Menschen denn tun, woran ihr Handeln ausrichten, wie sich bessern sollen? Dazu ist von Amos bloß dieser Vers überliefert:

> Sucht das Gute und nicht das Böse. Hasst das Böse und liebt das Gute.[7]

4.
Die Zerstörung Jerusalems

Berlin, 1948

D ie Geschichte wiederholt sich nicht, aber manchmal verläuft sie in Wellen, die einander ähneln. So war es mit dem Untergang des Südreichs, der 135 Jahre später auf den des Nordens folgte. Er ereignete sich im neunten Jahr der Herrschaft Zedekias, des Königs von Juda. Nach heutiger Zählung war dies das Jahr 586 vor Christus.

Mit seiner ganzen Macht zog Nebukadnezar, der König von Babylon, gegen Jerusalem und belagerte die Stadt anderthalb Jahre lang. Der Belagerungswall rund um die Stadt hielt stand, doch schließlich wurde der Hunger in Jerusalem zu groß. Es gab kein Brot mehr. Da wurde die Stadt aufgebrochen. Der König und seine Krieger flohen bei Nacht. Aber die Babylonier jagten ihm nach und holten ihn ein. Sie nahmen Zedekia gefangen, führten ihn zu Nebukadnezar und sprachen das Urteil über ihn. Zuerst schlachteten sie seine Söhne vor seinen Augen ab, dann blendeten sie ihm die Augen. So war der Tod seiner Söhne das Letzte, was er sah. Danach legten die Babylonier Zedekia in doppelte Ketten und schleppten ihn nach Babylon.

Einen Monat später zerstörten die Babylonier Jerusalem. Sie plünderten und verbrannten den Tempel und den Palast. Alle großen Häuser verbrannten sie. Sie rissen die Stadtmauern nieder. Den Rest des Volkes, der überlebt hatte, führten sie in die Verbannung. Nur von den Ärmsten des Landes ließen sie einige zurück, damit sie als Weingärtner und Ackerbauern das Land bewirtschafteten. Die höchsten Priester und die Vertrauten des Königs jedoch, die sie noch finden konnten, erschlugen sie. Dann führten sie das Volk von Juda aus der Heimat fort in die Verbannung.[1]

Ein antiker Schriftsteller soll – so haben Philologen einmal berechnet – in einer Stunde etwa 75 Wörter geschrieben haben. Für diese beiden Absätze mit ihren 205 Wörtern wird man damals also fast drei Stunden benötigt haben. Wer früher eine Geschichte aufschrieb, machte wenig Worte. So bleiben viele Fragen offen. Warum dauerte es so lange, bis die mächtigen Babylonier die kleine Stadt eroberten? War sie so günstig gelegen, waren die Mauern so stark, die Krieger und Einwohner so zäh? Als Jerusalem dann fiel, warum verließ der König sein Volk und ergriff die Flucht? Wo wollte er hin? Auch wird nicht ausgeführt, wie die Vernichtung der Stadt und die Verbannung der Bevölkerung vollzogen wurden. Es muss sich doch um eine sorgfältig geplante, logistische Anstrengung gehandelt haben. Der Bau des Tempels unter dem Märchenkönig Salomo soll sieben Jahre, der Bau des Palastes sogar dreizehn Jahre gedauert haben. Nun wurden Tempel, Palast und Stadtmauern in wenigen Wochen von Hand und Stein für Stein eingerissen. Wer führte die Soldaten bei ihrem Gang durch die Stadt und wies sie an, die Häuser eines nach dem anderen in Brand zu stecken? Und wer entschied, welche Männer und Frauen in die Verbannung mussten? Irgendjemand wird Listen geschrieben und die Durchführung überwacht haben. Irgendjemand wird Sammelstellen eingerichtet haben. Irgendjemand wird die Männer und Frauen, die Alten und Kinder dorthin befohlen, zu einem langen Zug geformt und in Marsch gesetzt haben. Irgendjemand wird sie auf dem weiten Weg nach Babylon überwacht und für ihre Verpflegung gesorgt haben. Hatte dieser Jemand eine «ordentliche Überführung» im Sinn oder einen Todesmarsch? Und wo hat er die Verbannten schließlich hingebracht?

Es stellen sich beim Lesen einfache Fragen, auf die die biblische Überlieferung keine Antwort gibt. Auch in den neueren wissenschaftlichen Werken zur Geschichte Israels sucht man vergebens. Besonders interessant wäre es zu wissen, wie die Überlebenden das Ende ihrer Stadt erfahren haben, wie diejenigen, die fortmussten, den Verlust der Heimat erlebt, und wie diejenigen, die im Land bleiben durften, mitten in der Zerstörung weitergelebt haben. Ihre Stimmen haben in diesem Bericht keinen Platz gefunden.

Eine Ahnung zumindest geben die von Archäologen gefundenen Ostraka von Lachisch. Ein Ostrakon ist eine Tonscherbe, auf die man wie auf einen Notizzettel eine kurze Botschaft schrieb. Viele solcher Ostraka hat man in der kleinen, strategisch wichtigen Stadt Lachisch, vierzig Kilometer südwestlich von Jerusalem, gefunden. Sie stammen mitten aus der Zeit des Kriegs, kurz vor der Eroberung. Textreste sind es, Bruchstücke von Meldungen, die zwischen den Posten und Festungen hin- und hergesandt wurden:

> ... möge Gott meinen Herrn eine gute Nachricht hören lassen ... – ... dort ist niemand mehr ... – ... wir achten auf die Signale ... – ... möge Frieden ... – ... können die Stadt Azeqa nicht sehen – ... möge mein Herr sich dorthin beeilen ...

Dann nichts mehr, Funkstille.

Einen Vorgeschmack auf die Zerstörung Jerusalems durch die Babylonier lieferte eine Belagerung, die zehn Jahre zuvor, im Jahr 597 vor Christus, stattgefunden hatte.

> Jojachin, König von Juda, hatte den Babyloniern den Tribut verweigert. Deshalb zogen die Kriegsleute Nebukadnezars gegen Jerusalem und belagerten die Stadt. Nebukadnezar selbst stieß dazu. Da ging Jojachin hinaus zu ihm – gemeinsam mit seiner Mutter und den wichtigsten Männern seines Hofs. Der König von Babylon nahm ihn gefangen und führte alle Schätze im Tempel und Palast fort. Und er ließ den König in die Verbannung führen – gemeinsam mit seiner Mutter, den wichtigsten Männern seines Hofs, den Kriegsleuten, allen Zimmerleuten und Schmieden. Außer den Armen und Machtlosen ließ er niemanden zurück.[2]

Wie es dem verbannten König Jojachin erging, darüber berichtet das Buch der Könige:

> Siebenunddreißig Jahre später begnadigte Ewil-Merodach, der König von Babylon, Jojachin und entließ ihn aus dem Kerker. Er sprach freundlich mit ihm und setzte ihn an seiner Tafel höher

als die anderen Könige, die bei ihm waren. Jojachin legte die
Kleider seiner Gefangenschaft ab und aß, solange er lebte, beim
König. Was er zum Leben brauchte, wurde ihm vom König gegeben, so wie der jeweilige Tag es erforderte, und dies sein Leben
lang.[3]

Es nimmt nicht wunder, dass Jojachin in der Fremde blieb und nie in die
Heimat zurückkehrte. Für ihn selbst war der Versuch, sich von der baby-
lonischen Herrschaft zu befreien, gerade noch glimpflich ausgegangen.
Seinem Nachfolger Zedekia sollte es ganz anders ergehen.

5.
Die Stadtklage

Jerusalem, 1935

Ningal und ihr Mann Nanna sitzen im Staub, weit vor den Toren ihrer Heimatstadt. Die Göttin von Ur ist verzweifelt. Feinde sind gekommen, haben diese einst mächtige, prächtige Stadt erobert und zerstört, die Bevölkerung getötet oder verschleppt. Sie weint, betet und klagt:

«O Stadt, bitter ist die Klage um dich geworden,
bitter ist, o Stadt, die Klage um dich geworden.
Um die gute Stadt erhebt sich bittere Klage,
um Ur, das zerstört worden ist, erhebt sich bittere Klage.
Bis wann wird die bittere Klage um dich die Herrin Ningal,
die um dich weint, bedrücken?
Bis wann wird die bittere Klage um dich Nanna, der um dich
weint, bedrücken?
Stadt, die einen Namen hat, du bist mir zerstört.
Stadt, deren Mauer sich hoch erhob, dein Land ist zugrunde
gegangen.
Meine Stadt, wie von einem guten Mutterschaf sind deine
Lämmer von dir getrennt.
Ur, wie von einer guten Ziege sind deine Zicklein von dir
genommen.
Deine Segenskräfte sind in feindlichen Fluch verwandelt worden.
Bis wann wird die bittere Klage um dich die Herrin, die um
dich weint, bedrücken?
Bis wann wird die bittere Klage um dich Nanna, der um dich
weint, bedrücken?»

Das Unglück ist so groß, dass selbst Götter es nur beweinen können. So singt Ningal ein Klagelied über die Zerstörung ihres Tempels:

«Meine heilige Wohnung, mein königliches Haus, dessen Dauer mir die Götter auf lange Zeit festgesetzt haben, liegt mir in Klagen und Weinen am Boden.
Da das Haus die Stätte war, an der sich die Menschen erfreuten, haben sie mir an Stelle seiner Feste Zorn und Unglück gegeben. Wegen seiner Vernichtung schaut man mein Haus, die gute Stätte, mein gutes Haus, das zerstört ist, nicht mehr an.»

Ningal ist verloren und heimatlos wie ihr Volk. Doch bleibt sie bei ihm, teilt sein Schicksal und wendet sich stellvertretend an mächtigere Götter, an An und Enlil – doch vergeblich:

«Als die Götter meine Stadt zu zerstören befohlen hatten,
Als sie Ur zu zerstören befohlen hatten,
da verließ ich meine Stadt nicht, gab ich mein Land nicht auf.
Vor An vergoss ich Tränen, vor Enlil selbst bat ich flehentlich:
‹Meine Stadt soll nicht vernichtet werden!
Ur soll nicht vernichtet werden!
Seine Bewohner sollen nicht zugrunde gehen!›, sage ich zu ihnen.
Aber An kehrte sich nicht an dieses Wort, Enlil erfreute mein Herz nicht mit der Antwort: ‹So ist es gut, so sei es!›»

Ningal sitzt in der Steppe, schaut aus der Ferne auf die Ruinen, die einmal ihre Heimat waren. Sie sitzt nur da – verletzt, beraubt, geschändet und verlassen. Sie kann diese Katastrophe nicht verstehen. Sie stellt sich nicht einmal die Frage nach dem furchtbaren «Warum». Sie sucht nach keiner Erklärung. Das Unglück ist einfach passiert. So bleibt ihr nichts, als da zu sitzen, zu klagen und zu beten. Doch ihre Gebete um Trost und Hilfe verhallen ungehört. Ihre Hoffnung geht ins Leere. Eine Stimme ruft ihr zu:

«An, der König der Götter, möge dir ‹es ist genug› sagen!
Enlil, der König aller Länder, möge dir wieder gutes Geschick
bestimmen!
Deine Stadt möge er dir wiederherstellen – sei dort wieder
Königin!
Ur möge er dir wiederherstellen – sei dort wieder Königin!»

Doch ob Ningal dies noch erleben wird, ist sehr ungewiss.

Ningals Klagelied soll gut viertausend Jahre alt sein. Es steht nicht allein.
Ähnliche Verse wurden für Sumer, Nippur, Uruk oder Eridu gesungen.
Für die vielen zerstörten Städte des Alten Orients entwickelte sich eine
eigene Literaturgattung: die Stadtklage. Man kann sie nicht lesen, ohne
dass einem heutige Bilder von Palmyra, Bagdad, Aleppo, Sanaa, Gaza,
Mossul oder Damaskus in den Sinn kommen.

Erstaunlich ist, wie lange diese Klagen die ermordeten Städte überlebt
haben. Es müssen regelrechte Liturgien gewesen sein mit festen For-
mularen, die sorgsam weitergegeben wurden, von einer Generation zur
nächsten, von einer Stadt zur anderen, um dann im Unglücksfall hervor-
geholt und neu gesungen zu werden. Anders ist es kaum zu erklären, wie
die altorientalischen Stadtklagen gut eineinhalb Jahrtausende später auf
Jerusalem angewandt werden konnten und so Eingang in die Bibel
fanden.

Zu den kleinen, oft überblätterten Büchern des Alten Testaments gehören die Klagelieder. Eine fromme Tradition hat diese Verse dem Propheten Jeremia zugeschrieben. Aber er wird kaum ihr Autor gewesen sein.
Diese Klagelieder besingen das zerstörte Jerusalem, so wie Ningal das
vernichtete Ur besungen hat, und sind doch ganz anders. Denn sie verbinden die altorientalischen Vorbilder mit den eigenen prophetischen
Überlieferungen, für die stellvertretend der Name «Jeremia» steht.

Ach, wie liegt sie einsam da, die Stadt, einst reich an Volk, nun
einer Witwe gleich!
Eine Große unter den Nationen, eine Fürstin unter den Provinzen,
nun in Fronarbeit!

Bitter weint sie in der Nacht, und ihre Tränen sind auf ihren Wangen.
Keiner tröstet sie unter all denen, die sie geliebt haben;
all ihre Freunde haben treulos an ihr gehandelt, sind nun ihre Feinde.
Wie liegt die Stadt so verlassen, die voll Volks war!
Sie ist wie eine Witwe, die Fürstin unter den Völkern,
und die eine Königin in den Ländern war, muss nun dienen.
Sie weint des Nachts, dass ihr die Tränen über die Wangen laufen.
Es ist niemand unter allen ihren Liebhabern, der sie tröstet.
Alle ihre Freunde sind ihr untreu und ihre Feinde geworden.[1]

Zu Jerusalems Schmerz kommt die Scham hinzu.

Jerusalem muss sein wie eine unreine Frau.
Alle, die sie ehrten, verschmähen sie jetzt,
weil sie ihre Blöße sehen.
Sie aber seufzt und hat sich abgewendet.
Ihr Unflat klebt an ihrem Saum.[2]

Doch Jerusalem ist nicht verstummt. Die Stadt schweigt nicht, sondern erhebt ihre Stimme und klagt:

Ach, Gott, sieh an mein Elend, denn der Feind triumphiert!
Ach, Gott, sieh doch und schau, wie verachtet ich bin!
Euch allen, die ihr vorübergeht, sage ich: Schaut doch und seht,
ob irgendein Schmerz ist wie mein Schmerz, der mich getroffen hat.
Denn Gott hat Jammer über mich gebracht am Tage seines grimmigen Zorns.
Er hat ein Feuer aus der Höhe in meine Gebeine gesandt und lässt es wüten.
Er hat meinen Füßen ein Netz gestellt und mich rückwärtsfallen lassen.
Er hat mich zur Wüste gemacht, dass ich für immer siech bin.

> Schwer ist das Joch meiner Sünden; durch seine Hand sind sie
> zusammengeknüpft.
> Gott hat mich in die Gewalt derer gegeben, gegen die ich nicht
> aufkommen kann.
> Darüber weine ich so, und mein Auge fließt von Tränen; denn
> der Tröster, der meine Seele erquicken sollte, ist fern von mir.
> Meine Kinder sind dahin; denn der Feind hat die Oberhand
> gewonnen.
> Ach, Gott, sieh doch, wie bange mir ist, dass mir's im Leibe davon
> wehtut!
> Mir dreht sich das Herz im Leibe um, weil ich so ungehorsam
> gewesen bin.
> Draußen hat mich das Schwert und im Hause hat mich der Tod
> meiner Kinder beraubt.[3]

Jerusalems Klage geht bis an den Rand des Erträglichen und darüber hinaus. Kaum auszuhalten ist aber auch, wie sie die ungeheuerliche Zerstörung deutet. Es ist Gott selbst gewesen, der dies veranlasst hat.

> Wie hat Gott die Tochter Zion mit seinem Zorn überschüttet!
> Er hat die Herrlichkeit Israels vom Himmel auf die Erde
> geworfen.
> Er hat nicht gedacht an seinen Fußschemel am Tag seines Zorns.
> Gott hat alle Wohnungen Jakobs ohne Erbarmen vertilgt.
> Er hat die Burgen der Tochter Juda abgebrochen in seinem
> Grimm und geschleift.
> Er hat seinen Bogen gespannt wie ein Feind.
> Seine rechte Hand hat er geführt wie ein Widersacher
> und hat alles getötet, was lieblich anzusehen war im Zelt der
> Tochter Zion,
> und hat seinen Grimm wie Feuer ausgeschüttet.[4]

In seinem Zorn also hat Gott gerecht gehandelt, denn er hat Jerusalem für ihre Untreue bestraft. Aber wie kann man diese schreckliche Deutung verstehen, annehmen oder auch nur ertragen?

Zwischengedanken:
Die Entdeckung Gottes im Unheil

Danzig, 1945

Man kann die Bibel nicht wie ein gewöhnliches Buch durchlesen, einfach vorne beginnen und hinten aufhören. Die Tür, durch die man eintreten kann, muss man erst suchen, und es ist keineswegs gesagt, dass sie gleich am Anfang zu finden ist. Sie könnte ebenso gut am Ende oder irgendwo in der Mitte angebracht sein. Um sie zu finden, braucht man eine eigene Fragestellung, ein persönliches Anliegen, das man in der Lektüre klären will.

Dieses Anliegen ist für mich die Frage nach den Menschheitserfahrungen von Flucht und Vertreibung, des Verlustes der Heimat und der Suche nach einer neuen. In dieser Perspektive habe ich die Propheten gelesen. Doch was für eine seltsame Tür ist das: furchtbare Verse, erschreckende Geschichten, dunkle Bruchstücke, widersprüchliche Botschaften – weniger eine Tür als selbst ein Labyrinth. Dennoch hatte ich den Eindruck, dass ich genau hier hindurchmüsste, um hineinzukommen.

Wenn man selbst nicht weiterweiß, braucht man manchmal ein Gespräch, um auf eine Spur zu kommen. Bei mir war es eine Unterhaltung mit einem Freund. Wir sprachen über ein Phänomen, das ihm als Pastor in seiner Seelsorge häufig begegnet ist und ihn jedes Mal von neuem verstört: Menschen, die ein großes Unglück getroffen hat, geben sich selbst die Schuld dafür. Sie hatten einen Unfall, wurden von einer Krankheit gepackt, ein geliebter Mensch wurde ihnen weggerissen, sie wurden betrogen, bestohlen, ihnen widerfuhr Gewalt, aber anstatt den Schmerz nur auszuhalten, auf Heilung zu hoffen und einen neuen Weg ins Leben zu suchen, starren sie zurück, um herauszufinden, wie sie selbst das Unheil mit verursacht haben könnten. Fachmännisch nennt man das die Übersetzung von Trauma in Schuld. Spontan möchte man widersprechen: Ihnen ist schlicht Schreckliches geschehen, es ist Schicksal oder Zufall. Warum vergrößern sie ihre Last dadurch, dass sie sich selbst schuldig sprechen und beschämen? Mein Freund erklärte es mir so: Häufig schreiben sich Traumatisierte die Schuld an ihrem Unglück selbst zu, weil sie so die Gefühle von Sinnlosigkeit und Ohnmacht abwehren können. Es scheint für sie besser zu sein, sich schuldig zu fühlen, als dem Unglück ausgeliefert zu sein, ohne es zu verstehen. Der Schuldige kann das Geschehene in einen Zusammenhang stellen, es deuten, darüber sprechen, eine Geschichte dazu erzählen. Zudem bleibt ihm die Möglichkeit, seine Schuld abzubüßen und begnadigt zu werden. Er kann Hoffnung schöpfen. Er kann glauben, dass er sich das nächste Mal nur anders verhalten müsste – dann würde er verschont werden. Indem sich das Opfer zum Täter erklärt, gewinnt es einen Sinn für sein Leben und den Glauben an die Fähigkeit zu handeln zurück.

Natürlich kann man Menschen, die vor Jahrtausenden gelebt haben, nicht ohne weiteres mit psychologischen Mitteln deuten, die für Menschen der heutigen Zeit entwickelt wurden. Wenn es aber gleichbleibende Muster der menschlichen Seele gibt, dann wirft die Beobachtung zu heutigen Traumatisierten Licht auf die Klagelieder und die Unheilsbotschaften von Amos, Hosea und vielen anderen Propheten. Anders als die altsumerischen Stadtklagen fragen sie nach den Gründen und geben eine Antwort, indem sie Trauma in Schuld übersetzen: Der Untergang Jerusalems ist kein Zufall, Gott selbst hat ihn zu Recht angeordnet, das Volk hatte sich schuldig gemacht und musste bestraft werden. Es hat also alles seine höhere Ordnung mit dieser Katastrophe, die die menschliche Ordnung vernichtet hat. Gott ist nicht im Unrecht – im Gegenteil, er ist der einzige Gerechte, denn die Israeliten sind schuld am eigenen Unglück. So erklärt es die prophetische Traumatherapie.

Die Autoren des Alten Testaments hätten das Unheil auch ohne Gott erklären können. Dann hätten sie einfach geschrieben: Unsere Heimat liegt ungünstig, genau auf einer Landbrücke zwischen den Großmächten, ist deshalb leichte Beute wechselnd der Assyrer, Babylonier oder Ägypter, je nachdem, wer gerade am stärksten ist, kommt über uns wie ein riesiger Raubvogel, plündert unsere Nester, frisst unsere Eier und Jungvögel, wir können nichts dagegen tun, als mit unseren kleinen Flügeln zu schlagen und ängstlich zu zwitschern.

Doch innerhalb eines Weltbildes, in dem alles Teil einer umfassenden

Ordnung ist, konnte eine so schlichte Erklärung nicht genügen. Es ist die grandiose Leistung der Propheten des Unheils, die Zerstörung der alten Ordnung zum sinnvollen Teil eines größeren, höheren Zusammenhangs zu erklären. Der alte Glaube war in den Eroberungen ihrer Hauptstädte untergegangen. Mit einem Jahwe, der nur ein Volksgott unter vielen war – und offensichtlich ein ziemlich schwacher und wehrloser –, konnten sie nicht weitermachen. Es war Zeit für ein neues Verständnis Gottes und einen anderen Glauben.

Aber die prophetische Deutung des Unheils hat auch etwas Abstoßendes, Empörendes. Sie scheint kein Mitleid mit den Leidenden zu kennen, vergrößert vielmehr ihren Schmerz, fügt der bitteren Not noch die Last der Beschämung hinzu. Der Preis war sehr hoch, der für diese Rettung der höheren Ordnung zu zahlen war. Aber so, wie die Propheten es gesagt oder ihre Schüler es geschrieben haben, muss darin eine eigentümliche Kraft gelegen haben, die etwas entstehen ließ, was vorher noch nicht gedacht worden war. Hinter der Maske des strafenden Gewalttäters verbarg sich ein neues Gesicht Gottes. Hosea und Amos sahen einen Gott, der nicht mehr an ein Land oder Volk gebunden war, sondern der sich davon lösen und allein sein konnte, der deshalb ein Gott der ganzen Welt war, ein Gott auch über die feindlichen Weltreiche. Sich mit diesem so viel größer gewordenen Gott zu verbinden, sich also nicht nur von ihm zerschlagen zu lassen, könnte der Weg zu einem neuen Leben sein. Man müsste nur eine Möglichkeit finden, hinter der Fratze des Grausamen die Augen eines Bundesgenossen zu entdecken. Doch so weit waren Amos und Hosea noch nicht. Dazu brauchte es weitere Propheten. Diese sollten zu einem Glauben finden, der aus dem Scheitern erwächst und neu ins Leben führt. Diesem seltsamen Glauben der Verlierer, Verstörten und Gekreuzigten, dessen eigentlicher Beweis die Niederlage war, sollte die Zukunft gehören. Der Glaube der Imperatoren und Invasoren dagegen würde vergehen und verwehen. Amos und Hosea haben das Neue vorbereitet, dessen Tiefe und Weite, dessen Folgen sie aber noch nicht absehen konnten. Ihre Predigten waren Samen, die der assyrische Sturm von Israel nach Juda wehte. Als eineinhalb Jahrhunderte später das Unheil den Süden traf, konnten Propheten dieses Unglücks darauf zurückgreifen, etwa Jeremia.

Es wird häufig gesagt, dass das Alte Testament ein Buch der Gewalt und sein Gott ein grausamer Rachegeist sei. Doch wenn man gewaltgesättigte Verse der Bibel liest, sollte man bedenken, dass ihre Autoren keine Gewalttäter, sondern Gewaltopfer waren, also Besiegte, Niedergeworfene, Erschütterte.

6.
Das gezeichnete Ich: Jeremia

Auf dem Schiff nach Haifa, Juli 1945

Gottes Wort kam über mich: «Bevor ich dich im Mutterleib gebildet habe, habe ich dich schon gekannt, und ehe du von deiner Mutter geboren wurdest, habe ich dich zum Propheten für die Völker bestimmt.»

Ich widersprach: «Ach, Gott, Gott! Ich tauge nicht zum prophetischen Reden. Ich bin zu jung.»

«Sag nicht: ‹Ich bin zu jung›! Sondern geh dahin, wohin ich dich sende, und sage alles weiter, was ich dir gebiete. Fürchte dich nicht, denn ich bin bei dir und will dich erretten!»

Gott streckte seine Hand aus, rührte meinen Mund an und sprach zu mir: «Ich lege meine Worte in deinen Mund. Ich setze dich heute über Völker und Königreiche, weil du ausreißen und einreißen, zerstören und verderben sollst, bauen und pflanzen.»

Gottes Wort kam über mich: «Jeremia, was siehst du?»

Ich antwortete: «Ich sehe einen erwachenden Zweig.»

«Du hast richtig gesehen; denn ich wache über mein Wort und führe es aus.»

Gottes Wort kam ein zweites Mal über mich: «Was siehst du?»

«Ich sehe einen siedenden Kessel, von Norden her sehe ich ihn überkochen – auf mich zu.»

«Von Norden her wird sich das Unheil über alle Bewohner des Landes ergießen. Also sei ein Mann, mach dich bereit, geh los und sage ihnen alles, was ich dir gebiete. Erschrick nicht vor ihnen, damit ich nicht dich erschrecke! Denn ich mache dich heute zur festen Stadt, zur eisernen Säule, zur ehernen Mauer gegen das ganze Land, gegen die Könige Judas, gegen seine Fürsten, gegen seine Priester, gegen das ganze Volk. Sie werden dich bekämpfen, aber sie werden dich nicht überwältigen. Denn ich bin bei dir und will dich erretten.»[1]

Jeremia war der Prophet des zweiten Untergangs. Unmittelbar vor und nach der Eroberung im Jahr 587 vor Christus durch die Babylonier lebte er in Jerusalem. Er sah das Unheil kommen, und in diesem Unheil entdeckte er Gott. Es war seine Berufung, diese Botschaft auszurichten:

> Aus seinem Dickicht springt der Löwe hervor, der Zerstörer, der die Völker vernichtet. Er bricht auf, dein Land zu verwüsten und deine Städte zu verbrennen, so dass niemand mehr in ihnen wohnt. Es kommt ein heißer Wind von den kahlen Höhen aus der Wüste. Gebt acht, wie Wolken steigt er auf, wie ein Sturm sind seine Wagen, schneller als Adler seine Pferde. Weh uns, wir sind verloren! Wie ist mir so weh! Mein Herz pocht mir im Leib, und ich kann nicht schweigen. Denn ich höre den Klang der Posaune, Kriegsgeschrei. «Niederlage!» ruft man und: «Zusammenbruch!» Das ganze Land wird verwüstet. Vor dem Geschrei der Reiter und Schützen flieht die ganze Stadt. Sie laufen in die dichten Wälder und kriechen in die Felsen. Alle Städte werden verlassen, dass niemand mehr in ihnen wohnt.[2]
> Von Norden droht Unheil und großer Zusammenbruch. Sieh, aus dem Norden kommt ein Volk, ein großes Volk erhebt sich vom Ende der Erde. Sie führen Bogen und Speer, grausam sind sie und kennen kein Erbarmen. Sie brausen wie das Meer im Sturm und reiten auf Pferden gegen dich, du Tochter Zion. Wir haben von ihnen gehört und unsre Arme sind uns niedergesunken. Angst und Schmerz hat uns ergriffen wie bei einer Gebärenden. Geht nicht hinaus auf das Feld, geht nicht über Land, denn da ist das Schwert des Feindes, Schrecken über Schrecken![3]

Über keinen Propheten bietet die Bibel so viele biographische Informationen wie über Jeremia. Viele Geschichten über sich scheint er selbst zu erzählen. Trotzdem kann man heute kaum sagen, wer er wirklich war. Auch wenn es weiterhin lohnend ist zu versuchen, die unterschiedlichen

Schreibschichten des Jeremia-Buches voneinander abzuheben, um so vielleicht einen historischen Kern und ein paar authentische Worte zu finden, sollte man nicht mehr darauf hoffen, den «ursprünglichen» Propheten als individuelle Gestalt freilegen zu können. Damit sind das Jeremia-Buch und die anderen prophetischen Schriften nicht für wertlos erklärt. Ihre Bedeutung wird erkennbar, wenn man sich vorstellt, wie sich nach den Katastrophen, im gestürmten Samaria, im zerstörten Jerusalem oder im Babylonischen Exil, kleine Gruppen von Menschen an die Worte der wenigen Propheten erinnerten, die das Unheil vorhergesehen hatten. Die Überlebenden versuchten, das Unbegreifliche dadurch zu fassen, dass sie sich an die alten Seher erinnerten und deren Botschaft fortschrieben – und zwar so, dass dadurch etwas Neues entstand, das ihnen Halt und Richtung gab. Besonders eindrucksvoll begegnet einem dies im Buch des Jeremia, des größten Unheilspropheten.

Der große Historiker Leopold von Ranke hat vor etwa einhundertfünfzig Jahren geschrieben: «Nicht Blindheit ist es, nicht Unwissenheit, was die Menschen und Staaten verdirbt. Nicht lange bleibt ihnen verborgen, wohin die eingeschlagene Bahn sie führen wird. Aber es ist in ihnen ein Trieb, von ihrer Natur begünstigt, von der Gewohnheit verstärkt, dem sie nicht widerstehen, der sie weiter vorwärtsreißt, solange sie noch einen Rest von Kraft haben. Göttlich ist der, welcher sich selbst bezwingt. Die meisten sehen ihren Ruin vor Augen; aber sie gehen hinein.» Ist also Jeremia göttlich zu nennen, weil er den Abgrund gesehen hat? Ursprünglich scheint genau dies seine prophetische Aufgabe gewesen zu sein: Ohren und Augen für das Unheil zu öffnen, kein Vertrauen zu wecken und keinen Trost zu spenden, sondern als Einziger zu sagen, dass das Unheil kommt. Aber sehr bald schon muss er die vorauseilende Klage mit einer Anklage verknüpft haben. Und diejenigen, die seine Predigt aufbewahrten und weiterschrieben, banden Trauma und Schuld zu einem festen Strick zusammen.

> Ich trat ins Tor des Tempels und predigte:
> «Hört Gottes Wort, ihr von Juda, alle, die ihr zu diesen Toren hineingeht, um Gott anzubeten! So spricht Gott zu euch: ‹Bessert euer Leben und Tun, dann will ich bei euch wohnen an diesem Ort. Verlasst euch nicht auf die Lügen, die euch eure Priester sa-

gen: ‹Hier ist Gottes Tempel, hier ist Gottes Tempel, hier ist Gottes Tempel!› Sondern bessert euer Leben und Tun, tut Recht einer gegen den andern, unterdrückt nicht die Fremden, die Waisen und Witwen, vergießt kein unschuldiges Blut und lauft keinen andern Göttern nach. Dann will ich für immer bei euch wohnen an diesem Ort. Aber jetzt verlasst ihr euch auf diese Lügenworte, die euch nichts helfen. Nicht wahr, so macht ihr es: Ihr stehlt, mordet, brecht die Ehe, schwört falsch, opfert dem Baal und lauft anderen Göttern nach – und dann kommt ihr hierher in den Tempel, tretet mir vor die Augen und sagt: ‹Hier sind wir geborgen!› – nur um danach weiter solche Gräuel zu tun. Ist denn dieses Haus, das meinen Namen trägt, für euch eine Räuberhöhle? Geht doch zu meinem Tempel in Silo – im Nordreich –, wo früher mein Name einmal gewohnt hat und schaut, was ich dort getan habe, wie ich die Bosheit Israels bestraft habe. Aber jetzt, weil ihr all diese schlimmen Dinge tut, obwohl ich euch wieder und wieder gewarnt habe – aber nein, ihr wollt nicht hören; wenn ich euch rufe, wollt ihr nicht antworten –, also jetzt will ich mit diesem Haus, das meinen Namen trägt und auf das ihr euch so verlasst, mit dem Tempel, den ich euch und euren Vätern gegeben habe, genau das Gleiche tun, was ich damals mit Silo – im Nordreich – getan habe. Ich will euch verstoßen, so wie ich all eure Brüder im Norden verstoßen habe.»[4]

Jeremia gehörte zu den wenigen, die den Sturm kommen sahen. Er war auch fast der Einzige, der im Auge des nahenden Sturms etwas entdeckte. Dort sah er den Gott seines Volks, aber ganz anders als bisher, so als wäre es fast ein neuer Gott: nicht nur der Gott eines Volks, sondern der einzige wahre Gott aller Völker; kein Gott, der Opfer und Gebete will, sondern ein Gott, der das Gute fordert und das Böse bestraft und dadurch beweist, dass er der Herr der ganzen Welt ist. Diese Einsichten ließen Jeremia einsam werden.

Gottes Wort kam über mich: «Du sollst dir keine Frau nehmen und weder Söhne noch Töchter zeugen an diesem Ort.» Denn so spricht Gott von den Söhnen und Töchtern, die an diesem Ort geboren werden, von ihren Müttern, die sie gebären, von ihren Vätern, die sie zeugen: «Eines qualvollen Todes werden sie sterben, sie werden nicht beklagt, nicht begraben, sondern zu Dünger auf dem Acker. Durch Schwert und Hunger werden sie umkommen, ihre Leichen werden den Vögeln des Himmels und den Tieren der Erde zum Fraß werden.» So sprach Gott zu mir: «Du sollst in kein Haus gehen, in dem ein Trauermahl stattfindet, geh nicht hinein, um zu klagen oder um zu trösten. Denn ich habe diesem Volk meinen Frieden weggenommen. Du sollst auch in kein Haus gehen, in dem eine Hochzeit gefeiert wird, um mit ihnen zu essen und zu trinken. Denn vor euren Augen und in euren Tagen will ich an diesem Ort ein Ende machen mit Jubel, Freude und Wonne – die Stimmen des Bräutigams und der Braut werden verstummen.»[5]

Diese Prophezeiungen wollte niemand hören oder glauben. Andere Propheten predigten das Gegenteil und wurden dafür von den Mächtigen und dem Volk geliebt.

Hört nicht auf die Worte der anderen Propheten! Sie betrügen euch und verkünden euch Träume, die aus ihrem eigenen Herzen und nicht aus Gottes Mund kommen. Immerzu rufen sie: «Ihr werdet Frieden haben!» Allen, die so leben, wie es ihnen ihr verstocktes Herz befiehlt, sagen sie: «Es wird kein Unheil über euch kommen!» Aber Gott spricht: «Bin ich denn nur ein Gott, der euch nahe ist, oder bin ich nicht auch ein Gott, der fern von euch ist?»[6]

Der wahre Prophet ist daran zu erkennen, dass er «Krieg, Tod, Untergang, Vernichtung!» ruft. Als Prophet kann nur gelten, wer die Geschichte ehrlich zu Ende denkt – und das Ende ist dann erreicht, wenn die Geschichte ihre schlimmstmögliche Wendung genommen hat.

Gottes Wort kam über mich: «Mach dir Stricke und ein Joch, lege sie auf deinen Nacken und sende Botschaften zu den Königen von Edom, Moab, Ammon, Tyrus und Sidon durch die Boten, die zu Zedekia, dem König von Juda, nach Jerusalem gekommen sind, um einen Aufstand gegen den König von Babylon zu planen. Sage ihnen, dass sie ihren Herren sagen sollen: ‹So spricht Gott – Ich habe die Erde gemacht, die Menschen und Tiere, und gebe sie, wem ich will. Jetzt habe ich alle eure Länder in die Hand Nebukadnezars, des Königs von Babylon – er ist mein Knecht –, gegeben, sogar die Tiere auf dem Feld, damit sie ihm dienen. Alle Völker sollen ihm dienen und seinen Nachkommen, bis für sein Land die Zeit gekommen ist, dass es von stärkeren Völkern und mächtigeren Königen unterworfen wird. Das Volk und König- reich aber, das Nebukadnezar nicht untertan sein will und seinen Nacken nicht unter das Joch des Königs von Babylon beugt, will ich heimsuchen mit Schwert, Hunger und Pest, bis ich sie durch seine Hand umbringe. Deshalb hört nicht auf eure Propheten, Wahrsager, Traumdeuter, Zeichendeuter und Zauberer, die euch sagen: ›Ihr werdet nicht untertan sein müssen dem König von Babylon.‹ Denn was sie euch weissagen, ist eine Lüge.›»

Das habe ich Zedekia, dem König von Juda, gesagt und trug dabei das Joch auf meiner Schulter.[7]

Da trat Hananja, ein Prophet aus Gibeon, mir entgegen. Mitten im Tempel, vor allen Priestern und dem ganzen Volk sprach er zu mir: «So spricht der Gott Israels: ‹Ich habe das Joch des Königs von Babylon zerbrochen.›»

Ich antwortete ihm: «So wäre es gut! Das möge Gott tun. Er be- stätige dein Wort. Aber lass dir dieses sagen: ‹Die Propheten, die vor mir und dir gesprochen haben, haben Krieg, Unheil und Pest geweissagt. Wenn nun ein Prophet Heil verkündigt, sehe er sich vor: Ob ihn wirklich Gott gesandt hat, wird man daran erkennen, dass sich seine Weissagung erfüllt.›»

Da nahm Hananja das Joch von meinem Nacken, zerbrach es und sprach zum Volk im Tempel: «So spricht Gott: ‹Genau so will ich das Joch Nebukadnezars zerbrechen und es vom Nacken aller Völker nehmen.›»

Da ging ich meines Weges.

Aber Gottes Wort kam wieder über mich: «Geh noch einmal zu Hananja und sage ihm: ‹So spricht Gott: Du hast das hölzerne Joch zerbrochen, aber jetzt habe ich allen Völkern ein Joch aus Eisen auf den Nacken gelegt, damit sie Nebukadnezar untertan sind.›»

Ich ging zu Hananja und sagte ihm: «Dich hat Gott nicht gesandt. Du verführst das Volk, so dass es sich auf Lügen verlässt. Darum spricht Gott: ‹Siehe, ich will dich vom Erdboden nehmen. In diesem Jahr sollst du sterben.›»

Im selben Jahr im siebenten Monat starb der Prophet Hananja.[8]

Alles kam, wie Jeremia gesagt hatte. Die Babylonier rückten heran und schlossen Jerusalem ein. Die ganze Stadt warf sich in den Verteidigungskampf. Und der Prophet predigte weiter.

Da sprachen die Oberen zum König: «Lass diesen Mann töten. Denn er nimmt den Soldaten, die in dieser Stadt noch übrig sind, und dem ganzen Volk den Mut. Nicht das Wohlergehen des Volkes liegt ihm am Herzen, sondern er will das Unheil.»

Zedekia antwortete ihnen: «Er ist in eurer Hand, denn als König kann ich euch nichts entgegensetzen.»

Da nahmen sie mich und warfen mich in eine Zisterne und ließen mich an Seilen hinab. In der Zisterne aber war kein Wasser, sondern nur Schlamm. Als Ebed-Melech, der afrikanische Kämmerer im Königshaus, hörte, dass man mich in die Zisterne geworfen hatte, ging er zu Zedekia und sprach: «Mein König, diese Männer handeln niederträchtig gegen den Propheten Jeremia. Sie haben ihn in die Zisterne geworfen, damit er dort vor Hunger stirbt.»

Da befahl der König dem Ebed-Melech: «Nimm dir drei Männer mit und zieh ihn aus der Zisterne, ehe er stirbt.»

Ebed-Melech nahm die Männer, ging in den Palast, dort in die Kleiderkammer, holte zerrissene, alte Lumpen, ließ sie an einem Seil zu mir hinab in die Zisterne und rief zu mir hinunter: «Lege diese Lumpen unter deine Achseln und um das Seil.»

Das tat ich, dann zogen sie mich aus der Zisterne.[9]

Unheil verkünden und keinen Trost spenden, den Schrecken aus Gottes gerechtem Zorn ableiten, das Volk zur Umkehr rufen, aber wissen, dass keiner sich ändern wird – was könnte furchtbarer und vergeblicher sein? Jeremia war gezeichnet von dieser Aufgabe.

> Gott, du hast mich überredet, und ich habe mich von dir verführen lassen. Du bist mir zu stark und hast gewonnen. So bin ich zum Spott geworden, und jeder lacht mich aus. Denn immer wenn ich rede, muss ich schreien: «Frevel und Gewalt!» So ist mir Gottes Wort ein täglicher Hohn und Spott. Wenn ich dachte: «Ich will nicht mehr an Gott denken und nicht mehr in seinem Namen predigen!» – da brannte es in meinem Herzen wie Feuer, tief in meinen Gebeinen verschlossen, ich ertrug es nicht! Verflucht sei der Tag, an dem ich geboren bin! Der Tag soll ungesegnet sein, an dem mich meine Mutter geboren hat! Ausgelöscht sei der Tag wie die Städte, die Gott vernichtet hat ohne Erbarmen. Ach, wäre meine Mutter mein Grab geworden und ihr Leib ewig schwanger geblieben! Warum nur bin ich aus dem Mutterleib hervorgekommen, wenn ich bloß Jammer und Schmerz sehen muss und meine Tage in Schande zubringe![10]

Obwohl er stets nur von dem schrecklichsten Schluss der Geschichte gesprochen hatte, war Jeremia bewusst, dass das Leben irgendwie weitergehen würde. So schrieb er denen, die nach Babylon verschleppt worden waren, einen erstaunlichen Brief:

> Baut Häuser und wohnt darin. Pflanzt Gärten und genießt ihre Früchte. Nehmt euch Frauen und zeugt Söhne und Töchter mit ihnen. Nehmt für eure Söhne Frauen und verheiratet eure Töchter, dass sie Söhne und Töchter gebären, damit ihr dort fruchtbar seid und euch vermehrt, damit ihr nicht weniger werdet. Arbeitet für das Wohl des fremden Landes, in das Gott euch verbannt hat, und betet für es zu Gott. Denn das Wohl eures Exils ist euer eigenes Wohl.[11]

Für Jeremia und seine Schüler war Gott nicht gestorben, sondern hatte mitten im großen Sterben seine Macht und Gerechtigkeit bewiesen. Dieser Glaube, dieser schreckliche Glaube, sollte für die Verstörten und Vertriebenen die Planke werden, an der sie sich festklammerten, um nicht unterzugehen.

Was wurde aus Jeremia? Selbst seine treuesten Schüler scheinen es nicht gewusst zu haben. Sein Ende bleibt offen. Spätere Anhänger, nachfolgende Propheten schrieben sich und ihr eigenes Unglück in seine Klagen hinein, überblendeten ihre frommen Frustrationen mit den seinen und bildeten so in der gemeinsamen Klage eine kleine Oppositionsgemeinde. Dabei fanden sie eine Sprache, die es vorher nicht gegeben hatte, weil niemand sie gebraucht hätte: eine Sprache, in der ein Einzelner vor Gott tritt, seinen inneren Schmerz nach außen trägt, Gott seinen Zweifel sagt, seine Verzweiflung klagt, ihn geradewegs anklagt und dabei eine eigene Stimme findet und behauptet.

7.
Das leere Land

Krim, 1944

Die erste und für lange Zeit einzige frühe Erwähnung Israels hat man auf einer ägyptischen Stele gefunden, die etwa 1200 vor Christus die Siege des Pharaos Merenptah feierte. Dort heißt es schlicht und schrecklich:

> Verwüstet ist Israel, es hat kein Saatgut.

Sechshundert Jahre später hätte der babylonische König Nebukadnezar eine ähnliche Inschrift auf ein Denkmal für seine militärischen Erfolge anbringen lassen können. Denn wieder war Israel verwüstet. Wieder hatte es kein Saatgut.

Aber gab es in Israel überhaupt noch Menschen, die die Saat hätten ausbringen können? Das Land war doch leer, das ganze Volk von den Babyloniern ermordet oder verschleppt oder nach Ägypten geflohen. So sagt es die biblische Überlieferung. Doch totale Volksvernichtungen und vollständige ethnische Säuberungen werden damals noch gar nicht möglich gewesen sein. Heutige Archäologen zeichnen ein anderes Bild: Es gab Vernichtung, aber nicht überall, Jerusalem war zerstört, andere Landesteile aber kaum berührt, es gab einen schroffen Niedergang, aber kein Vakuum.

Belegt ist, dass schrecklicher Hunger unter den Menschen herrschte, die in den Trümmern, in Höhlen, Zelten oder Hütten hausten. Die Mittel zum Leben hatten die fremden Soldaten genommen. Die Bauern verkauften nichts mehr, sie hatten selbst nicht genug. Der Kreislauf von Aussaat und Ernte war unterbrochen.

> Kinder und Säuglinge verschmachten auf den Gassen der Stadt. Zu ihren Müttern sagen sie: «Wo ist Brot und Wein?» Wie Verwundete verenden sie auf den Gassen der Stadt. In den Armen

ihrer Mütter geben sie den Geist auf. Dem Säugling klebt seine Zunge an seinem Gaumen vor Durst. Die Jüngsten verlangen nach Brot, und niemand ist da, der es ihnen bricht. Es haben Frauen ihre eigenen Kinder gekocht, nur damit sie zu essen haben.[1]

Ein Land ist niemals leer. Es füllt sich langsam und doch erstaunlich schnell. Die Häuser der Getöteten und Verschleppten dienen dann anderen als Zuhause. In ihren Werkstätten und auf ihren Feldern übernehmen andere die Arbeit. Die Heimat lebt weiter, ohne Rücksicht auf die Heimatvertriebenen. Dass sie leer bliebe, meinen nur die, die sie verloren haben. Aus der Ferne denken sie zurück und können sich nicht vorstellen, wie das Leben dort ohne sie selbst weitergeht. Sie hoffen ja, dass alles auf sie wartet, und denken nicht daran, dass sie bei einer Rückkehr – irgendwann – die Menschen vertreiben müssen, die ihren Platz eingenommen haben.

Es ging also weiter, doch fehlte alles, was dem Volk früher Halt und Richtung, Form und Gestalt gegeben hatte: der König und sein Hof, die Richter und das Gesetz, ein prächtiger Tempel und schöne Feste, Waren und Handel, Handwerk und Kunst. Das war kein Leben, bloß ein Überleben. Deshalb sagt die kühle Entwarnung der Archäologen – ganz so schlimm, wie in der Bibel beschrieben, sei es nicht gewesen – zu wenig aus. Wie ein Unheil erfahren wird und ob es zum Trauma wird, hängt weniger an den äußeren Umständen als an der Wahrnehmung des Geschehens und der Fähigkeit, es zu verarbeiten. Deshalb erklärt die biblische Überlieferung zu Recht, dass das Unheil vollständig und das Land leer war, weil hier nichts war, womit man hätte wieder anfangen können. Vor der Katastrophe war Israel wie alle anderen Völker ringsum gewesen, wie die Edomiter, Ammoniter und Moabiter. Israel war genau wie diese ein Volk, weil es einen König, einen Tempel, einen Gott und ein Land hatte. Jetzt hatte es keinen König mehr, keine Macht über das eigene Land, nur den Rest eines Tempels für einen Gott, der keinen Sinn mehr ergab. Wäre Israel nun ein Volk wie alle anderen ringsum geblieben, wäre seine Geschichte hiermit wie die so vieler anderer Völker zu Ende gewesen. Also musste aus Israel etwas Neues werden. Alles musste sich ändern, damit das Wesentliche überleben konnte. Dieses Andere, dieses Neue musste von woandersher kommen, auf ganz neue Weise entstehen. Das erkannte der Prophet Ezechiel in einem dunklen Bild:

> Die Hand Gottes packte mich. Er führte mich hinaus und stellte mich mitten auf eine weite Ebene. Die war voller Totengebeine, sie waren völlig verdorrt. Da führte Gott mich hindurch und fragte mich: «Du, Mensch, was meinst du, ob diese Gebeine wieder lebendig werden können?»
> Ich antwortete: «Mein Gott, du weißt es.»
> Er sagte zu mir: «Sprich zu ihnen: ‹Ihr verdorrten Gebeine, hört Gottes Wort. So spricht Gott zu euch: Seht, ich lasse euch wieder lebendig werden. Ich gebe euch Sehnen, lasse Fleisch über euch wachsen, überziehe euch mit Haut und hauche meinen Lebensgeist in euch, damit ihr wieder lebendig werdet. So sollt ihr erfahren, dass ich Gott bin.›»[2]

8.
An den Flüssen Babylons und Ägyptens:
Lieder aus dem Exil

New York, um 1920

Israel war ursprünglich ein Volk wie alle anderen, im Guten wie im Schlimmen. Nach seinen Niederlagen musste es massenhafte Deportationen durchleiden. Das war nicht ungewöhnlich. So pflegten die großen Mächte es zu halten, um aufständische Völker zu bestrafen, zukünftigen Aufruhr zu verhindern, geschlossene Herrschaftsgebiete zu bilden und Arbeitskräfte zu rekrutieren. Dieses Schicksal traf im Alten Orient viele Völker. Mit fast schon routinierter Prahlerei ließen die assyrischen, ägyptischen oder babylonischen Eroberer ihre Volksvertreibungen in Stein meißeln:

> Ich habe 2400 ihrer Truppen entwurzelt und in … neu angesiedelt … 22 000 ihrer Soldaten habe ich entwurzelt und nach … gebracht … Ich habe 800 ihrer Einwohner gefangen genommen, in mein Land gebracht und zu meinen Leuten gezählt … mit ihren Besitztümern und ihrem Vieh … habe ich niedergetreten und seine ganze Bevölkerung mit ihrem Besitz habe ich nach … gebracht … 208 000 Menschen, groß und klein, männlich und weiblich, Pferde … ohne Zahl, eine schwere Beute, habe ich nach … gebracht …

Doch darüber, wie es den einzelnen Menschen dabei ergangen ist, weiß man wenig. In der biblischen Überlieferung finden sich dazu kaum Hinweise, auch die historische und archäologische Forschung gibt auf diese schlichte Frage fast keine Antwort. Das erste große Exil nach der Zerstörung des Königreichs Israel durch die Assyrer im Jahr 722 vor Christus ist von dichtem Schweigen und Vergessen umhüllt. Auch über das freiwillige Exil am Nil – nicht wenige Israeliten waren in verschiedenen Wellen nach Ägypten geflohen – gibt es kaum Zeugnisse. Etwas besser ist es im Fall des

Babylonischen Exils. Die Deportation vollzog sich in drei Schüben: 597 vor Christus als erste Warnung und Strafaktion, dann nach der Eroberung Jerusalems im Jahr 587 und schließlich nach einem kümmerlichen Aufruhr unter den Dagebliebenen im Jahr 582. Wie viele Menschen jeweils abtransportiert wurden, ist unbekannt. Überraschenderweise kann man in der neueren Fachliteratur lesen, dass es den Exilierten wahrscheinlich nicht so schlecht gegangen ist. Sie wurden in Gruppen angesiedelt, die Familien nicht auseinandergerissen. Gleich bei ihrer Ankunft wurden ihnen Land, Vieh und Inventar zugeteilt. Man wird sich also mit einem Plan und ausreichenden Mitteln um sie gekümmert haben. So konnten sich die Verschleppten in der Fremde beheimaten und doch sie selbst bleiben. Sie durften ihre Angelegenheiten selbst verwalten. Da unter ihnen Priester und Propheten waren, konnten sie ihren Glauben und ihre Traditionen weiter pflegen. Ja, sie scheinen beides nun bewusster wahrgenommen zu haben – die Speisevorschriften befolgten sie genauer, die Beschneidung praktizierten sie konsequenter, den Sabbat heiligten sie entschiedener, um sich als eigene Volksgruppe und Glaubensgemeinschaft zu behaupten. Da die meisten der Oberschicht entstammten und über begehrte Fähigkeiten verfügten, fanden sie schnell Arbeit bei großen Bauprojekten, in der Landwirtschaft, auch beim Militär oder in der Bürokratie. Vor allem die Schreiber machten Karriere. Nach kurzer Zeit konnten die Exilierten Geld nach Hause schicken. Da wundert es nicht, dass kaum jemand von ihnen in die Heimat zurückwollte, als dies wieder möglich war, denn das Einleben in die neue Gesellschaft war den meisten gelungen. Und wo dies ausnahmsweise nicht der Fall war, wachten staatliche Kontrolleure darüber, dass von den Siedlungen der Neuen keine Unruhen ausgingen.

Die Deportierten waren die Geretteten. Sie mussten nicht in den Trümmern und Ruinen weiterleben, keine verbrannten Felder bestellen und nicht für abgehauene Olivenbäume neue pflanzen. Sie wohnten sicher in unzerstörten Städten, hatten Häuser mit Dach und Tür, gute Arbeit und ausreichend Brot. Aber die Deportierten waren es auch, die noch Klagelieder anstimmen und aufschreiben konnten. Das Buch der Psalmen versammelt sehr unterschiedliche Lieder und Gebete: Hymnen für den Tempel, den König und die großen Feste, Verse für die persönliche und familiäre Frömmigkeit, religiöse Poesie des Danks, der Klage und der Bitte. Es lohnt sich aber, versuchsweise die Psalmen einmal so zu lesen, als hätten Vertriebene sie geschrieben, gesungen und gebetet. Natürlich weiß man nicht mehr, wer diese Verse verfasst hat. Aber in einem kleinen Leseexperiment kann man sich vorstellen, sie wären Zeugnisse aus der inneren Welt der Heimatlosen. Gleich der erste Psalm besingt das Glück des Beheimatetseins.

> Wohl dem, der wie ein Baum ist,
> gepflanzt an den Wasserbächen,
> der seine Frucht bringt zu seiner Zeit,
> seine Blätter verwelken nicht,
> alles, was er macht, gerät wohl.
> Der nicht ist wie Spreu, die der Wind verstreut.
> Denn Gott kennt den Weg der Gerechten.[1]

Die meisten werden das Gefühl, wie ein glücklicher Baum zu sein, verloren haben. Sie werden sich eher wie vom Wind verstreute Spreu gefühlt haben. Wie mögen sie aufgewacht, mit welchen Versen aufgestanden sein? Wäre dies vielleicht ein Morgenlied für sie gewesen?

> Ach, Gott, wie zahlreich sind meine Feinde, viele sind es, die sich gegen mich erheben,
> viele, die über mich sagen: «Er hat keine Hilfe bei Gott.»
> Laut rufe ich zu Gott, und er erhört mich von seinem heiligen Berg.
> Ich lag und schlief, nun bin ich wach, denn Gott hält mich.
> Ich fürchte mich nicht vor vielen tausend Kriegern, die mich belagern.
> Steh auf, Gott, hilf mir, mein Gott.
> Allen meinen Feinden hast du das Kinn zerschmettert, die Zähne der Frevler hast du zerschlagen.
> Bei Gott findet man Hilfe. Dein Segen komme über dein Volk.[2]

Ein Problem für die Exilierten war die Ferne des Tempels in Jerusalem, der doch der Ort war, an dem man Gott nahe sein konnte. Davon spricht dieses Lied:

> Ich bin wie die Eule in der Einöde, wie das Käuzchen in den Trümmern.
> Ich wache und klage wie ein einsamer Vogel auf dem Dach.
> Wie der Hirsch lechzt nach frischem Wasser, so schreit meine Seele zu dir.
> Meine Seele dürstet nach Gott, nach dem lebendigen Gott.
> Wann werde ich dahin kommen, dass ich Gottes Angesicht schaue?
> Meine Tränen sind meine Speise Tag und Nacht, weil man täglich zu mir sagt: «Wo ist nun dein Gott?»
> Daran will ich denken und mich in meiner Seele erinnern, wie ich einherging in dichtem Gedränge, um mit ihnen zu ziehen zum Haus Gottes
> mit Frohlocken und Danken in der Schar derer, die da feiern.
> Es ist wie Mord in meinen Gebeinen, wenn mich meine Feinde schmähen und täglich zu mir sagen: «Wo ist nun dein Gott?»[3]

Nachdem in den Jahrzehnten vor dem Exil Jerusalem erst allmählich und gegen viele Widerstände zur zentralen Kultstätte des Königreichs Juda durchgesetzt worden war, wurden die Stadt und der Tempel nun in der Zeit nach der Zerstörung und des Exils zum Fixpunkt des Glaubens, auch aus der Ferne.

> Gott, du hast uns verstoßen und zerstreut und warst zornig,
> du hast die Erde erschüttert und zerrissen,
> du hast deinem Volk Hartes widerfahren lassen,
> du gabst uns einen Wein zu trinken, dass wir taumelten.
> Warum verstößt du uns für immer und bist so zornig über die Schafe deiner Weide?
> Der Feind hat alles verheert im Heiligtum.
> Deine Widersacher brüllten in deinem Hause und stellten ihre Zeichen darin auf.

Es war, wie wenn einer im dichten Gehölz die Axt schwingt,
so zerschlugen sie das ganze Schnitzwerk mit Beil und Hacke.
Sie verbrannten dein Heiligtum,
bis auf den Grund entweihten sie die Wohnung deines Namens.
Gott, es sind fremde Völker in dein Erbe eingefallen,
haben deinen heiligen Tempel entweiht
und aus Jerusalem einen Trümmerhaufen gemacht.
Sie haben die Leichen deiner Diener den Vögeln des Himmels
zu fressen gegeben
und das Fleisch deiner Treuen den Tieren im Lande.
Sie haben ihr Blut vergossen um Jerusalem her wie Wasser,
und niemand hat sie begraben.[4]

Aber man liest im Psalter nicht nur die Klage, es gibt auch ein zaghaftes, mühsames Sich-Aufschwingen, eine Art vorauslaufenden Dank für die Hoffnung, die vielleicht nicht enttäuscht wird.

Ich danke Gott von ganzem Herzen
und erzähle alle deine Wunder.
Ich freue mich und bin fröhlich in dir
und lobe deinen Namen, du Allerhöchster,
dass meine Feinde zurückweichen mussten,
sie sind gestürzt und umgekommen vor dir.
Denn du führst mein Recht und meine Sache,
du sitzt auf dem Thron, ein gerechter Richter.
Du schiltst die fremden Völker
und bringst die Gottlosen um;
ihren Namen vertilgst du auf immer und ewig.
Der Feind ist vernichtet, zertrümmert für immer,
die Städte hast du zerstört,
jedes Gedenken an sie ist vergangen.
Gott aber bleibt ewiglich,
er hat seinen Thron bereitet zum Gericht,
er wird den Erdkreis richten mit Gerechtigkeit
und die Völker regieren, wie es recht ist.[5]

Der Schmerz in diesen Versen rührt an, doch man erschrickt über die Gewalttätigkeit, die aus ihnen spricht. Um sie zu verstehen, sollte man versuchen, sie so zu hören, als ob Menschen sie sprechen, die im Krieg ihre Familie verloren haben, deren Kinder vor ihren Augen von fremden Soldaten getötet wurden, denen der gesamte Besitz niedergebrannt wurde und die dann unter Todesdrohung in ein unbekanntes Land ziehen mussten. Kann man von solchen Menschen erwarten, dass sie sich Gerechtigkeit anders vorstellen denn als Vergeltung? Beides – der anrührende Schmerz und die verstörende Gewaltphantasie – findet sich unlöslich verbunden in dem einen großen Exil-Psalm:

> An den Wassern zu Babel saßen wir und weinten,
> wenn wir an Zion dachten.
> Unsere Harfen hängten wir
> an die Weiden im Land.
> Denn dort verlangten die, die uns gefangen hielten,
> Lieder von uns,
> und die uns quälten, wollten Freudengesänge:
> «Singt uns Lieder von Zion!»
> Wie könnten wir die Lieder Gottes singen
> in einem fremden Land?
> Wenn ich dich vergesse, Jerusalem,
> soll meine Rechte verdorren.
> Meine Zunge soll an meinem Gaumen kleben,
> wenn ich deiner nicht gedenke,
> wenn ich nicht Jerusalem
> meine höchste Freude sein lasse.
> Tochter Babel, du Verwüsterin,
> wohl dem, der dir vergilt, was du uns angetan hast!
> Wohl dem, der deine jungen Kinder packt
> und sie am Felsen zerschmettert.[6]

Das Trauma der Vernichtung – selbst erfahren, nicht vergessen, weiter vererbt – wird unversöhnt in frommen Phantasien dem Feind gewünscht. Dabei soll es den Exilierten doch recht gut gegangen sein an den Wassern

Babylons, Assurs und Ägyptens. Aber der Schrecken wird geblieben sein, konnte jeden Moment wieder lebendig werden. Ein Lagerfeuer muss genügt haben, um den Geruch der brennenden Stadt wieder gegenwärtig werden zu lassen. Das Getrampel einer vorbeiziehenden Soldatenkolonne, ein Schrei in der Stille, ein falscher Traum in der Nacht – und alles ist wieder da.

Ein Leben als Beutegut in einem fremden Land, ohne alles, was bisher dem Leben Ordnung, Sicherheit, Sinn und Glanz verliehen hat: König, Volk und gemeinsame Sprache, Grund und Boden, Haus und Hof, Tempel, ein unhinterfragter Gott und bekannte Gebete – das war hart und wurde als Schande erlebt, selbst wenn es einem äußerlich gut ging. Wer im Exil ist, muss sich häufig schämen. Mit den Augen der Einheimischen muss er sich misstrauisch und abschätzig betrachten und eingestehen: Ich gehöre nicht dazu, habe eigentlich kein Recht, hier zu sein, für mich gibt es keinen selbstverständlichen Stolz. Solche Scham wird mit der Zeit nicht geringer. Im Gegenteil, sie wächst mit jedem Tag, von Generation zu Generation. Denn je mehr man dazugehört, desto bewusster erfährt man, dass man am Ende eben doch nicht dazugehört. Und wer sich richtig schämt, furchtbar schämt, sehnt sich irgendwann vielleicht nach Auslöschung – der eigenen oder der der anderen. Er möchte versinken und nicht mehr gesehen werden. Oder er wünscht sich den Tod der anderen, die ihn so ansehen, dass er schamrot wird.

Doch gibt es auch Verse, die von einer anderen Hoffnung auf Heimat sprechen, die eine neue Gewissheit schafft, eine Selbstgewissheit ohne Scham und Hass, die sich nach einer Gerechtigkeit ohne Gewalt, einen Frieden für alle sehnt. Das ist eine große Hoffnung für ein kleines Volk und weit über dieses hinaus.

> Wenn Gott die Gefangenen Zions erlösen wird, so werden wir sein wie die Träumenden.
> Dann wird unser Mund voller Lachen und unsre Zunge voller Jubel sein.
> Dann wird man sagen unter den Völkern: «Gott hat Großes an ihnen getan!»
> Großes hat Gott an uns getan; deshalb sind wir fröhlich.

Gott, bring unsre Gefangenen zurück, wie du die Bäche
wiederbringst im Südland.
Die mit Tränen säen, werden mit Freuden ernten.
Sie gehen hin und weinen und streuen ihren Samen
und kommen mit Freuden und bringen ihre Garben.[7]

9.
Die Verwirrung der Sprachen:
Der Turmbau zu Babel

New York, um 1900

Am Anfang gab es nur eine Sprache. Jeder konnte jeden verstehen und sich jedem verständlich machen. So hat man anfangs geglaubt – wahrscheinlich, weil man so fest im eigenen Vaterland und in der Muttersprache verwurzelt war. Doch dann mussten viele Israeliten nach Babylon, in ein Land, in dem sie zunächst nichts verstanden – nicht die Sprache der Einheimischen, aber auch nicht die vielen Sprachen der anderen entwurzelten Völkerschaften, die man hierhergebracht hatte. Und sie fragten sich: Wie kann das sein, dass es nicht nur eine Sprache gibt, sondern so furchtbar viele? Die Antwort fanden sie in dieser Geschichte:

> Es war einmal, da fassten die Menschen in Babylon einen unerhört neuen Plan: «Lasst uns eine große Stadt bauen und in die Mitte der Stadt einen Turm. Der soll so hoch sein, dass seine Spitze bis an den Himmel reicht. So werden wir uns einen großen Namen machen und fest zusammenbleiben.» Als sie aber zu bauen begannen, stieg Gott vom Himmel herunter, um sich die Bauarbeiten anzusehen, und er sagte zu sich: «Schau an, alle Menschen sind ein Volk und sprechen eine einzige Sprache. Was sie sich gemeinsam vornehmen, wird ihnen gelingen. Nichts werde ich ihnen mehr verwehren können. Da muss ich jetzt ihre Sprache verwirren. Dann wird keiner mehr die Rede des anderen verstehen!» So tat er es, teilte die eine Sprache der Menschen in ungezählt viele, so dass all die verschiedenen Völker entstanden, die einander nicht mehr verstehen können.[1]

Als die Israeliten nach Babylon kamen, verstanden sie zu Beginn kein Wort. Sie müssen sich sehr unwohl gefühlt haben, aber sie werden auch gestaunt haben über die Größe dieser Stadt, die Anzahl, Breite und Länge ihrer Straßen, die Pracht ihrer Tempel und Paläste, das ehrgeizige Ausmaß der vielen Baustellen. Nur einen Turm, dessen Spitze bis an den Himmel reicht, werden die Neuankömmlinge so nicht gesehen haben. Aber vielleicht haben sie die dortige Zikkurat gesehen – den Tempelturm, das «Haus der Fundamente von Himmel und Erde», das 1913 wieder ausgegraben wurde und bei dem man damals durchaus den Eindruck gewinnen konnte, er kratze an den Wolken.

10.
Die ganze Welt:
Die Geschichten von der Schöpfung

Auf einem Auswandererschiff, 1905

Wer fliehen muss oder vertrieben wird, verliert fast alles, was er besaß. Manchmal gewinnt er aber auch etwas hinzu, was er vorher nicht hatte. Er schaut weiter, entdeckt neue Horizonte, lernt die Welt hinter den Grenzen und jenseits seiner alten, beschränkten Kreise kennen. Wenn er langsam, langsam die Sprache seiner neuen Umwelt erlernt hat, hört er, was er früher nicht gewusst hatte, werden ihm neue Geschichten erzählt, die ihn die Welt mit neuen Augen betrachten lassen. Als die Israeliten noch in ihrer angestammten Heimat lebten, erschien ihnen die Welt wie ein kleiner Garten, wie der Acker, den sie bearbeiteten. Wenn sie sich und anderen erklären wollten, warum es das Leben gibt und sie selbst, dann erzählten sie sich eine Geschichte wie diese:

> Es gab eine Zeit, da machte Gott Erde und Himmel. Wie er dies tat, ist nicht mehr bekannt. Man weiß nur, dass er irgendwann Wasser aus der Erde steigen ließ, das das Land feucht machte, so dass Pflanzen wachsen konnten. Dann nahm Gott eine Handvoll Erde, formte aus ihr eine Gestalt und blies ihr seinen Atem in die Nase. So entstand der erste Mensch als lebendiges Wesen. Danach legte Gott für ihn einen Garten an und setzte ihn mitten hinein, damit er ihn bestelle und bewahre wie ein guter Bauer. Aber der Mensch war allein. Das war nicht gut. Deshalb nahm Gott wieder eine Handvoll von der Erde und formte die verschiedensten Lebewesen: die Tiere des Feldes und die Vögel des Himmels. Die führte er dem Menschen vor, und der gab ihnen Namen. Doch keines dieser Tiere konnte ihm seine Einsamkeit nehmen. Da ließ Gott ihn in einen tiefen Schlaf fallen, nahm eine seiner Rippen und formte daraus eine Frau. Als der Mann nun erwachte und die Frau neben sich sah, erkannte er sich in

ihr wieder und war nun nicht mehr einsam, denn sie waren ein
Fleisch.[1]

Als die Israeliten nun in die Fremde mussten, in Babylon einer höheren
Kultur begegneten, das Weltwissen der dortigen Priester und Schreiber
kennenlernten, die Urgeschichten dieses feindlichen Volkes, ihrer neuen
Nachbarn, hörten, lernten sie, eine größere, weitere und tiefere Urgeschichte zu erzählen.

Am Anfang vor dem Anfang war alles wüst und öde. Finsternis
lag auf der Urflut, und einsam schwebte Gottes Geist über dem
Chaos. In diesem Anfang schuf Gott Himmel und Erde. Er tat
dies mit seinem Wort. Und er tat es, indem er die Elemente
trennte und ihnen Namen gab. Er sagte: «Es werde Licht!» Da
leuchtete es schön. Er sah, dass es gut war, und trennte das Helle
vom Dunklen, nannte das eine Tag und das andere Nacht. Am
nächsten Tag sprach er: «Es werde ein Gewölbe zwischen den
Fluten, das die Wasser oben und unten trenne!» So geschah es,
und er nannte das Gewölbe Himmel. Am nächsten Tag sprach
er: «Es soll sich das Wasser unter dem Himmel an einem Ort
sammeln, damit es trockenes Land gebe!» So geschah es, und er
nannte das Trockene Erde und das Wasser Meer. Er sah, dass es
gut war, und sprach: «Die Erde lasse Gras, Kräuter und Bäume
wachsen.» So geschah es, und er sah, dass es gut war. Am nächsten Tag sprach er: «Es sollen Lichter am Himmel sein, die Tag
und Nacht unterscheiden und Zeichen sind für die Zeit, für die
Tage, Wochen, Monate und Jahre.» So geschah es, und er nannte
sie Sonne, Mond und Sterne. Er sah, dass es gut war. Am nächsten Tag sprach er: «Das Wasser fülle sich mit Fischen und der
Himmel mit Vögeln.» So geschah es, und er segnete diese Tiere.
Am nächsten Tag sprach er: «Die Erde bringe Tiere hervor, unterschiedlich und in vielen Arten.» So geschah es, und er sah,
dass es gut war. Da sagte er: «Jetzt will ich Menschen machen, als
mein Bild, das mir ähnlich sei. Sie sollen herrschen über Fische,
Vögel und alle Tiere der Erde.» So schuf Gott den Menschen zu

seinem Bild als Mann und Frau und segnete sie. Dann sah er alles an, was er mit seinem Wort in diesen sechs Tagen, oder was man Tage nennen mag, gemacht hatte, und, siehe, es war sehr, sehr gut. Am letzten Tag vollendete er die Schöpfung und ruhte aus von seinem Werk. So schuf er den siebten Tag und heiligte ihn als Tag der Ruhe.[2]

Es muss hell geworden sein, wenn sich die Vertriebenen in der Fremde diese Geschichte erzählten. Ein eigentümlicher Trost mag darin gelegen haben, sich den Anfang und das Wesen der Welt so vor Augen zu führen. Wenn sie diese Urgeschichte aller Urgeschichten hörten, konnten sie weit schauen und tief blicken. Sie konnten das Ganze von Zeit und Raum denken und verstehen. Sie sahen die Struktur des Seins, erkannten die Ordnung, der sich alles Leben verdankt. Denn Leben entsteht und besteht, wo eine Ordnung ist, die die Dinge unterscheidet und aufeinander bezieht. Diese Ordnung als ein gegliedertes, dynamisches Ganzes gilt und bleibt, auch wenn das eigene Volk zum Opfer chaotischer Mächte und das eigene Leben entwurzelt wird. Wo die Heimat verloren geht, bleibt doch die Schöpfung in ihrer Ordnung, die Natur in ihrer zum Staunen schönen Fülle unversehrt. Das eigene kleine Leben wird von Willkür beschädigt, doch die große Welt gehorcht keinem Zufall, sondern folgt einem höheren Willen, entspringt einem absoluten Wort, folgt einer sinnvollen Bestimmung. Deshalb hat auch das eigene Leben ein Ziel und eine Aufgabe, ist es gesegnet, wo immer man es auch führen muss. Selbst in der Fremde bleibt der Mensch ein Ebenbild Gottes, dazu bestimmt, die Welt um sich herum zu regieren wie ein guter König. Er besitzt eine unverlierbare Würde – gleichgültig, ob Babylonier oder Israelit, Einheimischer oder Flüchtling, Frau oder Mann. Es werde Licht, und es wurde Licht.

11.

Ein neuer Gottesdienst: Der Sabbat

New York, ohne Datum

Es war allgemeines Wissen aller alten Völker, dass zu einem guten Leben der geheiligte, dem gewöhnlichen Betrieb entzogene Tag gehört. Ein Leben ununterbrochenen Arbeitens und Handelns wäre ihnen als unmenschlich erschienen. Auch das Volk Israel folgte dieser uralten Grundeinsicht, dass die Tage des Menschen einen Rhythmus brauchen, dass es deshalb außer den gewöhnlichen auch heilige Zeiten gibt. Diese sind tabu. Ganz normale Verrichtungen darf man dann nicht tun. Doch es scheint, dass dies für die Israeliten im Exil eine ganz neue Bedeutung erhielt. In der Fremde mussten sie erfinderisch werden, wenn sie sich und ihren Glauben nicht aufgeben wollten. Sie mussten ohne Tempel und heilige Orte eine andere Art von Gottesdienst finden. Wer nichts zu geben hat und keinen besonderen Raum besitzt, in dem er vor Gott treten könnte, hat immerhin noch sich selbst und seine Zeit. Die kann er Gott zum Opfer geben, heiligen und aus der gewöhnlichen Welt ausgrenzen, um in ihr dem Heiligen zu begegnen. Diese Zeit kann ein heiliger, abgetrennter Ort werden, sogar in der unheiligen Fremde. So trat der Sabbat an die Stelle des Tempels, und das Nichtstun am siebten Tag wurde zum neuen Opfer. An diesem freien Tag opferten die Exilierten ihre Zeit. Dafür brauchten sie nichts weiter zu tun, als eben nichts zu tun. So konnten sie weiterhin Gottesdienst feiern, obwohl ihnen der Tempel genommen worden war. Sie konnten es selbst tun und brauchten keine Priester mehr dafür. So wurde aus einer vielleicht alten Sitte im Exil etwas epochal Neues: der Sabbat als der erste unkultische Kult ohne heiligen Raum, heiliges Personal und tote Tiere, der erste Gottesdienst ohne Blut.

Diese freie Zeit aber musste zum Gesetz werden. Wenn die Israeliten als Volk ihres Gottes weiterhin bestehen wollten, mussten sie gemeinsam zu diesem Opfer verpflichtet sein, sich von ihrer Umwelt und deren Ge-

schäften abtrennen. Deshalb ist das Gebot der Sabbatruhe das längste der
Zehn Gebote.

> Achte den Sabbattag und halte ihn heilig! Sechs Tage sollst du
> arbeiten und all deine Arbeit verrichten. Aber am siebten Tag ist
> der Sabbat deines Gottes. Da sollst du keine Arbeit tun, weder du
> selbst noch dein Sohn oder deine Tochter, dein Knecht oder
> deine Magd, dein Vieh, auch nicht der Fremde, der bei dir wohnt.
> Denn in sechs Tagen hat Gott Himmel und Erde gemacht, das
> Meer und alles, was in ihnen ist, dann aber ruhte er aus am sieb-
> ten Tag. Darum hat Gott den Sabbattag gesegnet und geheiligt.[1]

Wer den Sabbat bricht, wurde mit der Todesstrafe bedroht. Das ist insofern
nachvollziehbar, als das Überleben der Gemeinschaft davon abhing, dass
sie geschlossen den Sabbat heiligte. Andernfalls hätte sie sich aufgelöst,
wäre zu einem Teil des fremden Volkes geworden, bei dem sie leben
musste. Der Sabbat war nicht nur der Ersatz für Tempel und Altar, sondern auch für Vaterland und Königreich. Jedoch dürfte es bei der bloßen
Androhung der Todesstrafe geblieben sein, denn als Gastvolk hatten die
Israeliten im Exil kaum die Macht, selbst Hinrichtungen zu vollziehen.

Doch hätte alle Härte des Gesetzes wohl nicht genügt, um den Sabbat
zur festen Sitte zu machen, wäre er nicht auch als eine erfüllte Zeit empfunden worden. Er konnte nur wirken, weil er ein Festtag war, an dem die
verfluchte Arbeit eine Unterbrechung erfuhr: der Tag in der Woche, an
dem sich wieder ein Spalt in der Tür zum Paradies öffnete, ein Glückstag
mitten im Elend, der heilige Rest einer unverdorbenen Schöpfung.

12.
Die Rückkehr und ein
geheimnisvoller Knecht Gottes

Deutschland, 1945

Den ersten Propheten war es mit ihren Strafpredigten gelungen, das Unheil ihres Volkes in ein schlüssiges Welt- und Gottesbild einzuordnen, immerhin. Ihre Übersetzung von Trauma in Schuld wird eine erste Stabilisierung gebracht haben. Aber eine echte Heilung war so nicht möglich. Dazu war eine zweite Prophetie erforderlich, die mehr sah als nur den strafenden Gott und die Sünde des Volkes. Nötig waren neue Worte, die eine bessere Zukunft eröffneten.

«Tröstet, tröstet mein Volk!», spricht euer Gott. «Redet mit Jerusalems Herz freundlich und ruft der Stadt zu, dass ihre Sklaverei ein Ende hat und ihre Schuld vergeben ist. Denn sie hat mehr als genug Strafe empfangen aus Gottes Hand für alle ihre Sünden.» Horch, da ruft eine Stimme: «In der Wüste bahnt einen Weg für Gott, in der Steppe baut eine gerade Straße für unseren Gott! Alle Täler sollen erhöht werden, und alle Berge und Hügel sollen sich senken. Was uneben ist, soll gerade, und was hügelig ist, soll eben werden. Denn Gottes Herrlichkeit wird sich offenbaren, und gemeinsam wird alles Fleisch es sehen. Denn Gottes Mund hat es geredet.»
Horch, da spricht eine Stimme: «Rufe!» Ich frage: «Was soll ich rufen?» Die Stimme antwortet: «Das sollst du rufen: ‹Alles Fleisch ist Gras, und alle seine Pracht ist wie eine Blume auf dem Feld. Das Gras verdorrt, die Blume verwelkt, wenn Gottes Atem darüberweht. Ja, Gras ist das Volk! Das Gras verdorrt, die Blume verwelkt, aber das Wort unseres Gottes bleibt in Ewigkeit.›»[1]

Das war eine neue Stimme. Sie hat keinen Namen. Man kennt auch kein Gesicht, keine Geschichte, zu denen sie gehörte. Niemand weiß, woher sie kam, wann sie gelebt hat und wo. Überliefert ist nur diese Stimme mit ihrem hellen Klang und dem Trost, den sie spendete. Aus ihr sollte ein neues Leben erwachsen. Sie rief das Volk aus dem Elend und der Fremde zusammen, vor allem die Geflohenen und Vertriebenen, aber auch die Menschen, die in Jerusalem überlebt hatten. Sie kündigte eine Wende an, mit der niemand mehr gerechnet hatte – eine Wende zum Guten, die sich keinem politischen Zufall, keiner glücklichen Machtverschiebung verdankte – denn alle menschliche Macht ist wie Gras –, sondern die allein aus dem Wort kommen würde.

«Meine Gedanken sind nicht eure Gedanken, eure Wege sind nicht meine Wege», spricht Gott, «sondern so viel der Himmel höher ist als die Erde, sind meine Wege höher als eure Wege und meine Gedanken als eure Gedanken. Denn so wie der Regen und der Schnee vom Himmel fallen und nicht wieder dorthin zurückkehren, sondern die Erde befeuchten, sie fruchtbar machen und wachsen lassen, dass sie dem Sämann Samen gibt und Brot dem, der isst, so ist es auch mit dem Wort, das aus meinem Mund hervorgeht: Es kommt nicht leer zu mir zurück, sondern tut, was mir gefällt, richtet aus, wozu ich es gesandt habe. Denn ihr sollt in Freuden ausziehen und im Frieden geleitet werden. Berge und Hügel sollen vor euch in Jubel ausbrechen. Alle Bäume auf dem Feld sollen in die Hände klatschen. Es sollen Zypressen statt Dornen wachsen und Myrten statt Nesseln. Zum Ruhm Gottes soll es geschehen als ewiges Denkmal, das nicht vergehen wird.»[2]

Eine seltsame Botschaft: Sie war voller Hoffnung und überschwänglicher Freude, verhieß sie doch eine fröhliche Heimkehr, gründete aber zugleich auf harter Nüchternheit, denn von den Menschen und ihren Möglichkeiten erwartete sie nichts. Sie vertraute niemandem als nur dem Wort und war allein eine Sache des Glaubens. Der namenlose Prophet muss ein zerrissener Mensch gewesen sein, zerrissen zwischen Erwartung und Enttäuschung. Seine frohe Botschaft besaß einen bitteren Nachgeschmack. Es war ein zwiespältiger Dienst, zu dem er berufen wurde.

Sosehr sich diese anonyme Stimme allein auf das Wort Gottes ausrichtete, nahm sie doch genau wahr, was in der Welt der großen Politik vor sich ging, und zog ihre Schlüsse. Es gab gute Nachrichten: Die Perser unter ihrem König Kyros hatten das Reich der Babylonier besiegt. Nun konnte vieles anders und besser werden – eine Hoffnung, die andere Völker und Religionen teilten.

Ein Tonzylinder hat sich erhalten, auf dem der neue Herrscher sich vorstellte.

> Ich, Kyros, der König des Weltreichs, der große und mächtige König, der König von Babel, Sumer und Akkad – als ich friedlich in Babylon eingezogen war, schlug ich unter Jubel und Freude im Palast des Herrschers den Herrschersitz auf ... Über meine guten Taten freute sich Marduk, der große Herr. Mich, Kyros, den König, der ihn verehrt, segnete er gnädig. Die Götter von Sumer und Akkad ließ ich auf Befehl Marduks im Wohlergehen in ihren Heiligtümern einen Wohnsitz der Herzensfreude beziehen. Alle Götter, die ich in ihre Städte hineingebracht hatte, mögen Tag für Tag die Verlängerung meiner Lebenszeit befürworten, Worte zu meinen Gunsten sagen ...

Da Kyros anders als die babylonischen Herrscher allen Völkern zugestand, nach ihren eigenen religiösen Traditionen zu leben, wurde er sogar von babylonischen Priestern begrüßt. Diese Bruchstücke bezeugen es:

> Von Babylon, er entbot ihnen den Friedensgruß ... zu den Göttern, er wirft sich nieder ... liegt ihm am Herzen ... die Götter, männlich und weiblich, brachte er zurück in ihre Ruhestätten ... die ihre Schreine verlassen hatten, brachte er zurück in ihre Gebäude ... versöhnte er, ihr Gemüt begütigte er ... in Babylon herrscht Freude ... öffnen sich die Gefängnisse ... die von Mächtigen bedrückt waren ...

Es muss in allen Teilen des Großreichs eine Euphorie ausgebrochen sein, als in der Mitte des sechsten Jahrhunderts vor Christus die Perser unter

Kyros die Babylonier ablösten. Nun gab es Hoffnung auf eine Politik, die die unterworfenen Völker achtete und mitsamt ihren Göttern und Sitten in ihre Heimat zurückkehren ließ. Endlich nach Hause gehen dürfen, die feindliche Fremde verlassen, die alte Landschaft wiedersehen, die alten Straßen und Häuser besuchen, vielleicht sogar lang vermissten Menschen begegnen, auf jeden Fall wieder dort sein, wo man hingehört – diese Hoffnung empfand auch der große Unbekannte und teilte sie mit vollen Händen an sein Volk aus. Doch gab er ihr eine andere Wendung als die Priester und Propheten anderer Völker, die ebenfalls Kyros huldigten. Ihn unterschied von den Glücksboten anderer Völker, dass er in der aufziehenden Hoffnung eine religiöse Entdeckung machte:

> So spricht Gott, der König Israels und sein Erlöser: «Ich bin der Erste, und ich bin der Letzte, und es gibt keinen Gott außer mir. Wer ist wie ich? Der rufe laut, dass er es kundtue und mir darlege. Ihr seid meine Zeugen. Gibt es einen Gott außer mir? Es gibt keinen Fels, ich weiß von keinem.»
> Die Götzenmacher sind alle nichts wert. Woran sie ihr Herz hängen, ist zu nichts nütze. Wer einem Götzen anhängt, wird zuschanden. Wer ein Götzenbild anfertigt, ist nur ein Mensch. Der Schmied macht ein Messer in der Glut und formt es mit Hammerschlägen. Er arbeitet daran mit der ganzen Kraft seines Arms. Dabei wird er irgendwann hungrig und müde, durstig nach Wasser und matt. Der Zimmermann spannt die Schnur und zeichnet mit dem Stift vor. Dann behaut er das Holz, zirkelt es ab und macht daraus die Figur eines Mannes, eines schönen Menschen. In einem Haus soll sie thronen. Er schlägt Zedern, nimmt Kiefern und Eichen, wählt die starken unter den Bäumen des Waldes. Er hat Fichten gepflanzt, der Regen ließ sie wachsen. Das gibt den Leuten Brennholz. Davon nimmt er und wärmt sich daran. Er zündet das Holz an und backt Brot damit. Aus demselben Holz macht er aber auch einen Gott und betet ihn an. Die eine Hälfte verbrennt er im Feuer, brät Fleisch darauf, isst sich am Braten satt, wärmt sich und spricht: «Ah! Ich bin warm geworden, ich spüre das Feuer.» Aber die andere Hälfte macht er zu

seinem Gott, seinem Gottesbild, davor kniet er nieder, betet und spricht: «Errette mich, denn du bist mein Gott!»[3]

Gott ist groß und mit nichts vergleichbar – es gibt keine Gottheit außer Gott: Es kommt selten vor, dass man auf einen Text stößt, der mit wenigen Worten alles bisher Geltende aufhebt, um etwas ganz anderes an dessen Stelle zu setzen. Dies ist ein solcher Text. Es gibt nur einen einzigen Gott – was Menschen sonst anbeten, ist nichts. So viel höher der Himmel als die Erde ist, so viel tiefer geht der Bruch, den diese Predigt brachte, im Vergleich zum politischen Wechsel der Reiche und Herrscher. Ausgerechnet ein namenloser Prophet eines kleinen Volkes löste diesen Umbruch aus. Das ist erstaunlich, zugleich aber war es auch ziemlich frech, wie dieser Prophet seinen Monotheismus mit Blasphemie und Religionskritik verknüpfte, seinen Gott rühmte und alle anderen Götter entzauberte – auch Marduk, den Gott des Kyros. Geradezu verrückt erschien in seiner Zeit die Idee, an einen Gott zu glauben, von dem es kein Bild gibt. Auf so eine Idee konnte wahrscheinlich nur ein Prophet eines Volkes kommen, dem seine Gottesbilder allesamt zerbrochen, zerhackt und verbrannt worden waren.

Einige behaupten, der Monotheismus sei prinzipiell intolerant und mache gewalttätig, weil die falschen Götter und ihre Anhänger im Namen des einzig wahren Gottes bekämpft werden. Wer jedoch den ersten Rufer dieses Rufes «Gott ist groß und mit nichts vergleichbar – es gibt keine Gottheit außer Gott» anhört, bemerkt, dass er hier keinen Religionskrieger vor sich hat, sondern einen wehrlosen Friedensbotschafter, den namenlosen Propheten einer Gemeinschaft von Verschleppten. Was an diesem Ruf unduldsam erscheint, ist bei Lichte betrachtet seelischer Widerstand gegen die Imperien dieser Welt und deren Götter. Hier äußert sich ein antiimperialer Glaube, der das Tor zu einer neuen, inneren Heimat aufstößt.

So streitfreudig dieser Prophet auch erscheinen mag, muss er doch ein zarter Mensch gewesen sein, der seine Worte leise sagte.

So spricht Gott: «Seht, das ist mein Knecht, mein Auserwählter. Ich habe ihm meinen Geist gegeben. Er wird das Recht zu den

Völkern bringen. Er wird weder schreien noch rufen, und seine Stimme wird man nicht hören auf den Gassen. Das geknickte Rohr wird er nicht zerbrechen, und den glimmenden Docht wird er nicht auslöschen. Er selbst verlöscht nicht und zerbricht nicht, bis er auf Erden das Recht aufrichtet.[4]

Auch besaß der namenlose Prophet eine eigentümliche Begabung, mit Worten zu trösten.

So spricht Gott, der dich geschaffen hat, Jakob, der dich gemacht hat, Israel: «Fürchte dich nicht, denn ich habe dich erlöst. Ich habe dich bei deinem Namen gerufen: du bist mein! Wenn du durchs Wasser gehst, will ich bei dir sein, dass dich die Ströme nicht wegreißen. Wenn du durchs Feuer gehst, sollst du nicht brennen, und die Flamme soll dich nicht versengen. Denn ich bin dein Gott. So fürchte dich nun nicht, denn ich bin bei dir. Ich will vom Osten deine Kinder holen und dich vom Westen her sammeln. Ich will sagen zum Norden: ‹Gib her!›, und zum Süden: ‹Halte nicht zurück!›»[5]

Alles wird gut: Die Vertriebenen können heimkehren. Doch bei dieser Verheißung beließ der Prophet es nicht. Er verkündete keine Rückkehr in die alten Verhältnisse, denn das Königreich Juda war unwiederbringlich verloren. An dessen Stelle trat – eine historische Neuerung ebenso wie das Bild eines einzigen Gottes und der Glaube an ihn – eine religiöse Gemeinde unabhängig von einer politischen Gemeinschaft aus Volk und König. Wie das neue gemeinsame Leben in einer wiedergewonnenen und verwandelten Heimat aussehen könnte, sagte der Prophet ebenfalls mit zarten Worten. Er erließ keine Gebote, sondern sang ein Lied darüber.

Brich dem Hungrigen dein Brot, und die im Elend ohne Obdach sind, führ ins Haus. Wenn du einen nackt siehst, kleide ihn, und entzieh dich nicht deinen Brüdern. Dann wird dein Licht hervorbrechen wie die Morgenröte, und deine Heilung wird schnell voranschreiten. Deine Gerechtigkeit wird vor dir hergehen, und die Herrlichkeit Gottes wird deinen Zug beschließen. Dann wirst du rufen, und Gott wird dir antworten. Wenn du schreist, wird er sagen: «Sieh, hier bin ich.» Wenn du in deiner Mitte niemanden unterdrückst und nicht mit Fingern auf die Armen zeigst und nicht schlecht über sie redest, sondern den Hungrigen dein Herz finden lässt und den Elenden sättigst, dann wird dein Licht in der Finsternis aufgehen. Dein Dunkel wird sein wie der Mittag. Gott wird dich führen, dich sättigen in der Dürre und deine Knochen stärken. Du wirst wie ein bewässerter Garten, wie eine Wasserquelle sein, der es nie an Wasser fehlt.[6]

Wenn man lange ins Licht schaut, bilden sich im Blickfeld dunkle Flecken. Wer sich in die Verse dieses Propheten versenkt, nimmt mitten in ihrer Helligkeit eine Finsternis wahr. Denn trotz der strahlenden Hoffnung, die er verkündete, blieb er ein Gezeichneter. Der Schmerz war ihm treu, hörte nicht auf, weder für ihn noch für seine Jünger, die seine Worte sammelten und weiterschrieben, auch nicht für die Gemeinde, die diese Stimme als die ihre erkannte und in ihre Predigt einstimmte. Sie alle blieben auch in der Verzweiflung vereint.

Gott hat mir eine Zunge gegeben, wie Jünger sie haben, damit ich wisse, mit den Müden zu rechter Zeit zu reden. Er weckt mich alle Morgen, er weckt mir selbst das Ohr, dass ich höre, wie Jünger hören. Gott hat mir das Ohr geöffnet. Ich bin nicht ungehorsam, weiche nicht zurück. Ich bot meinen Rücken denen, die mich schlugen, meine Wange denen, die mich an den Haaren rissen. Mein Angesicht verbarg ich nicht vor Schmach und Speichel. Aber Gott hilft mir, darum werde ich nicht zuschanden. Darum hab ich mein Angesicht hart gemacht wie einen Kieselstein; denn ich weiß, dass ich nicht zuschanden werde.[7]

Diese Worte wirkten weit, wurden wieder und wieder gesagt, weiter gemurmelt, geweint und gestöhnt von denen, die in seiner Nachfolge lebten. Sie lösten sich von der Biographie eines Einzelnen und wurden zu Klageliedern des Volkes Israel. Weiter noch wirkten sie über die Grenzen

Israels hinaus, als die ersten Christen sie als Christus-Lieder verstanden, und noch viel später mündeten sie in ein Lied, das Jochen Klepper 1938 gedichtet hat. Dieser war zu seiner Zeit ein erfolgreicher Schriftsteller, heute ist er fast vergessen. Aber er hat eine Handvoll Lieder geschrieben, die gültig geblieben sind und heute noch in der evangelischen Kirche gesungen werden. Er schrieb sie in einer Zeit zunehmender Bedrängnis: In der nationalsozialistischen Diktatur wurde ihm als christlichem Schriftsteller, verheiratet mit einer Frau, die mit ihren beiden Töchtern wegen ihrer jüdischen Abstammung verfolgt wurde, das Leben immer schwerer gemacht. Schließlich wusste er keinen anderen Weg mehr, als sich gemeinsam mit seiner Frau und der jüngeren Tochter – die ältere hatte sich retten können – 1942 das Leben zu nehmen. Vier Jahre zuvor hatte er diese Verse geschrieben:

> Er weckt mich alle Morgen, er weckt mir selbst das Ohr.
> Gott hält sich nicht verborgen, führt mir den Tag empor.
> Das Wort der ewgen Treue, die Gott uns Menschen schwört,
> erfahre ich aufs neue so, wie ein Jünger hört.
> Er will, dass ich mich füge. Ich gehe nicht zurück.
> Ich werde nicht zuschanden. Hab nur in ihm mein Glück.

Wie ist es mit dem Propheten «Namenlos» weitergegangen, wie wurde seine Botschaft gehört, er selbst aufgenommen?

> Er hatte keine Schönheit und Hoheit. Wir sahen ihn an, aber da war keine Gestalt, die uns gefallen hätte. Er war der Allerverachtetste und Unwürdigste, voller Schmerzen und Krankheit. Er war so verachtet, dass man das Angesicht vor ihm verbarg. Darum haben wir ihn nicht geachtet. Aber er trug unsre Krankheit, lud unsere Schmerzen auf sich. Wir hielten ihn für einen Gezeichneten, meinten, er würde von Gott gequält. Doch er wurde um unsrer Schuld willen verletzt, wegen unserer Sünde geschlagen. Die Strafe liegt auf ihm, damit wir Frieden haben. Durch seine Wunden sind wir geheilt. Wir gingen alle in die Irre wie Schafe, ein jeder sah nur auf seinen Weg. Da warf Gott all unsere Sünde auf

ihn. Als er gemartert wurde, beugte er sich und tat seinen Mund nicht auf wie ein Lamm, das zur Schlachtbank geführt wird. Nun ist er aus der Angst und dem Gericht fortgenommen. Wer aber denkt daran?[8]

Im Alten Israel gab es einen eigentümlichen Ritus: Am großen Versöhnungstag wurde ein Ziegenbock ausgewählt, ein Priester stellte sich vor ihn, legte Zeugnis von allen Sünden des Volkes ab und «übertrug» diese auf den Bock, der anschließend in die Wüste gejagt wurde. In den Augen seiner Schüler muss der namenlose Prophet auf seine Weise ein Sündenbock gewesen sein. Sein offenkundig tragisches Ende, über das nichts Genaues mehr bekannt ist, konnte nur dann einen Sinn ergeben, wenn es als Sühne für die Schuld anderer verstanden wurde. Aber welche Schuld? Und wie kann ein Mensch die Schuld eines Volkes auf sich nehmen? Das wird nicht erklärt. Dennoch muss diese Vorstellung für die Anhänger des Namenlosen ein Trost gewesen sein, der Ansatz für einen neuen Glauben.

Dieser Glaube war umsonst, er kostete nichts.

Auf, alle, die ihr durstig seid, kommt her zum Wasser! Die ihr kein Geld habt, kommt, kauft und esst! Kommt her, kauft ohne Geld, umsonst Wein und Milch! Warum zählt ihr Silber für das, was kein Brot ist, und gebt euren Verdienst für das, was nicht satt macht? Hört doch auf mich, dann werdet ihr Gutes essen und euch am Köstlichen laben. Neigt eure Ohren her und kommt zu mir! Hört, so werdet ihr leben![9]

Denn so spricht der Hohe und Erhabene: «Ich wohne als Heiliger bei den Zerschlagenen und Erniedrigten, damit ich den Geist der Gedemütigten und das Herz der Zerschlagenen belebe.»[10]

Aus diesen Versen sollte etwas erwachsen, das die Reiche der Assyrer, Babylonier, Perser und Römer überdauern würde: der Glaube an den einen Gott, dessen Kraft allein in den Schwachen mächtig ist, ein Glaube ohne Gewalt.

13.
Ein Rest wird gerettet:
Die Geschichte von der Sintflut

Palästina, 1947

Wenn man in Unheil oder Heil ein neues Gesicht von Gott zu erkennen meint, muss man die alten Geschichten von ihm anders erzählen als früher. Die Urgeschichte von Noah und der Sintflut ist eine Menschheitsgeschichte, die schon von anderen Völkern und in anderen Sprachen erzählt wurde, bevor sie von den Israeliten neu erzählt und aufgeschrieben wurde. «Als die Götter Menschen waren …», so fängt das mesopotamische Atrachasis-Epos an. Es stammt aus dem zweiten vorchristlichen Jahrtausend und schildert die Erschaffung des Menschen sowie die große Flut, die gleich darauf fast alles menschliche Leben wieder vernichtet hat.

Am Anfang, als die Götter Menschen waren, mussten sie selbst arbeiten. Das gefiel ihnen nicht. Da kamen der Gott Enki und die Muttergöttin auf eine Idee: Sie machten Menschen, die für die Götter die Kanäle bauen und die Felder bestellen sollten. Jetzt waren die Götter keine Menschen mehr, sondern frei von aller Arbeit und Mühe. Doch die Menschen vermehrten sich viel zu schnell. Ihr Lärm raubte dem Götterkönig Enlil den Schlaf. So beschloss die Versammlung der Götter, die Menschen mit einer Riesenflut zu vertilgen. Doch Enki, der die Menschen gemacht hatte, warnte einen von ihnen, den er lieb hatte. Er solle sich in ein Boot retten. Die Flut kam, die Menschen wurden vertilgt, bis auf einen kleinen Rest. Die Götter hatten nun wieder ihre Ruhe. Doch sie vermissten die Hilfe derer, die für sie vorher die Arbeit getan hatten. Sie vermissten die Opfergaben der Menschen. Deshalb lenkten sie ein. Es sollte auch in Zukunft menschliches Leben geben. Nur sollte es nie mehr überhandnehmen. Deshalb erschuf die Muttergöttin eine Dämonin, die den Frauen das Kindbettfieber bringt. Auch sollten einige Frauen unfruchtbar bleiben, und es sollte weibliche Berufsstände geben, die keine Kinder bekommen durften. Doch die Menschheit als Ganzes durfte weiterhin bestehen. Denn die Götter hatten eingesehen, dass sie die Menschen brauchten, wenn sie nicht selbst wieder zu Menschen werden sollten.

Diese Urgeschichte will erklären, warum die Welt so ist, wie sie ist: Es gibt Götter und Menschen; die Menschen arbeiten für die Götter und opfern ihnen; deshalb garantieren die Götter ihnen das Überleben; aber viele Menschen sterben zu früh, viele Frauen werden keine Mütter. Die Menschen sind bedroht, und doch überlebt die Gattung Mensch. Die Geschichte von Enlil, Enki und der großen Flut erklärt, warum das so ist.

In Israel kannte man diese Geschichte seit langem. Das Bild von einer Flut, die alles vernichtet, und die Aussicht, dass vielleicht ein kleiner Rest gerettet wird, müssen von jeher einen starken Sog ausgeübt haben. Ob dabei die Erinnerung an eine tatsächliche schreckliche Flut vor unendlich vielen Jahren eine Rolle gespielt hat, ist unklar. Vor allem aber gab es höchst gegenwärtige Erfahrungen mit militärischen «Überflutungen», Erinnerungen an fremde Soldaten, die wie mächtige Wellen über das Land kamen und fast alles menschliche Leben auslöschten. Der Prophet Jesaja hat solche Vorgänge wie Naturkatastrophen geschildert:

Schaut, Gott macht die Erde wüst und leer. Er wirft um, was auf ihr ist, und zerstreut ihre Bewohner. Da geht es dem Priester wie dem Volk, dem Herrn wie dem Knecht, der Herrin wie der Magd, dem Verkäufer wie dem Käufer, dem Gläubiger wie dem Schuldner. Die Erde wird leer sein, alles wird ihr geraubt. Die Stadt ist zerstört, alle Häuser sind verschlossen, dass niemand hineingehen kann. Nur die Verwüstung wohnt noch in der Stadt, ihre Tore sind zerschlagen. Über euch, Bewohner der Erde, kommen Schrecken, Schacht und Schlinge. Wer versucht, vor dem Schrecken zu fliehen, fällt in den Schacht, wer versucht, aus dem Schacht zu entkommen, wird von der Schlinge gefangen. Die Fenster in der Höhe sind aufgestoßen, die Grundfesten der Erde beben. Mit Krachen zerbricht die Erde, zerbirst und zerfällt.[1]

Nach den Zerstörungen durch die Assyrer und Babylonier und im Licht des neuen prophetischen Gottesbildes erzählten sich die Israeliten die Geschichte von der großen Flut auf eigene Weise. Daran haben viele mitgewirkt, neuerzählt und weitergeschrieben, um so eine Urgeschichte für den geretteten Rest des Volkes Israel zu schaffen.

Eines Tages erkannte Gott, dass der Mensch von Grund auf böse ist. Da bereute er, dass er ihn geschaffen hatte, und fasste einen Entschluss: «Ich will die Menschheit auslöschen, und mit ihr alle Lebewesen, denn ich bereue, dass ich sie gemacht habe.»
Nur einen Menschen nahm er aus: Noah, einen frommen und gerechten Mann.
Aber die Erde war verdorben und voller Gewalt.
Da sprach Gott zu Noah: «Ich habe beschlossen, alles Leben auszulöschen. Denn die Erde ist voller Gewalt. Aber du, mach dir einen Kasten aus Tannenholz, mach Kammern darin und dichte ihn mit Pech von innen und außen ab. Oben sollst du ein Fenster machen und eine Tür an der Seite. Denn ich will eine Flut kommen lassen, die alles Leben vernichtet. Aber du, du sollst in den Kasten gehen mit deiner Frau, deinen Söhnen, Frauen und Kindern. Und von allen Tieren sollst du je ein Paar in den Kasten führen, damit sie mit dir überleben.»
Noah baute den Kasten.
Dann kam die Flut. Die Brunnen der Tiefe brachen auf, die Fenster des Himmelsgewölbes wurden geöffnet. Es war, als ob der Himmel und die Erde platzten. Von unten und von oben kam das Wasser.
Noah ging in den Kasten mit seiner Familie sowie den Tieren, und Gott schloss hinter ihm zu.
Vierzig Tage und Nächte lang regnete und strömte es. Die Fluten wuchsen und hoben den Kasten empor. Sie schwollen an, bis sie die ganze Erde bedeckten, sogar die höchsten Berge. Darin ging alles Leben unter, die Menschen und Tiere, sogar die Vögel. Alles, was den Atem des Lebens in sich hatte, musste sterben. Nur Noah blieb übrig und die, die in seinem Kasten waren.

Da dachte Gott an ihn, ließ Winde über die Erde wehen, verstopfte die Brunnen der Tiefe und schloss die Fenster des Himmelsgewölbes. Da sanken die Fluten, und das Wasser zog sich zurück. Irgendwann setzte der Kasten auf einem Berg auf. Nach vierzig Tagen öffnete Noah das Fenster oben am Kasten und ließ eine Taube hinaus. Er vertraute seine Hoffnung einem Vogel an. Aber die Taube fand noch nichts, worauf sie ihren Fuß hätte setzen können. Also kam sie zurück. Nach sieben Tagen ließ Noah die Taube ein zweites Mal ausfliegen. Diesmal kam sie am Abend zurück, mit einem frischen Ölblatt im Schnabel. Nach wiederum sieben Tagen ließ Noah die Taube zum dritten Mal hinaus. Jetzt kehrte sie nicht mehr zurück.

Da sprach Gott zu Noah: «Du, geh aus dem Kasten mit deiner Familie und den Tieren. Seid fruchtbar, vermehrt euch und füllt die Erde von neuem.»

Alle verließen den Kasten. Draußen baute Noah als Erstes einen Altar und opferte Gott zum Dank. Da sagte Gott: «Ich will die Erde nicht noch einmal verfluchen wegen der Menschen. Denn der Mensch ist von Grund auf böse. Ich will kein zweites Mal alles vernichten, was lebt. Solange die Erde steht, sollen Saat und Ernte, Frost und Hitze, Sommer und Winter, Tag und Nacht nicht aufhören.»

Gott segnete Noah und seine Söhne: «Seid fruchtbar, vermehrt euch und füllt die Erde von neuem. Furcht und Schrecken vor euch komme über alle Tiere der Erde und alle Vögel des Himmels. Sie sind in eure Hand gegeben. Alles, was lebt, soll eure Nahrung sein. Nur das Fleisch, in dem noch Blut und Leben ist, dürft ihr nicht essen. Und wer das Blut eines Menschen vergießt, dessen Blut soll auch vergossen werden. Ich schließe jetzt einen Bund mit euch und allen Tieren. Nie wieder soll alles Leben von den Fluten ertränkt werden. Dies ist das Zeichen unseres Bundes: Ich stelle einen Bogen aus Farben in die Wolken. Wenn ich Wolken heraufziehen lasse und der Regenbogen erscheint, will ich mich an meinen Bund erinnern, der zwischen mir, euch und allen Lebewesen besteht: Nie wieder sollen die Fluten das Leben

auslöschen. Wenn der Regenbogen in den Wolken steht, will ich
ihn ansehen und mich an den ewigen Bund zwischen mir und
und der Erde erinnern.»[2]

Der Kern dieser Urgeschichte ist ein schlichtes Wort: bereuen. Gott bereut, dass er die Welt erschaffen hat. Das heißt, dass er einen Willen hat,
der nicht immer gleich ist, sondern sich radikal ändern kann. Das war ja
die Erkenntnis der frühen Unheilsprophetie: Gott bereute, dass er Israel
zu seinem Volk gemacht hatte, deshalb stieß er es in die Katastrophe. So
erzählt es nun auch diese Geschichte: Gott bereut, dass er die Menschen
gemacht hat, deshalb will er alles Leben auslöschen. Doch am Ende folgt
auf diesen schrecklichen Entschluss eine Wendung zum Guten. Gottes
Reue schlägt eine andere Richtung ein. Nun bereut er, dass er solch eine
Verwüstung angerichtet hat.

Hosea hörte Gott sagen: «Mein Herz wendet sich gegen mich, es
kehrt sich um, denn mein ganzes Mitleid ist entbrannt.»[3]

Amos schaute, wie Gott einen Schwarm Heuschrecken erschuf.
Als der das Land abfraß, rief Amos: «Ach, Gott, sei gnädig! Wie
soll Israel bestehen?»
Da bereute Gott und sprach: «Es soll nicht geschehen.»
Amos schaute, wie Gott einen Feuerregen herbeirief, der das
Land verheerte. Da rief Amos: «Ach, Gott, halt ein! Wie soll Israel
bestehen?»
Da bereute Gott, und er sprach: «Es soll nicht geschehen.»[4]

Der Prophet Jona hatte von Gott den Auftrag erhalten, den Menschen von Ninive den Untergang ihrer Stadt anzusagen, weil Gott
sie wegen ihrer großen Bosheit bestrafen wollte. Und tatsächlich,
die Menschen nahmen sich seine Worte zu Herzen und änderten
ihr Leben. Als Gott sah, dass sie nicht mehr auf einem bösen, sondern einem guten Weg gingen, bereute er das Übel, das er ihnen
durch Jona hatte ankündigen lassen, und tat es nicht. Er ver-
schonte Ninive.

So wie Gott am Ende nicht von seinem Volk lassen kann, mag er seine Schöpfung nicht ganz verloren geben. Sein Herz wendet sich in ihm um. Reue zu empfinden, erfordert eine übermenschliche Kraft. So entsteht langsam ein neues Gottesbild: Gott hat ein Gewissen und ist souverän genug, seinen Willen von Grund auf zu ändern, um der Gewalt ein Ende zu setzen und den Menschen, der ganzen Schöpfung einen neuen Anfang zu eröffnen.

Doch was für ein Neuanfang ist dies? Das Volk Israel bleibt in seiner Existenz bedroht, ein geretteter Rest. Immerhin ist es nicht ganz vernichtet worden. Es kann unter fremder Herrschaft weiterleben in einem fragilen Gleichgewicht aus Vernichtungsangst und Bewahrungshoffnung. Dies gilt ebenso für die Welt im Ganzen. Die Schöpfung bleibt bedroht, es wird noch manches Unheil über sie kommen, aber grundsätzlich soll sie bestehen bleiben. Das bezeugt der Regenbogen am Himmel. Er eröffnet die Gewissheit, dass ein Chaos-Schrecken wie die Urflut nicht wiederkehren wird.

Doch dieser Hoffnung ist eine kräftige Portion bitterster Resignation beigemischt. Gott hat zwar seinen Willen geändert, aber die Ausgangslage hat sich nicht verändert. Der Mensch ist und bleibt böse, ein misslungenes Werk. Hat Gott versagt? Warum kann er die Ursünde menschlicher Gewalttätigkeit nicht abstellen? Diese Fragen beantwortet die Geschichte nicht. Sie beschränkt sich darauf, zu zeigen, warum die Welt so ist, wie sie ist: in ihrer Existenz gesichert und zugleich bedroht wegen der Bosheit der Menschen.

Doch vollkommen machtlos ist Gott nicht. Er hemmt den eigenen Zorn und verpflichtet sich selbst zur Friedlichkeit. Der Regenbogen ist ja mehr ein Zeichen für ihn selbst als für die Menschen. Außerdem begründet er eine allererste Rechtsordnung, die die Gewalt begrenzt. Mit Hilfe von zwei Urgesetzen versucht Gott, die Mordlust der Menschen wenigstens einzuschränken und zu ordnen: Das erste Gesetz besagt, dass die Menschen von nun an Tiere essen dürfen, aber beim Jagen, Töten, Schlachten, Braten, Kochen und Essen eine Regel beachten müssen: Das Blut der Tiere, in dem ihr Lebensgeist ist, bleibt tabu. Das zweite Gesetz verbietet es den Menschen, ihre Artgenossen zu töten. Jede Tötung eines Menschen soll mit der Tötung des Täters geahndet werden. Das ist das Gegenteil einer ungezügelten Blutrache, nämlich eine sinnvolle archaische Rechtssetzung, um das Morden einzudämmen.

So widerspricht auch diese Urgeschichte dem Klischee vom gewalttätigen Alten Testament und seinem blutdürstigen Rachegott. Mit keinem anderen Thema beschäftigt sich die Bibel – ähnlich übrigens wie die griechischen Tragödien – so intensiv wie mit der Gewalt, doch sie sucht nach Wegen, diese zu begrenzen. So zeichnet sie das Bild eines Gottes, der seine eigene Gewalttätigkeit zügelt und darin zum Urbild des Guten wird. Und sie erzählt von der Geburt des Rechts.

Auffällig ist übrigens, dass die biblische Flut-Geschichte das mesopotamische Original aufgreift und dann etwas sehr Eigenes daraus macht. Einen polemischen Unterton gegen den Vielgottglauben der Umwelt findet man hier nicht. Die Abgrenzung von anderen Religionen scheint den biblischen Autoren hier kein Anliegen gewesen zu sein. Die alten Propheten und ihre Schüler scheinen gewusst zu haben: Wenn zwei das Gleiche erzählen, wird nie dieselbe Geschichte daraus.

14.
Eine neue Heimat in der Schrift:
Die Bibel entsteht

Berlin, 1946

Ausführlich wird davon erzählt, wie die Israeliten in den 530er-Jahren vor Christus aus dem Exil nach Jerusalem zurückkehrten: Ein Strom der Heimkehrer ergoss sich in das gelobte, geliebte Land, Jubel erfüllte Himmel und Erde, selbst die Berge schienen zu jauchzen und die Bäume in die Hände zu klatschen. Doch wie war es in Wirklichkeit? Die meisten Exilierten waren, wenn sie denn noch lebten, inzwischen sehr alt. Eine Rückkehr kam für sie kaum in Frage, aber auch nicht für ihre Kinder und Enkel, die die ehemalige Heimat nie gesehen hatten. Die meisten von ihnen blieben vernünftigerweise in der Fremde. Hier hatten sie Wohnung genommen, Geschäfte aufgebaut, Ehen geschlossen, Freunde gefunden, sogar Altäre errichtet. Sie verließen Babylon oder Ägypten nicht, sondern schrieben stattdessen Briefe in die alte Heimat und nahmen von Ferne Anteil an deren Wiederaufbau. Nur ein Bruchteil wagte es, auf die Botschaft des Kyros hin sein Leben von Grund auf zu ändern und dort ganz von vorn zu beginnen, wo einmal die Heimat der Vorfahren gewesen war.

Mühsam war der Neubeginn. Frustrierend zäh ging es voran. Eine neue Mauer musste errichtet werden. Sie fiel deutlich kleiner aus als ihre Vorgängerin. Die alte Macht und Herrlichkeit der Königsstadt – schon in der Erinnerung prächtiger als in der geschichtlichen Wirklichkeit – sollte nie wiederkehren. Auch der neue Tempel nahm nur langsam, zu langsam eine allzu bescheidene Gestalt an. Vielleicht war dies ein Grund dafür, dass sich in den Wiederaufbau der Stadt eine eigentümliche Wut und Gehässigkeit einschlichen. An anderen ließen die Heimkehrer ihre Enttäuschung aus. Es wird erzählt, wie der allgemeine Befehl ausgegeben wurde, dass die israelitischen Männer, die in der Zwischenzeit Frauen aus anderen Völkern geheiratet und mit ihnen Kinder bekommen hatten, diese verstoßen sollten. Damit das Volk wieder eins würde, sollten also Familien zerbrochen und schutzlose Frauen und Kinder ins Elend gestoßen werden. Wenn nur ein Rest hier ein neues Leben beginnen würde, dann sollte er wenigstens «rein» und für sich sein, getrennt von den Fremden.

«Ich reinigte sie von allem Ausländischen.»[1] So rühmte sich einer der neuen Anführer. Ob dies tatsächlich geschah, lässt sich nicht mehr ermitteln. Aber deutlich ist, dass auch Engstirnigkeit und Hartherzigkeit das prägen sollten, was hier so klein und kümmerlich aus den Ruinen auferstand. Hier zeigt sich das Unrecht aller Heimkehrer, die wie Invasoren und Besatzer auftreten: Sie geben die Gewalt, die sie erfahren haben, an andere weiter. Indem sie zurückkehren, fügen sie anderen das Schicksal zu, das sie selbst erleiden mussten.

Doch im Abseits und in der Stille begannen einige wenige, darüber nachzudenken, wie man sich eine ganz andere Heimat vorstellen könnte. Ihnen wollte es nicht gelingen, im zurückerlangten Boden Wurzeln zu schlagen. Sie blieben unbehaust und waren sich dessen auch bewusst. Sie waren Luftmenschen. Sie blieben im Exil, selbst wenn sie inzwischen auf altem judäischen Gebiet lebten. «Luftmenschen» – so bezeichneten viel später manche Juden sich selbst. Sie beschrieben damit ihre elende Lage, aber auch eine kostbare Eigentümlichkeit. Judenfeinde machten daraus einen Schimpfnamen, erkannten darin das Gegenteil ihrer eigenen blutigen Bodenhaftung. Dabei übersahen sie, dass eigentlich jeder erwachsene Mensch ein Luftwesen ist, weil er nicht wie eine geistlose Pflanze in einem Stück Erde seine dauerhafte Heimat finden kann. In dem Wort «Luftmensch» ist auch eine seltsame Verheißung verborgen: Wenn es sogar einige Pflanzen gibt, die Luftwurzeln ausbilden, sollte es dann nicht möglich sein, als Vertriebene eine ganz neue Heimat jenseits aller Heimaten zu finden?

Die Luft, in der ein Mensch Wurzeln schlägt, ist seine Sprache. Sie ist so fest mit seinem Innersten verwoben, dass er sie überallhin mitnehmen kann, selbst in die Fremde. Dort vermag sie, ihm eine Heimat in der Luft zu bieten. Doch die Sprache verfliegt auch schnell, wenn sie nicht zur Schrift wird. Deshalb ist das Buch der größte und schönste Halt aller Entwurzelten, die Luftwurzel schlechthin.

Unter den Israeliten gab es nun – im Babylonischen Exil wie in der alten Heimat Palästina – einige solcher Luftmenschen, denen das Buch

zur neuen Heimat wurde, die sich selbst ein dauerhaftes Zuhause er-
schrieben. Wie sie dies taten, lässt sich nicht mehr genau sagen. Sie
werden auf traditionelles Material zurückgegriffen haben: Sprüche von
Propheten, Gebete von Priestern, Lehren von Weisen, Gesetze von Rechts-
gelehrten, Listen von Chronologen, Geschichten von Volkserzählern. All
dies nahmen sie auf und schrieben es fort, sodass Vers an Vers, Schicht
auf Schicht ein Buch entstand, dann noch eines, schließlich eine ganze
Bibliothek, die zusammengenommen viel später das eine große Buch
werden sollte. Manche dieser Autoren- und Redaktionsgruppen waren
von einem besonderen Widerspruchsgeist erfüllt. Die Schüler und Nachfolger der Propheten besaßen ja eine Erklärung dafür, warum das Unheil
über Israel gekommen war, Tempel und König sowie die ganze alte Ordnung fallen mussten. Doch diese Erklärung war so hart und schrecklich,
dass zunächst nur wenige diese bittere Botschaft annehmen wollten.
Deshalb schrieben die Prophetenschüler sie auf, damit zukünftige Generationen ihre Wahrheit erfahren könnten. So wird es über Jeremia erzählt.

> An Jeremia erging dieses Wort Gottes: «Nimm eine Schriftrolle
> und schreibe darauf alle Worte, die ich zu dir über Israel und alle
> Völker gesagt habe. Vielleicht wird Israel, wenn es von all dem
> Unheil hört, das ich ihm anzutun gedenke, von seinen bösen
> Wegen umkehren, damit ich ihnen ihre Schuld vergeben kann.»
> Da rief Jeremia Baruch zu sich und diktierte ihm alle Worte Got-
> tes, die er gehört hatte. Baruch schrieb sie auf eine Schriftrolle, so
> wie Jeremia sie ihm sagte. Danach befahl Jeremia ihm: «Baruch,
> ich darf nicht in den Tempel gehen. Deshalb geh du dorthin und
> lies dem ganzen Volk aus dieser Schriftrolle die Worte Gottes
> vor, wie ich dir diktiert habe. Vielleicht werden sie umkehren
> von ihren bösen Wegen.»
> Baruch tat, was ihm Jeremia befohlen hatte, und las dem Volk im
> Tempel aus der Schriftrolle vor. Da schickten die Oberen einen
> Boten zu ihm und ließen ihm sagen: «Nimm deine Schriftrolle,
> aus der du vorgelesen hast, und komm zu uns!» Als Baruch bei
> ihnen war, baten sie ihn: «Setz dich und lies uns vor!» Als Baruch
> dies aber tat, entsetzten sie sich: «Wir müssen alle diese Worte

dem König mitteilen. Aber sage uns, wie hast du sie aufgeschrieben?»

Baruch antwortete ihnen: «Jeremia hat mir diese Worte vorgesagt, und ich habe sie mit Tinte auf diese Schriftrolle geschrieben.»

Da rieten die Oberen ihm: «Geh weg und verstecke dich gemeinsam mit Jeremia, damit niemand weiß, wo ihr seid!»

Die Oberen gingen nun zum König und berichteten ihm von Baruchs Schriftrolle. Da ließ der König die Schriftrolle holen und sich daraus vorlesen. Dabei saß er vor einem Kohlenbecken, denn es war Winter. Immer wenn der Vorleser drei oder vier Spalten gelesen hatte, schnitt der König sie ab und warf sie ins Feuer, bis am Ende die ganze Schriftrolle verbrannt war.

Nachdem der König die Schriftrolle verbrannt hatte, sprach Gott zu Jeremia: «Nimm dir eine neue Schriftrolle und schreibe auf sie alle Worte, die auf der ersten Schriftrolle standen.» Da nahm Jeremia eine neue Schriftrolle, gab sie Baruch, und der schrieb noch einmal all die Worte auf, die Jeremia ihm gesagt hatte, und es wurden noch viele ähnliche Worte hinzugetan.[2]

Mit Baruchs Schriftrolle und vielen anderen wurde ein neuer Grund gelegt für ein anderes Israel. Dazu mussten die Propheten, besser gesagt: ihre Schüler, sich sehr verändern. Es ging nun weniger um das Sprechen und Hören als um das Schreiben und Lesen. Aus Propheten mussten Autoren, Interpreten und Redakteure werden. Es hieß nun nicht mehr: «Hört das Wort Gottes!»[3] Es hieß jetzt: «Forscht in der Schrift Gottes und lest!»[4]

Mit ihren Schriften schufen sie ein grundsätzlich neues Verständnis davon, was das Volk und sein Gott sein sollte. Diese Innovation war keine Leistung von sicher Beheimateten, sondern entstand in der Fremde oder am gesellschaftlichen Rand. Sie sollte aus dem Volk Israel eine Lesegemeinde machen. Das Wort «lesen» ist jedoch viel zu harmlos, wie ein Blick in das Buch des Propheten Hesekiel zeigt, das im sechsten Jahrhundert im Babylonischen Exil entstanden sein soll.

Gott sprach zu dem Propheten Hesekiel: «Du, Menschenkind, mach deinen Mund auf und iss, was ich dir geben werde.» Hesekiel schaute auf und sah, dass eine Hand ihm eine Schriftrolle entgegenstreckte und sie vor ihm ausbreitete. Sie war von außen und innen beschrieben mit Totenklagen, Seufzern und Wehgeschrei. Gott sprach zu Hesekiel: «Du Menschenkind, iss diese Schriftrolle, dann geh und sprich zum Volk Israel!» Da öffnete Hesekiel seinen Mund und aß die Schriftrolle. Sie schmeckte ihm so süß wie Honig.[5]

Es ging den ersten Bibellesern nicht um fromme Lektüren und theologische Studien, sondern um ein gieriges Verschlingen. Die Israeliten sollten zu Buchfressern werden. Denn dieses Buch war das dringlich benötigte Lebensmittel, die Speise, die allein das Überleben brachte. Nur mit seiner Hilfe hat das Volk Israel all die folgenden Katastrophen überlebt und sich lesend zum Judentum verwandelt. Israel lebte weiter im Buch. Natürlich wirkte auch die Hoffnung noch weiter, dass einmal ein neuer Heilsträger kommen und das Königtum wieder aufrichten würde. Doch viel bedeutsamer als dies war die Schrift selbst, die König, Tempel und Land ersetzen sollte und den Heimatlosen innere Stärke verlieh.

15.
Das Fest der ersten Flucht:
Der Auszug aus Ägypten

Virginia, 1862

Was hätte sich Israel nach den Katastrophen erzählen sollen? Es gab Geschichten und Chroniken der Könige von Israel und Juda, aber ein Trost lag nicht in ihnen; vielmehr wurde im Fehlverhalten der Könige ein Grund für den Untergang ihrer Reiche erkannt. Deshalb wurden die alten Heldenkönige in diesen Geschichten ebenso gerühmt wie kritisiert: Der erste König, Saul, erscheint in ihnen als ein wilder Warlord, der sich im Wahnsinn und angesichts seiner Niederlage selbst tötet. Sein Nachfolger David war bloß ein Hirtenjunge, der zum Anführer einer Bande wurde, mehr Freischärler als Kriegsherr, der in den Erzählungen zum König eines sagenhaft großen Reiches aufstieg, aber stets eine zwielichtige Gestalt blieb. Beispielhaft dafür ist die Geschichte, in der er einen seiner wichtigsten Soldaten in den sicheren Tod schickt, um dessen schöne Frau Bathseba in seinen Harem aufzunehmen. König Salomo schließlich, der Inbegriff der Macht und Herrlichkeit, erwarb sich Ruhm als monumentaler Bauherr, doch seine vielgepriesene Weisheit wich am Ende einer tödlichen Torheit, denn er ließ sich von seinen vielen Frauen verführen, vom rechten Weg abzukommen, weshalb seine herrlichen Bauten ebenso wenig Bestand haben sollten wie sein Königreich. Wer die Geschichten dieser und anderer Könige erzählte, musste immer schon das schreckliche Ende ihres Reiches im Blick haben.

Aber es gab noch eine andere Geschichte – viel älter, größer, wunderbarer, hilfreicher. Es war die Geschichte vom Auszug aus Ägypten. Sie erzählt von einem früheren Volk Israel, in dem das jetzige Israel sich wiedererkennen konnte mit allem, was es verloren hatte: ein Volk auf der Flucht, ohne Land, König und Tempel, ein Volk ohne Wurzeln, auf einer schier endlosen Wanderschaft durch die Fremde, das aber eine Verheißung mit sich trug, wie sie kein anderes Volk der Erde kannte.

Es beginnt vor unvorstellbar langer Zeit in einem fremden Land. Die

Vorfahren leben dort wie Sklaven. Für den Pharao von Ägypten müssen sie an immensen Bauwerken arbeiten, so wie später im assyrischen Exil. Da kommt einer – es ist nicht recht klar, ob er wirklich einer von ihnen ist – und verspricht, sie zu befreien und in ein eigenes Land zu führen. Er hat den Mut, vor den Pharao zu treten, und fordert das Recht auszuwandern. Dies will ihm der Pharao nicht zugestehen. Warum sollte er wertvolle Sklaven gehen lassen? Doch der Befreier – mit dem ägyptischen Namen Mose – lässt ihn seine Macht spüren. Er wird für ihn wie ein zorniger Gott und bringt Schrecken auf Schrecken über das Land: blutiges Wasser, Frösche, die alles bedecken, Wolken von Stechmücken, Ungeziefer von überall her, eine Seuche für das Vieh, Blattern für die Menschen, Hagel, Wolken von Heuschrecken, undurchdringliche Finsternis. Aber den Willen des Pharaos bricht keiner dieser Schrecken. Da setzt Mose zu seinem letzten, schwersten Schlag an, denn dies hat ihm sein Gott gesagt:

«Um Mitternacht will ich durch Ägypten gehen und in jeder Familie den ersten Sohn töten: vom ersten Sohn des Pharaos, der auf seinem Thron sitzt, bis zum ersten Sohn der letzten Magd, die hinter ihrer Mühle hockt, sogar jede männliche Erstgeburt des Viehs. Dann wird es ein Geschrei in Ägypten geben wie nie zuvor und nie danach.»[1]

Doch zuvor sollten die Israeliten ein Fest feiern: Passah. Jeder Familienvater sollte sich ein Lamm nehmen, und alle sollten es am Abend opfern. Jeder sollte mit dem Blut seines Lammes die Pfosten seiner Haustür bestreichen. Dann sollte jeder mit seiner Familie das Fleisch essen, zusammen mit ungesäuertem Brot und bitteren Kräutern. Dabei sollten sie voll bekleidet sein, die Schuhe anhaben und den Wanderstab in der Hand. Sie sollten wie in Eile essen. Aber vor dem Morgen sollte keiner hinausgehen. Denn in dieser Nacht wollte Gott alle ersten Söhne der Menschen und Tiere töten. Nur dort, wo er das Lammblut an der Tür sah, würde er vorübergehen.

Wie Beduinen, die sich vor den Dämonen der Wüste mit dunklen Gebräuchen schützen, feierten die Israeliten in dieser Nacht ihr geheimnisvolles neues Fest, während um sie herum die ersten Söhne in allen Familien getötet wurden: vom ersten Sohn des Pharaos, der auf seinem Thron saß, bis zum ersten Sohn des letzten Gefangenen, der im Gefängnis hockte, und jede männliche Erstgeburt des Viehs. Es gab kein Haus im ganzen Land ohne einen Toten. Da bedrängten die Ägypter die Israeliten, dass sie endlich fortgingen. Wie Beduinen brachen die Israeliten auf, nahmen ihre Familien und das Vieh, verließen Ägypten und machten sich auf einen langen Weg, dessen Ziel sie nicht kannten. Sechshunderttausend Männer sollen es gewesen sein, dazu ihre Frauen und Kinder, Schafe und Rinder.[2]

Das ganze Volk zog los, ihrem Anführer hinterher, ließ alles zurück. Die Ägypter atmeten auf. Doch da überlegte es sich der Pharao plötzlich anders und rief: «Warum habe ich die Israeliten ziehen lassen, so dass sie mir nicht mehr dienen?» Also spannte er seinen Wagen an und befahl seinem ganzen Heer, ihm zu folgen. Sechshundert Streitwagen sollen es gewesen sein. Sie verfolgten die Israeliten und holten sie ein, als diese gerade vor einem großen Wasser – einem Fluss, einem See, einem Meer – lagerten. Als die Israeliten den Pharao mit seinem Heer heranstürmen sahen, schrien sie. Doch Mose streckte seine Hand dem Wasser entgegen. Da kam ein starker Wind auf und teilte es, so dass ein schmaler trockener Weg entstand. Auf ihm gingen die Israeliten mitten durch den Fluss, den See, das Meer hindurch. Wie zwei Mauern stand das Wasser zu ihrer Linken und ihrer Rechten, so dass sie trockenen Fußes ans andere Ufer gelangten. Das ägyptische Heer jagte ihnen hinterher, die Soldaten, die Pferde und Wagen. Aber sie kamen auf dem schlammigen Boden nur schwer voran. Ein zweites Mal streckte Mose seine Hand dem Wasser entgegen. Da brachen die Mauern aus Wasser ein, und die Fluten stürzten über den Ägyptern zusammen. Das Wasser kam über sie von links und rechts, oben und unten. Das ganze Heer des Pharaos kam darin um. Nicht einer blieb am Leben.[3]

Alle Feinde waren vernichtet, die unschuldig Verfolgten aber gerettet. Die Israeliten und später die Juden, die von den Ägyptern, Assyrern, Babyloniern, Römern, viel später von den Spaniern, Russen und dann den Deutschen bedrängt und bedroht wurden, haben diese Geschichte wieder und wieder erzählt und das Passahfest gefeiert, um sich davon aufrichten zu lassen und in aller Not wiederzufinden. Es muss sie getröstet und bestärkt haben, dass dies immer schon die Geschichte Israels gewesen ist: aufbrechen, fliehen, verfolgt werden, aber dabei von Gott begleitet und beschützt sein. Das ist die Urgeschichte Israels. Später wurde sie weit über Israel hinaus auch zur Urgeschichte für andere Völker und Verfolgte, die sich danach sehnten, ihren Sklaventreibern und Gewaltherrschern zu entkommen.

Die Urgeschichte Israels war es wert, erzählt und in das große Buch geschrieben zu werden, damit sie nie vergessen, sondern wieder und wieder gelesen würde. Aber sie war so wichtig, dass sie mehr sein musste als bloßer Lesestoff. Sie musste aus dem Buch wieder ins Leben gezogen werden. Deshalb feierte man sie in einem Fest. Mit seiner Legende unterbricht es den Lauf der alltäglichen Dinge, verknüpft das Damals mit dem Heute, setzt ein Hoffnungszeichen und stiftet für den Moment des Feierns das Gefühl, frei und angekommen zu sein. So konnte diese Geschichte regelmäßig von allen Israeliten nachgespielt und nacherlebt werden – bis zu den Juden heute. Jahr für Jahr feiern viele von ihnen dies mit allem, was dazugehört: die sorgfältige Vorbereitung der Häuser, der Gang zum Gottesdienst, das Feiern in der Familie mit den traditionellen, symbolträchtigen Speisen, den altbekannten Liedern und eben dieser Geschichte. Im gemeinschaftlichen Feiern wird sie zur eigentlichen Gegenwart. Nun ist es sehr unwahrscheinlich, dass sie sich wirklich so zugetragen hatte, wie es erzählt wird. Es gibt keine Dokumente oder archäologischen Funde, die dies nahelegen. Auch ist die Geschichte historisch betrachtet widersprüchlich. Aber darum geht es nicht, sie hat anderes im Sinn. Als Fest-Legende soll sie die Zeiten überbrücken, das ursprüngliche Damals und das Leben im Jetzt so zusammenschließen, dass die Feiernden den Sinn ihrer Flucht, Vertreibung und Heimatlosigkeit erfassen und fähig werden, mit dieser Wunde zu leben.

Achte darauf, dass du das Passahfest feierst vor deinem Gott, denn er hat dich bei Nacht aus Ägypten geführt. Ihm sollst du das Passah schlachten, Schafe und Rinder. Sieben Tage lang sollst du ungesäuertes Brot essen, denn in Eile bist du aus Ägypten geflohen. So sollst du jedes Jahr deines Lebens an den Tag deines Auszugs aus Ägypten denken.[4]

16.
Der fremde Gott und der fremde Prophet: Mose

Richmond, Virginia, 1865

So vertraut diese Geschichte auch auf diejenigen wirken muss, die sie einander erzählen und die sie gemeinsam nachfeiern, bleiben die beiden Hauptpersonen – Mose und Gott – fremdartig und dunkel. Man liest und hört, was Mose tut und sagt, aber man bekommt kein rechtes Gefühl für ihn, gewinnt kein Bild von ihm. Historiker verweisen darauf, dass er eine literarische Figur ist. Aber auch als solche bleibt er wie hinter einem Schleier verborgen. Die Geschichte vermittelt den Eindruck, als käme er von nirgendwoher und gehörte nie richtig dazu. Zu Beginn heißt es nur:

> Ein Mann vom Hause Levi ging hin und nahm eine Tochter Levis zur Frau. Sie wurde schwanger und gebar einen Sohn.[1]

Die Eltern haben keinen Namen, ebenso wenig wie die Schwester, von der kurz darauf die Rede ist. Auch der Sohn hat zunächst keinen Namen. Dann wird erzählt, wie der Neugeborene in Todesgefahr wunderbar bewahrt wird. Der Eindruck des Fremdartigen verstärkt sich dabei umso mehr.

> Die Israeliten hatten sich in Ägypten sehr vermehrt. Deshalb beschloss der Pharao, dass ihre neugeborenen Söhne getötet werden sollten. Da nahm die Schwester ihren Bruder, legte ihn in einen kleinen Kasten und versteckte ihn im Schilf, das am Ufer des Nils wuchs. Eines Tages ging die Tochter des Pharaos zum Nil, um zu baden. Da entdeckte sie den Kasten. Sie ließ ihn holen, öffnen und fand einen weinenden Säugling darin. Das weckte ihr Mitleid: «Es ist eines von den Kindern der Israeliten!» Die Schwester, die etwas entfernt Wache gehalten hatte, trat hervor und bot an, eine der Israeliten zu bitten, die Amme für das Kind

zu sein. Die Prinzessin erlaubte es. So kam der Säugling zurück
zu seiner Mutter, damit sie ihn stillte. Als er aber die Amme nicht
mehr brauchte, brachte ihn seine Schwester zu seiner Retterin an
den Hof, wo er von nun als Sohn der Prinzessin aufwuchs. Von
seiner Adoptivmutter erhielt er den ägyptischen Namen «Mose».[2]

Ähnliche Geschichten wurden im Alten Orient auch über andere Retter er-
zählt. Aber wie groß ist hier, schon in diesem märchenhaften Anfang, die
Kluft zwischen dem zukünftigen Retter und seinem Volk. Seine natürlichen
Eltern haben für ihn keine Bedeutung. Der Vater spielt keine Rolle, die
Mutter dient bloß als Amme. Er wächst als Adoptivenkel des fremden
Königs auf und trägt einen ausländischen Namen. Hatte er vorher über-
haupt einen hebräischen Namen gehabt? Auch als junger Erwachsener fand
er keinen rechten Zugang zu denen, die doch «die Seinen» sein sollen.

Mose war groß geworden, ein junger Mann. Eines Tages verließ
er den Palast der Prinzessin, ging hinaus und begegnete den
Israeliten. Er sah, wie schwer ihre Fronarbeit war. Er musste mit-
erleben, wie ein ägyptischer Aufseher einen der Israeliten schlug.
Das weckte sein Mitleid und seinen Zorn. Er erschlug den Ägypter, verscharrte ihn im Sand und eilte davon. Am nächsten Tag
ging er wieder aus dem Palast zu den Israeliten und sah, wie zwei
von ihnen sich heftig stritten. Als er ihren Streit schlichten
wollte, wies der eine der beiden ihn scharf zurück: «Wer hat dich
denn zu unserem Aufseher gemacht? Willst du mich etwa ebenso
umbringen, wie du gestern den Ägypter umgebracht hast?» Da
bekam Mose Angst und floh aus Ägypten.[3]

Mose war für sein Volk ein Fremder: Sofort nach der Geburt, dann nach
der Zeit des Gestilltwerdens und schließlich als junger Mann musste er
fort von seiner eigentlichen Familie und seinem Volk.

Mose floh nach Osten, in die Gebirgswüste von Midian. Dort angekommen, setzte er sich an einen Brunnen. Eine Gruppe junger
Frauen erschien, um Wasser zu schöpfen und ihre Schafe zu

tränken. Doch Hirten wollten zuerst an den Brunnen und drängten sie zurück. Da erhob Mose sich und stand den jungen Frauen
bei. Nach Hause zurückgekehrt, erzählten sie ihrem Vater davon:
«Ein ägyptischer Mann hat uns heute vor den Hirten beschützt
und für uns das Wasser geschöpft.» Ihr Vater war ein midiani-
tischer Priester mit Namen Jitro. Vielleicht hieß er auch Reguel
oder Hobab. Der fragte sie: «Wo ist denn der Ägypter? Warum
habt ihr ihn nicht eingeladen?» Da holten sie den Fremden vom
Brunnen, und Mose blieb von nun an bei Jitros Familie. Der gab
ihm eine seiner Töchter, Zippora, zur Frau. Sie bekamen einen
Sohn, dem gab Mose den Namen «Gerschom», was in der Sprache der Israeliten so viel heißen soll wie: «In der Fremde bin ich
als Gast aufgenommen worden.» Mose und Zippora bekamen
später noch einen zweiten Sohn. Den nannten sie Elieser.[4]

Doch ein Zuhause findet Mose in der Fremde bei den Midianitern nicht,
denn ihm widerfährt etwas, das ihn sogleich wieder herausreißt: Er begegnet seinem Gott.

Eines Tages hütete Mose die Schafe seines Schwiegervaters Jitro.
Er trieb sie hinaus in die Wüste und kam an einen Berg mit Na-
men «Horeb». Dort sah er einen brennenden Dornbusch. Aber
merkwürdig, der Busch brannte, doch er verbrannte nicht. Eine
Flamme schlug aus ihm hervor, doch sie verzehrte die Äste und
Dornen nicht. Mose trat näher an diese Erscheinung heran.
Da rief eine Stimme mitten aus dem Busch: «Mose!»
Er antwortete: «Hier bin ich.»
Die Stimme rief: «Komm nicht näher, und zieh deine Schuhe
aus! Denn dies hier ist ein heiliger Ort.» Und sie fuhr fort: «Ich
bin dein Gott.»
Mose verhüllte sein Angesicht, denn er fürchtete sich, seinen
Gott anzuschauen.
«Ich habe die Not der Israeliten in Ägypten gesehen. Ich will sie
aus der Sklaverei befreien und in ein gutes Land führen, in dem
Milch und Honig fließen. Jetzt leben dort andere Völker, die

Kanaaniter, Hethiter, Amoriter, Perisiter, Hiwiter und Jebusiter. Doch es soll zur Heimat der Israeliten werden. Deshalb geh, ich sende dich zum Pharao, damit du die Israeliten aus Ägypten herausführst.»

Mose fragte: «Wer bin ich denn, dass ich zum Pharao gehe und die Israeliten aus Ägypten führe?»

Die Stimme aus dem Feuer antwortete: «Ich werde mit dir sein.»

Mose fragte weiter: «Wenn ich aber zu den Israeliten gehe und ihnen sage, dass du mich dazu berufen hast, sie zu befreien und in eine neue Heimat zu führen – wenn sie mich dann nach deinem Namen fragen, was soll ich ihnen sagen?»

Die Stimme antwortete: «Ich werde sein, der ich sein werde. Das sollst du den Israeliten antworten: Der Gott, der mich gesandt hat, heißt ‹Ich werde sein›.»[5]

Ein Name, der kein Name ist, ein HERR NIEMAND – man kann es Mose nicht verdenken, dass er auf seine Berufung nicht antwortete: «Ich mache das!», sondern Ausflüchte suchte.

Mose sprach zu Gott: «Ach, mein Herr, ich kann nicht gut reden. Schwerfällig sind meine Sprache und meine Zunge.»

Aber «Ich werde sein» entgegnete ihm: «Wer, meinst du denn, hat dem Menschen den Mund geschaffen? Wer macht stumm, taub, sehend oder blind? Das bin ich, also geh los: Ich werde deinen Mund schon öffnen und dir sagen, was du reden sollst!»

«Ach, mein Herr, sende, wen du senden willst, nur nicht mich!»

Da wurde Gott zornig: «Hast du nicht diesen Bruder? Aaron? Ich weiß, dass er gut reden kann. Lege deine Worte in seinen Mund, damit er für dich sprechen wird.»[6]

Also kehrte Mose mit seiner Familie nach Ägypten zurück. Während er noch auf dem Weg durch die Wüste war, erschien «Ich werde sein» Aaron und befahl ihm, seinem Bruder entgegenzugehen. Sie trafen sich am Gottesberg und umarmten sich. Gemeinsam gingen sie nach Ägypten und traten vor die Ältesten Israels, um sie in ihren großen Plan einzuweihen.

17.
Auf dem Weg in das versprochene Land:
Die Wüste und der Berg

USA, um 1879

Wie soll man sich vorstellen, dass damals ein ganzes Volk von mehreren Hundertausenden in einem geschlossenen Zug von einem Land durch eine weite Wüste in ein anderes Land gezogen ist? Man soll es sich nicht vorstellen, denn nach allem, was man historisch wissen und archäologisch nachweisen kann, hat eine solche Völkerwanderung nicht stattgefunden. Der Auszug Israels aus Ägypten, die Wüstenwanderung und die anschließende Eroberung Kanaans sind keine geschichtlichen Ereignisse, sondern Stationen einer Urgeschichte, mit deren Hilfe Heimatlose und Entwurzelte viele Jahrhunderte später versucht haben, ihr Schicksal zu verstehen und zu überwinden. Vielleicht hat es irgendwann einmal eine kleine Gruppe gegeben, die auf abenteuerliche Weise aus ägyptischer Knechtschaft geflohen ist und so einen winzigen Keim für diese große Geschichte gelegt hat – vielleicht aber auch nicht. Israel ist in einem langwierigen Prozess der Verdrängung und Verschmelzung von Nomaden und Bauern, Berg- und Talbewohnern im Land selbst entstanden. Hier – und nicht in der Fremde – bildeten sich Familien und Sippen, wurden Dörfer zu Städten, taten diese sich zu Bündnissen zusammen, aus denen dann zwei Königreiche – Israel mit der Hauptstadt Samaria und Juda mit Jerusalem – entstanden, bis fremde Mächte erst das eine und dann das andere zerstörten. Nun gab es die beiden Königreiche nicht mehr, aber an ihrer statt entstand «Israel» als eine neuartige religiöse Gemeinschaft. Ihr Gründungsdokument ist die sagenhafte Geschichte vom Auszug aus Ägypten und dem Einzug in das verheißene Land sowie dem langen Marsch dazwischen. Manche Geschichten sind eben zu bedeutsam, um bloß davon zu berichten, wie es wirklich gewesen ist.

Dies nun sind die ersten Stationen der großen Wanderung: Die Israeliten zogen von Ramses nach Sukkot, dann nach Etam, das am Rand der Wüste liegt, von dort nach Pi-Hahirot, das vor Baal-Zefon liegt, von hier aus zogen sie durch das Meer und hinein in die Wüste, ihr erstes Lager schlugen sie in Mara auf, von dort zogen sie zur Oase Elim, dann zum Schilfmeer, dann in die Wüste Sin, weiter nach Dofka, nach Alusch, dann nach Refidim, schließlich kamen sie in die Wüste Sinai.[1]

Diese Urgeschichte erzählt davon, wie Israel auf einer vierzigjährigen Wanderung durch die Wüste es selbst wurde. In der damaligen Welt war Israel ein Ding der Unmöglichkeit: ein Volk ohne Heimat, ohne eigenes Land und festen Besitz, ohne Ahnengräber und Tempel, ohne einen König. Lange hat man angenommen, die Geschichte erzähle eben von einer vorstaatlichen Zeit, doch heute nimmt man an, dass hier Erfahrungen aus dem Verlust des Königtums in eine ferne Vergangenheit zurückprojiziert wurden. Die Geschichte erzählt davon, dass das Volk ohne all das gedacht werden kann, was sonst ein Volk ausmacht. Es kommt mit nichts aus, weil es etwas hat, das die gewöhnlichen Heimatvölker nicht kennen, nämlich einen Gott, dem ebenfalls alles fehlt, was damals einen Gott ausgemacht hat: ein fester Ort, ein heiliger Raum, ein Bild und ein Name. Doch war der Auszug aus Ägypten ein selbst gewählter Freiheitsakt oder eher ein Schicksalsschlag? War er eine Flucht oder eine Vertreibung? Die Geschichte erzählt von einer Revolution, kann aber nicht verschweigen, dass die Befreiten alles andere als begeistert waren. Viele wären angesichts der Not während der Wüstenwanderung wohl gern in die vertrauten Verhältnisse der Sklaverei zurückgekehrt. Möglicherweise wird damit ein Streit beschrieben, der auch in den späteren Exilgemeinden in Assur, Ägypten und Babylon ausgefochten wurde.

Die Wüste ist eine Todeszone: nichts zu trinken und zu essen, unerträgliche Hitze am Tag und bittere Kälte in der Nacht, keine menschlichen Ansiedlungen, nur Dämonen wohnen hier. Durch diese Welt der Lebensfeindlichkeit sollen die Israeliten insgesamt vierzig Jahre lang wandern, dabei alles abstreifen, was sie früher einmal bestimmt hat, und sich bereit machen für die Versprechungen eines neuen Lebens. Das ist den meisten zu hoch. Wieder und wieder begehren sie gegen ihre Anführer auf:

«Es wäre besser gewesen, Gott hätte uns gleich in Ägypten getötet, als wir an unseren Fleischtöpfen saßen und uns am Brot satt essen konnten. Aber ihr habt uns in diese Wüste herausgeführt, damit wir alle hier an Hunger sterben.»[2]

Mit gleich einer Reihe von Wundern versuchte Mose, das Volk zu versorgen und zu besänftigen. Mal verwandelte er bitteres Wasser mit Gottes Hilfe in sauberes Trinkwasser, oder er schlug mit einem Stab auf einen Fels – plötzlich sprudelte Quellwasser heraus. Mal ließ er Brot vom Himmel regnen, oder ein Schwarm Wachteln ließ sich unversehens im Lager nieder, so dass alle Fleisch hatten. Aber es blieb ein ungedeihliches Miteinander, eine endlose Prüfung für den Anführer und die Geführten. Beide waren miteinander durch wechselseitige Abneigung verbunden, aneinandergekettet durch gegenseitiges Misstrauen: sie murrten – er half – er befahl – sie verweigerten sich – sie fürchteten den Hungertod – er hatte Angst, von ihnen gesteinigt zu werden. So sollte es vierzig Jahre lang sein.

Im dritten Monat erreichten sie den Berg Sinai.

Als die Israeliten am Fuß des Berges Sinai ihr Lager aufgeschlagen hatten, ging Mose hinauf – zu Gott. Vom Gipfel rief Gott zu ihm: «Sag das den Israeliten: ‹Ich habe euch aus Ägypten befreit und zu mir geführt. Wenn ihr auf meine Stimme hört, mit mir einen Bund schließt und ihn haltet, dann sollt ihr mein Volk sein – vor allen anderen Völkern. Dann sollt ihr mein heiliges Volk sein.› Geh wieder hinunter und sage dies den Israeliten!»
Mose stieg den Berg hinab und berichtete den Ältesten, was Gott ihm dort oben gesagt hatte, und das Volk antwortete: «Wir wollen alles tun, was Gott von uns verlangt.»
Mose stieg nun wieder hinauf und berichtete dies Gott. Der sprach zu ihm: «Ich werde in einer dichten Wolke zu dir kommen, damit das Volk sieht und hört, wenn ich mit dir rede, und sie dir glauben. Jetzt geh hinunter zu den Israeliten und sorge dafür, dass sie sich reinigen. Sie sollen ihre Kleider waschen und bereit machen, denn in drei Tagen will ich von diesem Berg he-

rabkommen. Zieh eine Grenze um das Volk und sage allen: ‹Geht ja nicht auf diesen Berg, wagt es nicht einmal, seinen Fuß zu berühren! Denn wer das tut, muss sterben.›»

Am dritten Tag, gleich als es Morgen wurde, donnerte und blitzte es gewaltig. Oben auf dem Berg erschien eine schwere Wolke, und es ertönte ein Lärm, wie von einer gewaltigen Posaune. Entsetzen packte das Volk unten im Lager. Mose führte die Israeliten an den Berg heran. Doch der rauchte und bebte wie bei einem Vulkanausbruch. Immer stärker wurde der Lärm. Mose schrie in ihn hinein, und Gott antwortete aus ihm heraus. Gott rief ihn zu sich nach oben, und Mose stieg empor, hinein in den Rauch, das Beben und den Krach, um zu erfahren, was Gott ihm zu sagen hatte. Von ferne und voller Entsetzen schaute das Volk zu, wie Mose in die schreckliche Finsternis hineinkletterte.[3]

In dieser Gipfelexplosion gehen Gott und die Israeliten einen Lebensbund ein. Der HERR NIEMAND verspricht dem VOLK NIRGENDWO seine Treue und fordert im Gegenzug von ihm ebenfalls unbedingte Treue. Israel ist kein Volk mehr wie alle anderen, sondern der einzige Bundesgenosse des einen Gottes.

18.
Mit dem Gesetz: Die Zehn Gebote

New York, ohne Datum

Der Bund der Treue, geschlossen am Sinai, hat einen Inhalt: ein Gesetz. Gesetze sind fast der einzige Schutz derer, die keine Heimat, Güter, Verbindungen oder Waffen haben. Sie empfinden das Gesetz nicht als Einschränkung der Freiheit, sondern als Voraussetzung von Schutz und Frieden.

Das Gesetz Israels ist langsam gewachsen. Schon in beiden Königreichen gab es wie in jedem Königreich Rechtssammlungen. Diese wurden später von den Propheten mit einem höheren Sinn versehen. Mit seinen theologischen Deutungen und religiösen Erweiterungen konnte dieses Recht die Königreiche überleben, mehr noch – an ihre Stelle treten. Das Gesetz wurde der neue König, die Grundlage der neuen Gemeinschaft der Treue. Es ist nur folgerichtig, dass die Urgeschichte von Flucht und Vertreibung davon erzählt, dass dieses Gesetz den Israeliten nicht in der Heimat, sondern in der Ferne, in der Todeszone eines Wüstenberges gegeben wurde.

> Gott rief Mose zu sich auf den Berg: «Komm zu mir, denn ich will dir steinerne Tafeln geben, auf die ich ein Gesetz geschrieben habe.»
> Da machte sich Mose auf den Weg in die Höhe. Wieder bedeckte die Wolke den Berg. Sie sah aus wie ein Feuer auf dem Gipfel. In diese feurige Wolke ging Mose hinein und blieb in ihr vierzig Tage und vierzig Nächte lang. Gott sagte Mose alle Gebote und Gesetze. Dann gab er ihm zwei Steintafeln, auf die er mit seinem Finger die Zehn Gebote geschrieben hatte.[1]
> 1. Du sollst keine anderen Götter haben.
> 2. Du sollst dir kein Gottesbild machen.
> 3. Du sollst meinen Namen nicht missbrauchen.

4. Du sollst den Sabbattag heilighalten.

5. Du sollst deinen Vater und deine Mutter ehren.

6. Du sollst nicht töten.

7. Du sollst nicht ehebrechen.

8. Du sollst nicht stehlen.

9. Du sollst nicht als falscher Zeuge gegen deinen Nächsten aussagen.

10. Du sollst nicht begehren, was deinem Nächsten gehört.[2]

Diese zehn Sätze folgen aus dem einen Satz, der wie eine Präambel über diesem Grundgesetz Israels steht: «Ich bin dein Gott». Das ganze Gesetz soll dieses Prinzip der Ausschließlichkeit und der unverbrüchlichen wechselseitigen Treue entfalten. Das wird besonders beim zweiten Gebot deutlich. Es ist weniger ein Gebot oder Verbot, sondern eröffnet die Möglichkeit, Gott anders zu sehen, zu denken und zu erfahren als bisher. Es speist sich aus der Erfahrung, dass die herkömmlichen Gottesbilder in den Katastrophen der Geschichte zerbrechen, und es zieht daraus die Konsequenz, auf dinglich fixierte Gottesbilder zu verzichten. Gott wird nur dann sichtbar, wenn ein Riss durch die alten Bilder von ihm geht. Gottesbilder waren in der damaligen Welt keine Kunstwerke oder unschuldige Frömmigkeitsobjekte, sondern vor allem Machtzeichen, in denen die Macht selbst anwesend sein konnte. In ihnen stellten überweltliche Mächte und deren weltliche Stellvertreter sich öffentlich dar, um von den Menschen Verehrung und Unterwerfung einzufordern. Das zweite Gebot macht solche Formen priesterlicher und königlicher Herrschaft unmöglich. Es ruft dazu auf, religiöse Bilder zu durchkreuzen, ihre Ansprüche zu prüfen, ihnen ihre Macht streitig zu machen. Die Treue zu dem einen Gott vollzieht sich nicht zuletzt in einem beständigem Zerbrechen fremder, aber auch eigener Gottesbilder. Am Ende bleibt nur ein Bild für Gott übrig: der Mensch als sein Ebenbild, als Mann und als Frau.

Das zweite Gebot hat übrigens auch einen praktischen Aspekt. Von einem Gott, der kein Haus mehr hat, kann es kein Bild geben. Und wer auf der Flucht oder im Exil ist, kann sich ein Gottesbild nicht leisten. Er wüsste gar nicht, wie er das, was Gott in Stein, Holz oder Gold darstellen soll, mitnehmen oder wo er es aufstellen sollte.

Das Gesetz der Treue, wie es in den Büchern Exodus, Leviticus, Nummeri und Deuteronomium – also dem 2. bis 5. Buch des Mose – aufgeschrieben ist, enthält insgesamt 613 Gebote und Regeln. Mit ihnen soll das Ganze der neuen Gesellschaft geregelt werden. Ein großer Teil von ihnen widmet sich dem Versuch, das Reine vom Unreinen zu trennen. Dies war für alle Völker und Religionen des Alten Orients ein Grundanliegen, denn für sie setzte sich die Welt aus heiligen und profanen Sphären, Orten, Zeiten und Dingen zusammen. Die Grenzen zwischen dem Heiligen und dem Alltäglichen mussten präzise gezogen und sorgfältig gewahrt werden. Besonders wichtig ist dies natürlich für den Kult, der den Grenzverkehr zwischen beiden Zonen regeln und gestalten soll. Auf eine ganz andere Weise bedeutsam wird dies aber, wenn der Tempel zerstört ist. Kult war dann nach damaliger Auffassung nicht mehr möglich und die Trennung des Heiligen vom Unheiligen nicht mehr nötig. In dieser Situation erhalten die Reinheitsgebote eine neue Bedeutung. Indem sie zum Beispiel erklären, welche Speisen rein sind und welche unrein, welches Nahrungsmittel von welchem getrennt aufbewahrt oder zubereitet werden muss, errichten sie eine Welt, in der die Gemeinde der Flüchtlinge und Vertriebenen für sich bleiben kann. Solche Speisegebote sind keineswegs willkürlich, sondern dienen dazu, die Zerstreuten beieinanderzuhalten. Wer sich an die Gebote hält, wird nicht in der fremden Gesellschaft aufgehen, in der er leben muss. Er wird keine Tischgemeinschaft mit Fremden haben, keine Gastfreundschaft annehmen können. Ein filigranes Regelwerk der Unterscheidungen, Trennungen und Absonderungen wird ihn mit den Seinen zusammenhalten.

Eine zweite große Gruppe der Gesetze hat die Aufgabe, Gewalt einzuschränken und Unrecht abzuwehren. Stehlen, Betrügen, Lügen, Rauben, Verletzen, Ehebrechen, Vergewaltigen und Morden sind verboten. Das Recht ist das wichtigste Mittel, um der zerstörerischen Allmacht der Gewalt etwas entgegenzusetzen. Deshalb beginnt die Zivilisation mit dem Recht. Die Strafen erscheinen aus heutiger Sicht drakonisch, aber in einer Zeit, in der es wenige Möglichkeiten gab, Recht durchzusetzen, setzen sie der willkürlichen Selbstjustiz und Blutrache eine sichere Regel entgegen.

Auffällig an diesem Gesetz ist aber nicht so sehr seine archaische Härte als der besondere Gemeinschaftssinn. Das Recht, das in der Bibel aufgeschrieben ist, hat weniger die Aufgabe, die Herrschenden und Besitzenden abzusichern, da es nach dem Untergang des Königreichs kein staatliches Recht mehr sein konnte, sondern es sollte die Israeliten zusammenbringen und zusammenhalten.

> Im Gericht sollt ihr kein Unrecht tun, niemanden bevorzugen, sondern deinen Nächsten sollst du gerecht richten. Du sollst nicht als Verleumder umhergehen in deiner Sippe. Du sollst deinen Bruder nicht hassen in deinem Herzen, sondern, wenn er falsch gehandelt hat, sollst du ihn zurechtweisen. Aber du sollst dich nicht rächen und ihm nichts nachtragen. Du sollst deinen Nächsten lieben wie dich selbst.[3]

Diese Liebe richtet sich ganz besonders auf die Armen. Das Gesetz soll die Schwachen, Macht- und Besitzlosen schützen. Diese Rücksicht, diese Fürsorge ist nicht bloß ein moralisches Gebot, sondern auch Gesetz – die Armen haben Rechte: die Witwen, die Waisen und die Fremden. Und die Etablierten, Wohlhabenden und Reichen stehen unter einer Verpflichtung.

> Wenn ein Fremder bei euch wohnt, sollt ihr ihn nicht unterdrücken und ausbeuten. Er soll wie ein Einheimischer bei euch wohnen. Du sollst ihn lieben wie dich selbst. Denn ihr seid damals in Ägypten auch Fremde gewesen.[4]

Es ist nicht einfach zu bestimmen, wer hier genau gemeint ist. Höchstwahrscheinlich ist der «Fremde» kein Ausländer im strengen Sinn – auch wenn dies für diese Zeit sowieso ein nicht passender Begriff ist –, sondern das Gegenteil eines «Hiesigen», also ein Mensch, der «nicht von hier» ist, sich aber dauerhaft in Palästina niedergelassen hat. Es kann sich bei ihm um einen Einwanderer oder um einen Flüchtling aus dem von den Assyrern vernichteten Nordreich oder aber um einen Wanderarbeiter handeln. Er gehört nicht dazu, hat als «Schutzbürger» aber gewisse Rechte. Volle Rechtsfähigkeit aber bleibt ihm verwehrt – er darf zum Beispiel keinen Grundbesitz erwerben. Aber auch er soll «Bruder» genannt werden, Rechtssicherheit genießen und zum Beispiel wie das ganze Volk Israel am

Sabbat nicht arbeiten müssen. Die Erinnerung an die große Urgeschichte der Flucht und Vertreibung soll alle israelitischen «Vollbürger» dazu bewegen, gerade denjenigen, die weniger gesichert leben, mit Achtung zu begegnen.

Mit diesem Gesetz soll Israel leben. Mit diesem Gesetz kann Israel bestehen und es selbst bleiben. Das könnte die Botschaft dieser Geschichte sein. Aber bei den ganz großen Geschichten geschieht es nicht selten, dass sie ihre eigenen Wege gehen und plötzlich etwas erzählen, was eigentlich nicht in das gewünschte Bild passt.

Mose war in der Wolke und kam nicht zurück. Da wurden die Israeliten unruhig, gingen zu Aaron und bedrängten ihn: «Du, mach uns Götter, die vor uns herziehen! Denn wir wissen ja nicht, was mit diesem Mann Mose geschehen ist, der uns aus Ägypten hierhergebracht hat.»

Aaron antwortete ihnen: «Reißt euren Frauen, Söhnen und Töchtern die goldenen Ringe von den Ohren ab und bringt sie zu mir.» Dies taten die Israeliten. Aaron nahm das Gold und goss daraus das Standbild eines Stieres. Die Israeliten jubelten: «Das hier ist dein Gott, Israel, der dich aus Ägypten geführt hat!» Aaron baute einen Altar dazu und ließ für den kommenden Tag ein Fest ausrufen. Am nächsten Morgen kamen die Israeliten und brachten ihre Opfer dar. Dann aßen und tranken sie und feierten ausgelassen.

Aber Mose kehrte zurück. Er stieg vom Berg herab, die beiden Tafeln des Gesetzes in den Händen. Da hörte er von Ferne das Volksgeschrei. Es war kein Kriegsgeschrei, sondern ein Lärmen wie bei einem wilden Tanz. Tatsächlich, als Mose näher an das Lager herankam, sah er den goldenen Stier und die Israeliten, wie sie um ihn herumtanzten. Da überkam ihn ein schrecklicher Zorn, und er warf die Tafeln hinunter, so dass sie zerbrachen. Er stürmte ins Lager, packte den Stier, warf ihn ins Feuer und zerstörte ihn. Er machte Staub aus ihm, streute den Staub ins Wasser und zwang die Israeliten, davon zu trinken. Aaron stellte er zur Rede: «Was haben die Leute mit dir gemacht, dass du solch eine Schuld über sie bringst?»

Aaron antwortete: «Sei nicht wütend auf mich. Du weißt doch, dass dieses Volk böse ist. Sie sagten mir, dass ich ihnen Götter machen sollte, die vor uns herziehen. Denn wir wussten nicht, was mit dir geschehen ist. Da habe ich aus ihrem Gold diesen Stier gegossen.»[5]

Einmal allein gelassen, wollten die Israeliten wieder so werden wie alle anderen Völker. Doch mit dem goldenen Stierbild wären sie nicht weit gekommen. Mose musste noch einmal ganz von vorn beginnen.

Mose sprach zu Gott: «Du willst, dass ich dieses Volk anführe. So lass mich deinen Weg wissen, damit ich dich erkennen kann. Und denke daran, dass dies dein Volk ist.»
Gott antwortete: «Mein Angesicht soll dich begleiten.»
Da bat ihn Mose: «Lass mich deine Herrlichkeit schauen!»
«Mein Angesicht kannst du nicht sehen. Denn kein Mensch würde es überleben, mich zu sehen. Aber schau, es gibt da einen Platz bei mir, dort sollst du auf den Felsen steigen, und wenn ich in meiner Herrlichkeit daran vorübergehe, werde ich dich in die Felskluft stellen, meine Hand über dich halten, bis ich vorübergegangen bin, und dann darfst du mir hinterhersehen. Nur mein Angesicht kannst du nicht sehen.»
Und weiter sprach Gott zu Mose: «Hau dir zwei Steintafeln zurecht, damit ich die Worte darauf schreibe, die ich auf die ersten Tafeln geschrieben hatte, die du zerbrochen hast. Und mach dich morgen früh bereit, zu mir auf den Berg zu steigen und mich auf dem Gipfel zu treffen.»
Mose schlug die beiden Steintafeln zurecht, stand am nächsten Morgen in der Frühe auf und stieg allein auf den Berg. Da kam Gott in einer Wolke zu ihm herab. Mose verneigte sich tief und betete ihn an.
Gott sprach zu ihm: «Ich will einen Bund mit dir und Israel schließen und euch ein Gesetz geben. Auf der Grundlage dieses Gesetzes schließe ich einen Bund mit euch.»
Vierzig Tage und Nächte blieb Mose nun auf dem Berg bei Gott,

aß kein Brot und trank kein Wasser. Er schrieb die Zehn Gebote auf die Tafeln des Gesetzes und des Bundes.

Als Mose wieder vom Berg herabstieg, mit den zwei Tafeln des Gesetzes in den Händen, bemerkte er nicht, dass die Haut seines Angesichts glänzte und strahlte, denn er hatte ja mit Gott geredet. Aber die anderen, Aaron und die Israeliten, sahen es und fürchteten sich davor, ihm näher zu kommen. Da rief Mose sie zu sich, sie näherten sich, und er erklärte ihnen alles, was Gott ihm auf dem Berg gesagt hatte, klärte sie auf über den Bund und das Gesetz. Danach legte er eine Decke auf sein Gesicht, damit sie sich nicht mehr vor ihm fürchteten, wenn er mit ihnen sprach.[6]

19.
Die Vernichtung der Abweichler

Anatolien, 1915

Als Mose erkannt hatte, dass die Israeliten völlig zügellos geworden waren, weil Aaron die Kontrolle über sie verloren hatte, trat er in das Lager und rief: «Alle her zu mir, die zu Gott gehören!» Da kamen die aus dem Stamm Levi zu ihm. Zu ihnen sagte er: «So spricht Gott: ‹Jeder von euch nehme sein Schwert und gehe durch das Lager, von einem Tor zum andern, und erschlage seinen Bruder, Freund und Nächsten.›» Levis Söhne führten diesen Befehl aus und töteten an diesem Tag dreitausend Israeliten.[1]

Auf der Wanderung vom Sinai durch die Wüste kam es zu einer weiteren Säuberung.

Wieder und wieder lehnten sich die Israeliten gegen Mose auf. Der Weg war ihnen zu weit und zu hart, Feinde machten ihnen Angst, auch war ihnen das Regiment ihres Anführers zu drückend. Wieder und wieder musste Mose sie zurechtweisen, ihnen helfen, sie ermahnen und trösten, sich mit ihnen versöhnen. Da taten sich einige zu einem sehr großen Aufruhr zusammen. Einer von ihnen hieß Korach, die anderen Datan, Abiram und On. Sie hatten 250 Männer hinter sich, alles namhafte Leute, Vorsteher in ihrer Gemeinde. Die traten Mose und Aaron entgegen: «Ihr geht zu weit! Warum erhebt ihr euch über die Gemeinde Gottes?»
Mose hörte das und fiel auf sein Angesicht. Dann rief er zu Korach und seiner Gruppe: «Morgen wird Gott zeigen, wer zu ihm gehört! Bereitet euch darauf vor: Nehmt euch morgen früh Pfannen, legt Feuer hinein und tut Räucherwerk darauf. Wessen Brandopfer Gott annimmt, der soll als heilig gelten. Aber seht euch vor, denn ihr seid zu weit gegangen!»

Mose ließ auch Datan und Abiram rufen, aber sie weigerten sich: «Wir kommen nicht! Ist es nicht genug, dass du uns aus Ägypten weggeführt hast, einem Land, in dem Milch und Honig flossen, und uns jetzt in der Wüste zugrunde gehen lässt? Musst du auch noch unser Herrscher sein wollen? Was hast du für uns getan: Hast du uns etwa fruchtbares Land, Äcker und Weinberge zum Erbbesitz gegeben? Und nun willst du deinen Gegnern die Augen ausstechen? Nein, wir kommen nicht!»

Am nächsten Morgen kam Korach mit seinen Leuten und Aaron mit den Seinen. Jeder nahm seine Pfanne, legte Feuer hinein und tat Räucherwerk darauf.

Da erschien Gott in seiner Herrlichkeit vor den Israeliten und sprach zu Mose und Aaron: «Sondert euch von dieser Gruppe ab, denn ich will sie auf einen Schlag vertilgen.»

Die beiden fielen auf ihr Angesicht und antworteten: «Ach, Gott, warum willst du eine große Gruppe vernichten, wenn nur ein einziger Mann aus ihr Schuld auf sich geladen hat?»

Aber Gott befahl ihnen: «Sagt allen, dass sie sich von den Wohnungen Korachs, Datans und Abirams entfernen sollen!»

Viele taten dies, aber Datan und Abiram gingen an die Türen ihrer Zelte zu ihren Frauen, Töchtern und Söhnen und kleinen Kindern.

Dann sagte Mose: «Daran sollt ihr erkennen, dass Gott mich gesandt hat und dass ich nichts tue aus meinem eigenen Ratschluss. Wenn diese da so sterben, wie alle Menschen, dann hat Gott mich nicht gesandt. Wenn aber die Erde ihren Mund auftut und sie verschlingt, so dass sie lebendig hinunter in das Totenreich stürzen, dann wisst ihr, dass diese Leute Gott gelästert haben.»

Als er aufgehört hatte zu reden, zerriss plötzlich die Erde unter ihren Füßen, ein Abgrund tat sich auf und verschlang sie mitsamt ihren Familien, den Frauen, Söhnen und Töchtern, den kleinen Kindern und mit all ihrer Habe. Lebendig stürzten sie in das Totenreich, dann schloss sich die Erde wieder über ihnen. Alle kamen um. Unter lautem Geschrei flohen die übrigen Israeliten, denn sie fürchteten, dass die Erde auch sie verschlingen könnte. Da flammte ein heftiges Feuer auf und verzehrte die 250 Männer, die ihre Rauchopfer darbrachten.

Am nächsten Morgen traten die Israeliten vor Mose und Aaron und empörten sich: «Ihr habt Gottes Volk getötet!»

Aber Gott sprach zu Mose: «Geht weg von dieser Gemeinschaft, denn ich will sie alle mit einem Schlag vernichten!»

Doch Mose befahl Aaron: «Schnell, nimm deine Pfanne, tu Feuer vom Altar hinein, lege Räucherwerk darauf und gehe damit durch die Menge, damit du ihnen Sühne verschaffst. Denn Gottes Zorn ist gegen sie entbrannt, und eine schreckliche Plage hat schon begonnen.»

Das tat Aaron und konnte so die Plage aufhalten. Aber es waren schon 14 700 Menschen gestorben – diejenigen nicht mitgezählt, die zu Korach gehört hatten.[2]

Die Beziehung zwischen Mose und den Israeliten war von Beginn an angespannt, voller Aggressionen und ohne Vertrauen. So wie es erzählt wird – vielleicht spiegeln sich in dieser Darstellung die Erfahrungen der frühen Propheten wider. Auch ihr Verhältnis zum Volk und zur Obrigkeit war zerrüttet. Doch eins unterscheidet die Propheten von Mose, der doch als Urprophet gilt: Sie mussten Anfeindungen und Verfolgungen wehrlos erdulden, Mose dagegen ließ seine Gegner leiden. Wer nicht zu ihm und seinem Gott gehörte, war ein Feind und wurde getötet. Vielleicht konnte deshalb seine Mission für ihn selbst kein gutes Ende nehmen: Er musste sterben, kurz bevor die Israeliten das Ziel erreichten. Einige spätere Leser – darunter etwa Sigmund Freud – haben vermutet, er wäre von seinen eigenen Leuten ermordet worden. Doch davon weiß die Geschichte nichts.

Am Ende des langen Marsches durch die Wüste stieg Mose auf einen Berg, und Gott zeigte ihm das ganze Land, das die Heimat der Israeliten werden sollte. Er sagte ihm: «Dies Land will ich deinem Volk geben, aber du sollst es nicht betreten.» Da starb Mose. Man begrub ihn im Tal. Bis heute weiß niemand, wo sein Grab liegt.[3]

Wer die Geschichte von Mose zu Ende gelesen hat, sucht unwillkürlich Geschichten, die anders ausgehen, in denen Treue nicht mit Gewalt verknüpft ist und Liebe nicht in Zorn umschlägt. Es müsste sich die Möglichkeit denken und davon erzählen lassen, wie das Böse am Ende durch etwas Gutes und Zartes überwunden wird. Es gibt eine solche Geschichte. In ihrem Mittelpunkt steht ein Prophet, der wie Mose für den einen Gott kämpfte, der unbedingte Treue gewährt und einfordert, der ebenso zornig und gewalttätig sein konnte wie dieser Gott, der am Ende aber Gott auf eine Weise zu Gesicht bekommt, die ihm etwas Neues eröffnet. Es ist die Geschichte von Elia. Sie spielt im Königreich Israel zur Zeit des Königs Ahab, in der zweiten Hälfte des neunten Jahrhunderts vor Christus.

> König Ahab hatte die Prinzessin Isebel aus Tyrus geheiratet, denn er wollte sich mit den Phöniziern verbünden. Aus dieser Hochzeit folgte, dass er die Götter der Phönizier bei sich willkommen hieß. Dem höchsten von ihnen, Baal, baute er in seiner Hauptstadt Samaria sogar einen Tempel. Dagegen trat der Prophet Elia auf. Auf einem Berg namens Karmel sollte es zum entscheidenden Kampf kommen. Ahab versammelte die Propheten des Baal und seiner Götterfrau Aschera, damit sie ihre Macht mit der des Elia, des letzten Propheten des einen Gottes, messen sollten. Jede Seite bereitete ein Opfer vor, zündete es aber noch nicht an, denn sie wollten, dass es von oben käme und anzeigte, wer von ihnen zu dem wahren Gott betete. Vergeblich sangen die Propheten Baals und Ascheras ihre Gebete. Doch Elia brauchte nur ein kurzes Gebet zu sprechen, und schon fiel Feuer auf sein Opfer. Damit war es erwiesen: Es gibt nur den einen Gott, und Elia ist sein Prophet. Jetzt befahl Elia: «Fangt die Baalsanhänger!»
> Auch das Volk, das zugesehen hatte, rief: «Greift die Propheten Baals und Ascheras, damit keiner von ihnen entkomme!»
> Sie ergriffen die Propheten der anderen Götter, Elia führte sie hinab an einen Bach und schlachtete sie dort ab. Fast tausend Menschen tötete er eigenhändig.
> Doch nun musste Elia fort. Königin Isebel wollte Rache und hetzte das Volk gegen ihn auf.

Er floh in die Wüste. Dort kroch er unter einen Ginsterbusch: «Es ist genug. So nimm denn meine Seele! Ich bin nicht besser als meine Väter. Ich will nicht mehr leben, denn meine Tage sind vergeblich gewesen. Ich habe für Gott geeifert, denn die Israeliten haben den Bund mit ihm verlassen, sie haben die Altäre zerbrochen und die Propheten mit dem Schwert getötet. Ich allein bin übrig geblieben, und jetzt wollen sie auch mir das Leben nehmen! Ach, Gott, es ist genug!»

Doch ein Engel kam ihm zu Hilfe, gab ihm zu essen und zu trinken. Mit neuen Kräften wanderte Elia nun vierzig Tage und vierzig Nächte, bis er an einen Berg kam – den Berg Horeb, auf dem Mose Gott gesehen und das Gesetz empfangen haben soll. Dort legte er sich in eine Höhle, um nachts darin zu schlafen. Da kam das Wort Gottes über ihn: «Geh heraus und steige auf den Berg!» Und tatsächlich, Gott ging an Elia vorüber. Zuerst kam ein Sturmwind auf, der die Berge zerriss und die Felsen zerbrach, aber Gott war nicht im Sturmwind. Danach kam ein Erdbeben, aber Gott war nicht in dem Erdbeben. Dann kam ein Feuer, aber Gott war nicht im Feuer. Schließlich aber kam ein stilles, sanftes Sausen. Und Elia erkannte: In dieser sanften Stille ist der eine, wahre Gott.[4]

Zwischengedanken:
Die Gemeinde und ihre Gewalt

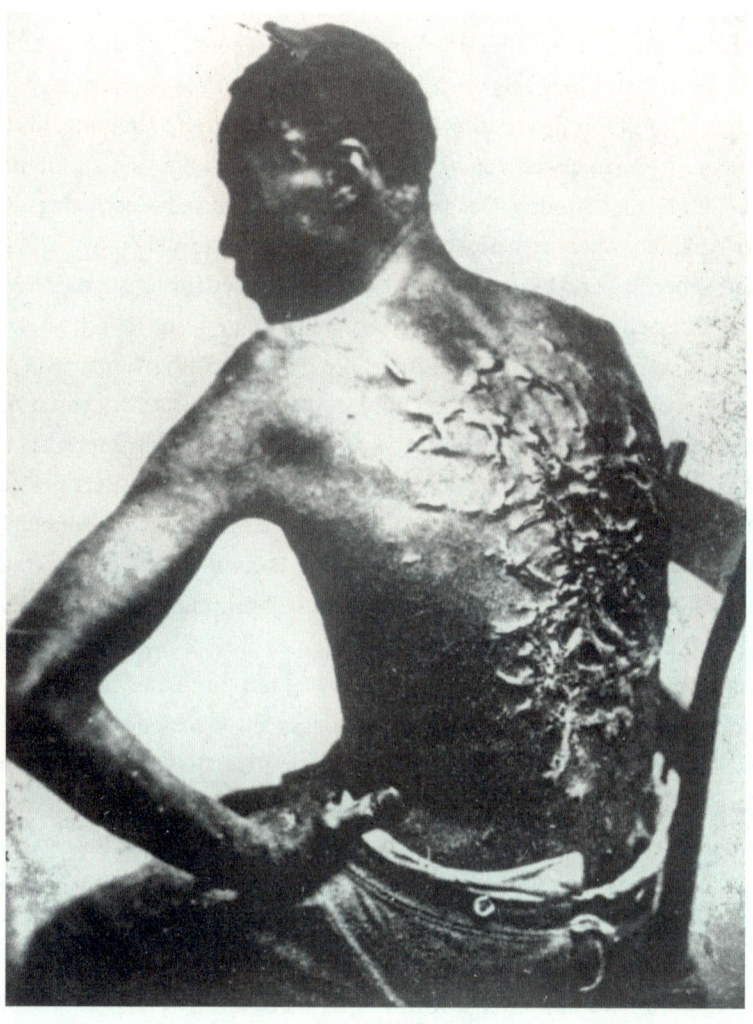

Louisiana, 1863

Dass die Gewalt in der Bibel ein so großes Thema ist, sollte nicht verwundern. Denn hier zeigt sich wie nirgends sonst die Bosheit des Menschen. Die tief in der menschlichen Natur verwurzelte Neigung, andere zu berauben, zu quälen, zu verletzen, zu vergewaltigen und zu töten, ist die Sünde aller Sünden. Deshalb müssen die biblischen Geschichten von ihr erzählen. Aber sie berichten auch von ersten Versuchen, wie die Gewalt gehemmt und bestraft werden könnte. Der bedeutsamste dieser Versuche besteht darin, ein Gottesgesetz aufzurichten und durchzusetzen. Doch diese religiöse und kulturelle Weiterentwicklung führt nicht nur dazu, dass die Gewalt gemindert wird, sondern der Fortschritt selbst setzt auch neue Formen der Gewalt frei. Auch dafür steht die Urgeschichte von Mose und dem einen Gott, seinem Bund und Gesetz. Der Befehl «Jeder von euch nehme sein Schwert und gehe durch das Lager, von einem Tor zum andern, und erschlage seinen Bruder, Freund und Nächsten»[1] lässt an Säuberungen unter Lenin und Stalin viele Jahrhunderte später denken.

Der Kulturwissenschaftler Jan Assmann hat diese Gewalt damit erklärt, dass Mose – als Erster – zwischen einer wahren und einer falschen Religion unterschieden habe. Die Tatsache, dass an verschiedenen Orten, zu unterschiedlichen Zeiten und Anlässen verschiedene Götter verehrt wurden, wurde damit zu einem Problem. Gegenüber dem einen wahren Gott waren alle anderen nun falsche Götter. So habe der Monotheismus religiöse Intoleranz und Gewalt in die Welt gebracht – mit weitreichenden Folgen. Tatsächlich lassen sich viele Beispiele aus der Religionsgeschichte, insbesondere der christlichen und muslimischen, dafür anführen, dass überall dort, wo eine Religion mit einem absoluten Wahrheitsanspruch auftritt, Anders- und Nichtgläubige bedrängt, unterdrückt oder vernichtet werden. Besonders gefährlich wird es, wenn religiöser Eifer sich mit gesellschaftlicher und staatlicher Macht verbindet. Für manche Zeitgenossen transportiert diese These auch die unausgesprochene Botschaft, dass man das Menschheitsproblem der Gewalt lösen könnte, indem man alle religiösen Wahrheitsansprüche aufgibt, um so den verschiedensten Weltanschauungen die gleiche oder gar keine Gültigkeit zuzusprechen.

Doch diese Folgerungen gehen weit über Jan Assmanns These von der «mosaischen Unterscheidung» hinaus. Wenn man sich die Mose-Geschichte genauer ansieht, geht es in ihr auch nicht um Wahrheit, sondern um Treue. Sie stellt keine theoretische Prinzipienfrage, sondern erzählt davon, wie eine ganz neue Gemeinschaft gegründet wird, eine revolutionäre Gemeinde. Darauf hat Jan Assmann in seinem Buch *Exodus* mit kritischem Blick auf seine frühere These hingewiesen. In einer Zeit, in der der Zusammenhang von Königtum, Religion und Volk verloren gegangen ist, erzählt die Geschichte davon, wie auch ohne Königtum in einem einmaligen Akt des Bundesschlusses mit dem einzigen Gott und auf der Grundlage eines schriftlich fixierten Gesetzes eine neue Art von Gemeinschaft gegründet wird, in einem geschichtslosen Raum, der Wüste, vor einer absoluten Autorität, dem Berg.

Als Bundesgenossen des einzigen Gottes sind die Israeliten kein Volk mehr im herkömmlichen Sinne, sondern eine Gemeinde. Dazu gehört, dass jemand bestimmt, wer ihr angehört und wer nicht. Um die Dazugehörigen zu benennen und zusammenzubinden, muss man die Andersartigen ausgrenzen, selbst dann, wenn sie der eigenen Familie angehören, denn die revolutionäre Gemeinde gründet auf einer Gesinnung. Wer also eine revolutionäre Gemeinde gründen will, muss einige, die bisher Nächste waren, zu Fremden machen. Mehr noch, er braucht Feinde, wirkliche oder erfundene. Diese finden sich nicht bloß außerhalb des eigenen Territoriums, denn ein Reich gibt es ja nicht mehr, sondern können auch in den eigenen Reihen ausgemacht werden. Dann muss man sie aus der eigenen Mitte entfernen, ausrotten.

Wenn man dieser Deutung folgt, denkt man unwillkürlich an andere historische Beispiele – nicht aus der Religions-, sondern der Revolutionsgeschichte. Die Französische Revolution stürzte das alte System von König, Adel und Kirche, um eine Nation unter den Idealen von Freiheit, Gleichheit und Brüderlichkeit zu errichten. Dieser neuartige Gesinnungsstaat musste all diejenigen ausscheiden, die von der revolutionären Linie abwichen oder sich dem revolutionären Regime widersetzten. Sie durften nicht als Bürger gelten. Ja, man musste ihnen das Menschsein absprechen und sie mit Terror bekämpfen. Menschenrechte und Guillotine erscheinen da wie Geschwister.

Auch bei der Gründung der Vereinigten Staaten von Amerika wurde in einer revolutionären Tat eine neuartige Nation errichtet. Diese stand unter einem idealen Gesetz: Alle Menschen sind gleich geschaffen und besitzen das unveräußerliche Recht, ein Leben in Freiheit und Glück zu erstreben. Später wunderten sich nicht wenige, warum bedeutende Gründungsväter ohne Skrupel Sklaven hielten oder brutal gegen die amerikanischen Ureinwohner vorgingen, so als wären diese keine Menschen. Doch für die ersten nordamerikanischen Demokraten war es kein Widerspruch, Gleichheit zwar als allgemeines Prinzip zu proklamieren, aber nicht allen zuzugestehen, denn nicht alle können einer Gesinnungsgemeinde angehören, sondern nur die Richtigen. Ausgeschlossen waren die Feinde der Gleichheit und diejenigen, die noch nicht für die Gleichheit bereit zu sein scheinen. Dazu zählte man die Ureinwohner und die aus Afrika importierten Sklaven sowie deren Nachkommen. Ihnen sprach man entweder alle Rechte ab oder plante, wenn man sie denn aus der Sklaverei entließ, sie nach Afrika zurückzudeportieren. So oder so konnten sie keine Mitglieder der revolutionären Gemeinschaft sein. Der Rassismus, der noch heute als Ursünde der USA wirksam ist, geht – das ist kaum bekannt – auch auf die ersten aufgeklärten Demokraten zurück. So waren es keineswegs die Anhänger der Aufklärung, die im neunzehnten Jahrhundert in den USA dafür kämpften, die Sklaverei abzuschaffen oder die Menschenwürde der Ureinwohner anzuerkennen. Dieser Kampf ging vielmehr von Anhängern einer christlichen Erweckung, von frommen Baptisten, Mennoniten und Quäkern aus. Sie gründeten Propagandavereine und Missionsgesellschaften, die als Vorgänger der heutigen Non-Governmental Organisations für die Rechte der Ausgeschlossenen eintraten. Dass sie ihren Glauben mit einem radikalen Wahrheitsanspruch vertraten, machte sie nicht gewalttätig – im Gegenteil, sie stellten sich der allgegenwärtigen Gewalt gegen Afroamerikaner und «Indianer» entgegen.

Das Beispiel zeigt, dass der Glaube an einen «einzig wahren Gott» nicht zwangsläufig zur Gewalt führen muss und dass sich gewalttätige Gemeinschaften auch um andere Wahrheiten, und seien sie noch so fortschrittlich, herum bilden können. Wenn aber die Gewalt, wie sie in der Mose-Geschichte vorgezeichnet ist, auch ein modernes Phänomen ist, vor dem selbst säkulare Aufklärer nicht gefeit sind, kann man sie sich nicht so leicht vom Leibe halten, als wenn sie nur eine Sache der Religion wäre, also etwas für frömmelnde Hinterweltler und erhitzte Fundamentalisten.

Aber warum wird die Mose-Geschichte überhaupt so erzählt? Als historische Gestalt ist Mose nicht greifbar, von einem realen mosaischen Terror gibt es keinerlei Zeugnis. Auch für die Zeit des Zweiten Tempels, in der die Mose-Geschichte endgültig ausgestaltet wurde, sind keine Hinweise darauf zu finden, dass es tatsächlich zu revolutionären Säuberungen gekommen wäre. Und in seiner langen späteren Geschichte ist das Judentum stets selbst das Opfer von Pogromen gewesen. Warum also erzählen die Flüchtlinge und Vertriebenen der Zeit des Exils, die verzagt Zurückgekehrten und bald von der Heimat Enttäuschten ihre große Urgeschichte genau so, mit diesen schwarzen Seiten und schrecklichen Abgründen?

Die Israeliten standen damals vor der Aufgabe, ohne die üblichen Institutionen als eine Gemeinde der Treue im Exil oder unter Fremdherrschaft zusammenzubleiben. Dies ließ sich nur durch eindeutige Abgrenzung nach außen erreichen, was mit einem nicht unerheblichen Gruppendruck verbunden gewesen sein mag. Ein starker Druck von außen wird zur Bildung unterschiedlicher Fraktionen beigetragen haben. Interne Streitereien und Spaltungen sind hervorstechende Kennzeichen jeder Exilsgemeinschaft. Aber das genügt noch nicht, um den Terror zu erklären, der von Mose berichtet wird. Die Frage muss offenbleiben.

Die Terror-Geschichten werden übrigens auffällig kühl erzählt. Es wird berichtet, dass Mose oder Gott dieses oder jenes getan habe, doch es wird weder verherrlicht noch verdammt. Die Leser werden nicht dazu aufgefordert, es ihnen nachzumachen. Die Gewaltgeschichten der Bibel zeigen, zu welcher Grausamkeit eine revolutionäre Gemeinschaft fähig ist, aber es sind keine Nachfolgegeschichten.

20.
Aufbruch auf ein Wort hin: Abraham

Hamburg, um 1900

Das Versprechen Gottes, das Mose übermittelte, hatte zwei Gesichter, ein friedliches und ein gewaltsames. Es verhieß den Israeliten Heimat und Frieden, verlangte dafür aber unbedingte Gefolgschaft. Das hatte fatale Folgen besonders für diejenigen, die im versprochenen Land Platz machen sollten. Während die Gewalt gegen die eigene Gruppe in der Erinnerung verblasste, ist sie hier bis heute viel deutlicher sichtbar.

> Als Mose mit den Israeliten in der Steppe Moabs, an der Grenze und gegenüber von Jericho lagerte, hörte er dieses Wort: «Dies sollst du den Israeliten sagen: ‹Wenn ihr den Jordan überquert und dort einmarschiert, dann sollt ihr alle, die dort wohnen, vertreiben. Ihre Altäre und Götterbilder sollt ihr zerstören. Ihr Land sollt ihr in Besitz nehmen und selbst darin wohnen. Wenn ihr die Menschen, die dort wohnen, nicht vertreibt, werden sie wie Dornen in euren Augen sein und wie Stacheln in eurer Seite.›»[1]

Und so geschah es den biblischen Erzählungen zufolge. Landstrich für Landstrich wurde in Besitz genommen, eine Stadt nach der anderen erobert. Zum Beispiel Jericho.

> Jericho schloss die Stadttore, als die Israeliten heranmarschierten. Da zogen die Israeliten auf den Befehl Gottes hin einmal um die Stadt. Vor den Soldaten gingen die Priester und bliesen dabei in ihre großen Blasinstrumente. Das taten sie sechs Tage lang. Am siebten Tag zogen sie sieben Mal um die Stadt. Die Priester bliesen, als auf einen Befehl hin die Soldaten ihr Kriegsgeschrei ausstießen – da fiel die Mauer ein. Die Israeliten brachen in die Stadt ein und töteten alle Bewohner.[2]

Lange galt es bei Historikern als ausgemacht, dass diese «Landnahme» irgendwann am Ende des zweiten Jahrtausends vor Christus stattgefunden hat, doch gibt es dafür keinerlei archäologische Belege. Die alte Stadt Jericho war schon lange vorher zerstört und verlassen worden. Alles spricht dafür, dass die Bevölkerungen der Königreiche Israel und Juda schon lange das Bergland westlich des Jordans besiedelt hatten. Nachweisen lässt sich jedoch, dass sich an der Wende von der späten Bronze- zur Eisenzeit – also in der Zeit, in der die nachmosaischen Geschichten verortet sind – die Bevölkerung umgeschichtet hat: Friedlich sind von außen Menschengruppen eingesickert, andere sind aus dem Flachland in die Bergregionen gewechselt. Das mag gelegentlich auch mit Streit und Kampf verbunden gewesen sein, aber eine planmäßige Invasion der Israeliten und die gewaltsame Vertreibung der angestammten Bevölkerung, von der erzählt wurde, dürfte nie stattgefunden haben.

Doch warum wurden dann diese Geschichten erzählt und nach dem Babylonischen Exil gesammelt, aufgeschrieben, redaktionell bearbeitet und fest in das Ganze der eigenen Geschichte eingefügt? Möglich wäre eine psychologische Erklärung: Gewaltopfer, Vertriebene und Flüchtlinge müssen sich oft und tief schämen. Sie müssen sich mit den Augen der Sieger betrachten und einsehen, wie wenig sie haben und darstellen. Eine Möglichkeit, Scham abzuwehren, besteht darin, die anderen, die einen so unverschämt anschauen, zu vernichten – wirklich oder in der Phantasie. Doch damit wären die Geschichten noch nicht begründet. Und eine Last sind sie bis heute, weil sie lehren, dass das Land als gottgegebener Besitz anzusehen sei, dass man die, die seit jeher dort leben, verjagen dürfe – ja, müsse, dass die Rückkehr der einen sich als Vertreibung der anderen zu vollziehen habe.

Ein ganz anderes Bild vermitteln dagegen Geschichten über den Anfang des Volkes Israel, die von den Wanderungen und Vertreibungen seiner Urväter, Urmütter und ihrer Familien handeln. Die Ureltern der Israeliten hießen Sara und Abraham. Abraham stammte aus Ur, der alten großen Stadt im Zweistromland. Dort sollten viele Jahrhunderte später, nach der Eroberung des Königreichs Juda durch die Babylonier, die verschleppten Israeliten ihr Exil verbringen. Mit seinem Vater brach Abraham auf, um in Haran zu leben, das weiter im Westen liegt, zwischen dem

Zweistromland und dem späteren Land der Israeliten. Dort sollte wiederum einige Jahrhunderte später, nach der Eroberung des Königreichs Israel durch die Assyrer, die erste große Gruppe israelitischer Flüchtlinge und Vertriebener angesiedelt werden. So konnten beide, die Exilierten aus dem Norden und aus dem Süden, in Abraham ihren Urahnen, ihr fernes Vor- und Spiegelbild sehen. Und sie erzählten sich seine Geschichten wieder und wieder mit einer Begeisterung und einem Drängen, als wären es ihre eigenen Geschichten.

Von Haran machte sich Abraham zu einer weiten Reise auf – auf ein Wort hin:
«Geh, verlass das Land deines Vaters und deiner Familie, geh in ein Land, das ich dir zeigen werde! Ich will dich zum Vater eines großen Volkes machen. Ich will dich segnen, und du sollst ein Segen sein.»
Nur auf dieses Wort hin nahm Abraham seine Frau Sara, seinen Neffen Lot und alles, was sie hatten, und zog los nach Westen.
Sie kamen in ein Land, das schon bewohnt war, und machten Halt bei einem Ort im Norden namens Sichem. Dort hörte Abraham zum zweiten Mal Gottes Stimme: «Dieses Land werde ich deinen Nachkommen geben.»
Da baute Abraham an dieser Stelle einen Altar. Aber er blieb dort nicht, sondern zog weiter nach Süden, bis nach Bethel.
Eine Hungersnot kam und trieb Abraham mit den Seinen außer Landes. Sie zogen nach Ägypten und überlebten dort als Fremde. Als die Hungersnot vorüber war, zog Abraham wieder nach Norden. In Palästina angekommen, fanden er und Lot nicht genug Land für ihre großen Herden. Es lebten dort ja auch schon Menschen, die Kanaaniter und Perisiter mit ihren Familien und Tieren. Ständig stritten sich die Hirten von Abraham und Lot. Da trennten sich beide. Lot zog mit seinen Leuten weiter nach Osten, zum Jordan. Abraham aber wandte sich nach Westen.[3]
Auf ein Wort hin hatte Abraham alles hinter sich gelassen und ein Wanderleben begonnen. Er wurde nun älter, doch Sara und er bekamen keine Kinder. Was sollte werden? Was sollte der ver-

sprochene Segen wert sein, wenn Sara und Abraham keine Familie gründen konnten?

Als Gott ihm ein weiteres Mal erschien und Großes ankündigte, fragte Abraham: «Wie soll das geschehen? Ich werde sterben, ohne Kinder zu hinterlassen. Mein Knecht wird alles erben.»

Es war tiefe Nacht. Da hörte er eine Stimme: «Geh aus deinem Zelt und schau in den Himmel. Siehst du die Sterne? Zähle sie! So viele Nachkommen sollst du haben.»

Auf dieses Wort hin fasste Abraham neues Vertrauen.[4]

Doch Sara gebar ihm kein Kind. Sie hatte aber eine ägyptische Magd namens Hagar. Mit ihr ging Sara zu ihrem Mann und sagte: «Schau, Gott hat meinen Leib verschlossen, so dass ich nicht gebären kann. Nimm also meine Magd. Vielleicht kann ich durch sie zu einem Sohn kommen.»

Abraham gehorchte seiner Frau und tat, was man damals manchmal tat. Er zeugte mit der Magd ein Kind für seine Frau, ihre Herrin. Als Hagar schwanger wurde, fing sie an, frech zu ihrer Herrin zu werden. Darüber beklagte sich Sara bei Abraham: «Mir geschieht Unrecht, und das ist deine Schuld. Ich habe dir meine Magd in die Arme gegeben, sie ist schwanger geworden und erhebt sich nun über mich.»

Abraham antwortete ihr: «Es ist deine Magd. Tu mit ihr, was du willst.»

Da demütigte Sara die schwangere Hagar, so dass sie in die Wüste floh – und mit ihr die Hoffnung auf einen Sohn. Nach langem Suchen in der Einöde fand Hagar schließlich eine Wasserquelle und blieb dort. Ein Bote Gottes kam zu ihr und fragte: «Wo kommst du her, wo willst du hin?»

Sie antwortete: «Ich bin vor meiner Herrin geflohen. Wohin ich soll, weiß ich nicht.»

Da sagte der Bote zu ihr: «Geh wieder zurück und ordne dich deiner Herrin unter. Ich will dir viele Nachkommen geben. Du bist schwanger und wirst einen Sohn gebären. Den sollst du Ismael nennen. Stark wie ein Wildesel wird er sein.»[5]

Die Beduinenfamilie zog weiter und kam zu einem kleinen Wald namens Mamre. Dort schlug sie ihre Zelte auf. Mittags, als die Hitze am größten war, setzte sich Abraham an den Eingang seines Zeltes. Plötzlich standen drei Männer vor ihm. Abraham verneigte sich vor ihnen und lud die Fremden – wie es die Gastfreundschaft gebot – zu sich ein: «Geht nicht vorbei! Lasst euch Wasser bringen, damit ihr eure Füße waschen könnt, dann setzt euch hin, dort unter den Baum. Ich will euch Brot bringen. Danach könnt ihr weiterziehen, wenn ihr möchtet.»

Sie antworteten: «Sehr gern!»

Abraham eilte ins Zelt und rief Sara zu: «Schnell, nimm feines Mehl, knete und backe Brote.»

Weiter eilte er zur Herde, wählte ein zartes Kalb aus und gab es einem Knecht, damit er es schlachte und zubereite. Die drei Männer hatten sich unter den Baum gesetzt. Abraham brachte ihnen das Brot und das Kalbsfleisch, dazu Butter und Milch. Sie aßen. Er blieb vor ihnen stehen und bediente sie.

Da fragten sie ihn: «Wo ist Sara, deine Frau?»

Er antwortete: «Sie ist im Zelt.»

Einer der Männer sagte: «In einem Jahr komme ich wieder zu dir. Dann soll Sara einen Sohn haben.»

Das hörte Sara, die hinter dem Eingang des Zeltes stand, und lachte: «Jetzt, wo ich so alt bin – und mein Mann auch –, soll ich noch einmal die Lust der Liebe erleben?»

Der eine fragte Abraham: «Warum lacht deine Frau? Sollte irgendetwas für Gott unmöglich sein?»

Da rief Sara aus dem Zelt: «Ich habe nicht gelacht!»

Aber er entgegnete: «Doch, du hast gelacht.»[6]

Danach zog Abraham mit den Seinen weiter nach Süden bis nach Gerar, wo sie als Fremde lebten.

Und tatsächlich, es geschah, wie es ihnen gesagt worden war. Innerhalb eines Jahres wurde Sara schwanger und brachte einen Sohn zur Welt. Abraham nannte ihn Isaak und beschnitt ihn. Denn er hatte mit Gott einen Bund geschlossen und sich verpflichtet, alle männlichen Nachkommen zu beschneiden. Einhundert Jahre alt war Abraham damals. Da sprach Sara zu sich:

«Gott hat mir ein großes Gelächter beschert. Wer hätte gedacht, dass wir noch in unsrem Alter einen Sohn bekommen?»

Sie stillte ihn sogar. Als Isaak entwöhnt wurde, gab Abraham ein Festmahl. Da sah Sara, wie der kleine Ismael lachte. Sie ging zu ihrem Mann und sagte: «Jage diese Magd mit ihrem Sohn davon. Denn er soll sich nicht mit meinem Sohn das Erbe teilen.»

Abraham gefiel das nicht, war doch auch Ismael sein Sohn. Aber Gott befahl ihm: «Gehorche deiner Frau und tu, was sie dir sagt! Nach Isaak sollen deine Nachkommen benannt werden. Aber auch aus Ismael will ich ein Volk machen.»

Auf dieses Wort hin stand Abraham am nächsten Morgen früh auf, nahm Brot und einen Schlauch mit Wasser, legte beides Hagar auf die Schulter, gab ihr den Knaben an die Hand und schickte sie fort.

Hagar zog mit ihrem Sohn hin und her, irrte durch die Wüste bei Beerscheba, bis ihnen das Wasser in dem Schlauch ausging. Da legte sie den Jungen unter einen Strauch und setzte sich selbst einen Bogenschuss von ihm entfernt hin. Denn sie wollte nicht mitansehen, wie ihr Sohn stirbt. Sie weinte.

Gott aber geht den Vertriebenen hinterher. Er hörte die Stimme des Jungen. Vom Himmel herab rief sein Engel zu Hagar: «Was ist mit dir, Hagar? Fürchte dich nicht! Gott hat die Stimme deines Kindes gehört, das dort unter dem Strauch liegt. Steh auf, nimm deinen Sohn fest bei der Hand. Ich will ihn zum Vater eines großen Volkes machen.»

Gott öffnete ihr die Augen, da sah sie einen Brunnen. Sie ging hin, füllte den Schlauch mit Wasser und gab ihrem Jungen zu trinken. Gott war mit diesem Knaben. In der Wüste wuchs er heran, wurde ein Bogenschütze, und seine Mutter gab ihm eine Frau aus Ägypten. Ismael sollte zum Urvater der Araber werden.[7]

Nun hätte alles gut werden können. Der Sohn war geboren, durch den die Verheißung Wirklichkeit werden sollte. Die Familie würde weiterleben und wachsen, zu einem großen Volk werden, um in ferner Zukunft das Land in Besitz zu nehmen. Aber dann hörte Abraham wieder eine Stimme:

«Abraham!»

«Hier bin ich.»

«Nimm Isaak, deinen Sohn, den einzigen, den du hast, den du so lieb hast. Geh mit ihm fort von hier, in das Land Morija. Opfere ihn dort als Brandopfer auf einem Berg, den ich dir zeigen werde!»

Auf dieses Wort hin stand Abraham am nächsten Morgen früh auf, sattelte seinen Esel, nahm zwei Knechte mit sich und seinen einzigen Sohn Isaak, den er so lieb hatte, spaltete Holz und machte sich auf nach Morija.

Drei Tage lang wanderten sie. Wie lang können drei Tage sein? Sie gingen, hielten Rast, aßen, tranken, verrichteten ihre Notdurft, schliefen, wanderten weiter, sprachen kein Wort.

Am dritten Tag schaute Abraham auf und sah in der Ferne einen Berg. Da sagte er zu seinen Knechten: «Bleibt mit dem Esel hier. Ich gehe mit meinem Sohn dorthin, um zu beten.»

Ohne Zeugen gingen die beiden los. In einer Hand hielt Abraham das Feuer, in der anderen ein Messer. Das Holz hatte er seinem Sohn Isaak auf die Schulter gelegt.

Nach einer Weile sprach Isaak zu ihm: «Mein Vater!»

«Hier bin ich, mein Sohn.»

«Schau, wir tragen Feuer und Holz, aber wo ist das Schaf für das Opfer?»

«Mein Sohn, Gott wird sich schon ein Schaf für das Opfer aussuchen.»

Die beiden gingen miteinander weiter.

Als sie den Ort erreicht hatten, an dem das Opfer dargebracht werden sollte, baute Abraham einen Altar, schichtete das Holz darauf, fesselte seinen Sohn, den er so lieb hatte, legte Isaak auf den Altar, oben auf das Holz, streckte seine Hand aus und hob das Messer in die Höhe, um seinen einzigen Sohn zu schlachten. Da rief ein Bote Gottes vom Himmel herab: «Abraham! Abraham!»

«Hier bin ich.»

«Lege deine Hand nicht an deinen Sohn! Tu ihm nichts!»

Abraham schaute auf und sah einen Widder, der sich mit seinen Hörnern im Gestrüpp verfangen hatte. Er ging zu ihm hin, nahm ihn und opferte ihn an Stelle seines Sohnes Isaak. Dann band er Isaak los und ging mit ihm zu den Knechten. Drei Tage lang wanderten sie zurück, bis sie ihre Familie erreichten.[8]

Die Geschichte ist abgründig und schwer zu verstehen. Sie spricht von einem geforderten Menschenopfer, obwohl es diesen Brauch im Alten Israel gar nicht gab. Meist wird in ihr eine Glaubensprüfung gesehen: Indem Gott von Abraham forderte, seinen geliebten Sohn zu töten, erprobte er dessen unbedingte Treue, und Abraham bestand diese Prüfung. Dann wäre die Geschichte die Ermahnung zu einem blinden und stummen, sinnlosen Gottesgehorsam. Man kann der Geschichte aber vielleicht einen gewissen Sinn abgewinnen, wenn man sich in die Lage derjenigen versetzt, die sie sich auf der Flucht oder im Exil erzählt haben: als eine Geschichte, in der Gott all seine Verheißungen aufs Spiel setzt und die Seinen in das absolute Unheil hineinführt, um ihre Treue zu prüfen. Dann wäre sie ein Spiegel ihrer eigenen schrecklichsten Erfahrungen.

Doch auch diese Möglichkeit fällt in sich zusammen, wenn man die Perspektive des Sohnes oder der Mutter einnimmt. Welchen Sinn hätte es für Isaak gehabt, von seinem Vater geopfert zu werden? Und für Sara? Es gibt einen jüdischen Kommentar aus dem fünften Jahrhundert nach Christus, der die Geschichte so weitererzählt: Als Abraham, Isaak, die Knechte und der Esel aus Morija in das Lager der Familie zurückgekehrt waren, erzählte der Sohn seiner Mutter, was auf dem Berg geschehen war. Da stieß Sara sechs Schreie aus und fiel tot um.

21.
Der verlorene Bruder: Jakob

Palästina, um 1935

Isaak hatte überlebt. Er wuchs und wurde groß, ein Mann. Dann starb seine Mutter Sara. Sie soll 127 Jahre alt geworden sein. Isaak war untröstlich, doch fand er eine Frau – sie hieß Rebekka –, die er sehr liebte. Das tröstete ihn. Sein Vater soll das sagenhafte Alter von 175 Jahren erreicht haben. In seinen letzten Tagen war Abraham lebenssatt, dankbar und erschöpft, er hatte genug und starb. Gemeinsam begruben ihn seine beiden Söhne – Isaak und Ismael – neben seiner Frau Sara.

Rebekka wurde schwanger, sie erwartete Zwillinge. Es wurde eine schwere Schwangerschaft, denn ihr war, als ob die beiden in ihrem Leib miteinander kämpften. Endlich kam die Geburt. Das erste Kind hatte eine rötliche Haut und war dicht behaart. Rebekka und Isaak nannten ihn Esau. Gleich darauf kam das zweite Kind, es hielt das erste an der Ferse. Seine Eltern gaben ihm den Namen Jakob. Esau wurde ein wilder Jäger, immer unterwegs. Jakob war ruhiger, blieb lieber bei den Zelten. Unterschiedlich war auch die Liebe der Eltern: Esau wurde von seinem Vater geliebt, Jakob aber von seiner Mutter.

Esau sollte zum Urvater der Edomiter werden, eines Volks, das südlich von Israel lebte. Jakob wurde der Stammvater der Israeliten. Doch von ihm wurde nicht so erzählt, wie man es bei einem so bedeutsamen Patriarchen erwarten würde. Von Verehrung oder auch nur Respekt findet sich kaum etwas in den Erzählungen über ihn. Anders als sein Großvater Abraham war er keiner, der auf seinen Wanderungen einer großen Hoffnung folgte, sondern er wird als ein Flüchtling vorgestellt, der sich den Verlust von Heimat und Familie ganz allein selbst zuzuschreiben hatte.

Einmal kam Esau von der Jagd zurück zu den Zelten, müde und hungrig. Jakob hatte gerade ein Linsengericht gekocht. Esau bat ihn: «Gib mir von deinem Essen da!»

Jakob antwortete: «Gern, aber ich will dein Erstgeborenenrecht dafür.»

«Was soll ich damit schon anfangen? Ich bin hungrig!»

Jakob ließ ihn erst schwören, dann reichte er ihm Brot und das Linsengericht. Esau aß sich satt, aber Jakob nahm seinen Rang ein.[1]

Als Isaak alt geworden war und kaum noch sehen konnte, rief er einmal Esau zu sich: «Mein Sohn, ich werde sterben. Aber du weißt, dass ich so gern von deinem Wild esse. Also geh, jage mir ein gutes Stück und bereite es mir zu, so wie ich es mag. Dann will ich dich segnen, ehe ich sterbe.»

Rebekka hatte dies gehört und lief zu ihrem Liebling: «Jakob, geh schnell zur Herde und hole mir zwei schöne, junge Ziegen. Aus ihnen will ich deinem Vater ein Essen machen, so wie er es mag. Das bringst du ihm an Esaus Stelle, damit er es isst und dich – und nicht deinen Bruder – segnet, bevor er stirbt.»

«Wie soll das gehen? Esau ist dicht behaart und ich habe ganz glatte Haut. Wenn der Vater mich betastet, wird er den Betrug bemerken und mich verfluchen, anstatt mich zu segnen.» Seine Mutter aber befahl ihm zu gehen, und er gehorchte.

Als Rebekka die Speise zubereitet hatte, zog sie ihrem Lieblingssohn das Festkleid seines Bruders Esau über. Die Felle der Ziegen wickelte sie um seine Hände und seinen Hals. So verkleidet, brachte Jakob seinem Vater das Essen: «Hier, mein Vater!»

«Wer bist du?»

«Ich bin Esau, dein ältester Sohn, und bringe dir zu essen, wie du mich gebeten hast. Und nun iss, damit mich deine Seele segne.»

«Du bist ein schneller Jäger.»

«Gott hat mir Jagdglück beschert.»

«Komm näher, mein Sohn, damit ich dich betaste, ob du auch wirklich mein Esau bist.»

Jakob trat vor. Sein Vater berührte ihn an Händen und Hals und sprach zu sich:

«Es ist Jakobs Stimme, aber es sind Esaus Hände.»

Noch einmal fragte er: «Bist du wirklich mein Sohn Esau?»

«Vater, ich bin's.»

«Nun, so bring mir das Stück Wild, dann soll meine Seele dich segnen.»

Jakob brachte seinem Vater das Ziegenfleisch, das seine Mutter zubereitet hatte. Isaak aß und trank Wein dazu. Dann bat er den, den er für Esau hielt: «Komm zu mir und gib mir einen Kuss.»

Jakob trat zu seinem Vater und küsste ihn. Seine Kleider rochen nach Esau.

Isaak sagte zu sich: «Ja, das ist der Geruch des Feldes. So riecht mein Sohn, den ich lieb habe.»

Und er segnete – Jakob: «Gott gebe dir vom Tau des Himmels und vom Fett der Erde, Korn und Wein in Fülle. Alle sollen dir dienen, und du sollst ein Herr sein über deine Brüder. Verflucht sei, wer dich verflucht, und gesegnet sei, wer dich segnet!»

Wenig später kam Esau von der Jagd zurück. Er bereitete das Wild zu, so wie sein Vater es mochte, und trug es zu seinem Vater.

Aber Isaak fragte: «Wer bist du?»

«Ich bin Esau, dein erstgeborener Sohn.»

«Wer? Wo ist denn der Jäger, der mir gerade sein Fleisch gebracht hat? Wer war das? O weh, ich habe es gegessen und ihm meinen Segen gegeben!»

«Vater, segne auch mich!»

«Dein Bruder hat dich um meinen Segen betrogen. Das kann ich nicht zurücknehmen.»

«Für mich hast du keinen Segen mehr übrig?»

«Nein, denn ich habe deinen Bruder über dich und all eure Brüder gesetzt, den vollen Segen habe ich ihm gegeben. Was soll ich noch für dich tun, mein Sohn?»

Esau schrie, weinte und schwor, Rache zu nehmen: «Es wird die Zeit kommen, da werden wir um unseren Vater trauern – dann werde ich meinen Bruder Jakob töten.»

Rebekka erfuhr davon und warnte Jakob. Er solle sehen, dass er fortkomme. Zu ihrem Bruder Laban nach Haran solle er eilen, dem Vater aber sagen, dass er dort eine Frau für sich suchen wolle. So floh Jakob nach Haran, an den Ort, an dem sein Großvater Abraham aufgebrochen war, um seine große Reise anzutreten.[2]

Jakob rannte davon, eilte durch die Steppe, den ganzen Tag lang, hinein in die Nacht. Die Sonne ging unter, kein Licht leuchtete ihm mehr. Er nahm sich einen Stein, um seinen Kopf darauf zu legen. So schlief er ein.

Da träumte ihm: Gleich neben dem Stein, auf den er seinen Kopf gelegt hatte, war eine Treppe, die berührte mit ihrer Spitze den Himmel, der stand offen, Gottes Boten stiegen die Treppe hinauf und herunter, ganz oben war Gott selbst, der rief ihm zu: «Jakob, ich bin dein Gott und der Gott deiner Väter. Sei ohne Angst. Ich gehe deinen Weg mit dir. Wohin du auch fliehst, ich bin bei dir. Nicht lange sollst du herumirren, sondern eine Heimat finden. Das Land, auf dem du liegst, will ich dir geben. Viele Kinder sollst du haben und mit ihnen hier, in deiner Heimat, leben. Jakob, ich will dich segnen, und du sollst für andere ein Segen sein!»

Jakob erwachte. Immer noch war es finstere Nacht, die Leiter verschwunden, der Himmel verschlossen, kein Licht nirgends. Voller Schrecken rief Jakob in die Finsternis: «Hier wohnt Gott, und ich wusste es nicht! Hier ist Gottes Haus! Hier ist die Tür zum Himmel!»

Dann legte er sich wieder hin und fiel in einen traumlosen Schlaf. Am nächsten Morgen erhob er sich früh, richtete den Stein auf, auf den er seinen Kopf gelegt hatte, und machte daraus einen Altar: «Wenn ich wiederkomme, will ich hier ein Gotteshaus bauen.» Er nannte diesen Ort Bethel, Haus Gottes. Dann eilte er los, hinein in den neuen Tag.[3]

Nach vielen Tagen und Nächten kam Jakob nach Haran und fand dort Laban, den Bruder seiner Mutter Rebekka. Freundlich wurde er von seinem Onkel aufgenommen. Der hatte zwei Töchter, die ältere hieß Lea und die jüngere Rahel. Aber es war Rahel, die Jakob liebte. Sie wollte er zur Frau nehmen. Er einigte sich mit Laban darauf, dass er ihm sieben Jahre lang dienen würde, um sie zu heiraten. Als die sieben Jahre um waren, die Jakob vorkamen, als seien es sieben Tage gewesen –, lud Laban zum Hochzeitsfest. In der Nacht aber führte er nicht Rahel, sondern Lea in Jakobs Zelt. Denn damals war es nicht üblich, eine jüngere Tochter vor der Ältesten zu verheiraten. Am nächsten Morgen bemerkte Jakob, dass er getäuscht worden war. Jetzt wusste er, wie es ist, wenn man betrogen wird. Nach der Hochzeitswoche versprach ihm Laban, dass er auch Rahel zur Frau nehmen durfte, wenn er ihm dafür noch einmal sieben Jahre diente. Er liebte Rahel sehr. Doch während Lea fruchtbar war und ihm viele Söhne zur Welt brachte, musste Rahel lange vergeblich warten. Schließlich bekam auch sie einen Sohn und nannte ihn Josef. So wuchs Jakobs Familie – zwei Frauen und zwei Mägde brachten ihm zwölf Söhne und eine Tochter zur Welt. Er wurde auch reich. Doch Labans Söhne beneideten ihn darum und beschuldigten ihn, ihren Vater betrogen zu haben. Da musste Jakob ein zweites Mal fliehen. Mit seiner Familie, den Knechten und Mägden sowie den Herden überquerte er den Euphrat und zog in das Gebirge Gilead. Laban eilte ihm nach und hielt ihn auf. Doch sie sprachen sich aus und versöhnten sich.[4]

So wie er sich mit Laban versöhnt hatte, wollte es Jakob auch mit seinem Bruder Esau tun. Deshalb schickte er Boten voraus in das Land Edom, südöstlich von Juda, wo sein Bruder lebte. Die meldeten ihm, dass Esau ihm entgegenzog – mit vierhundert Mann. Da ließ Jakob dem Bruder große Teile seiner Herde entgegentreiben, um sie ihm als Geschenk zu geben, und er zog mit den Seinen hinterher.

Als es Nacht wurde, überquerten die Frauen den Fluss Jabbok an einer seichten Stelle. Jakob blieb auf der anderen Seite zurück, allein mit seiner Angst. Plötzlich kam jemand mitten in der Finsternis und fiel über ihn her, aber Jakob wehrte sich, die beiden rangen miteinander die ganze lange Nacht hindurch, bis endlich die Morgenröte anbrach. Als der andere merkte, dass die Sonne kam und er Jakob nicht besiegen konnte, schlug er ihm so hart auf die Hüfte, dass sie verrenkt wurde, und sagte: «Lass mich gehen, denn die Morgenröte bricht an.»

Jakob antwortete: «Ich lasse dich nicht los. Es sei denn, du segnest mich.»

«Wie heißt du?»

«Jakob.»

«Du sollst nicht mehr Jakob heißen, sondern Israel.»

«Und wie heißt du?»

«Warum fragst du, wie ich heiße?»

Seinen Namen verriet der andere nicht, doch er segnete Jakob. Jakob aber meinte, er habe Gott gesehen, mit ihm gekämpft und es überlebt – nur, dass er seither hinken musste.[5]

Als die Sonne aufging, war der andere verschwunden. Jakob überquerte den blauen Fluss, er fühlte sich wie verwandelt. Am anderen Ufer blickte er auf und sah, wie sein Bruder Esau auf ihn und die Seinen zukam – mit vierhundert Mann. Jakob trat ihm entgegen und verneigte sich sieben Mal bis zur Erde vor seinem Bruder, den er betrogen hatte.

Als Esau das sah, lief er ihm entgegen, fiel ihm um den Hals, umarmte ihn fest und küsste ihn. Da mussten die beiden Brüder weinen.

Sie lösten sich voneinander, und Esau betrachtete Jakobs Familie: «Wer sind diese da?»

«Es sind die Kinder, die Gott mir – deinem Knecht – geschenkt hat.»

Nun kamen auch die Frauen, Mägde und Söhne und verneigten sich tief vor Esau.

«Was wolltest du mit all den Herden, denen ich auf dem Weg hierher begegnet bin?»

«Ich wollte sie dir – meinem Herrn – schenken, damit ich vor dir Gnade finde.»

«Mein Bruder, ich habe doch genug. Behalte, was du besitzt.»

«Ach nein, mein Herr! Nimm doch ein Geschenk von meiner Hand. Denn als ich dich heute sah, war mir, als sähe ich das Angesicht Gottes, denn du hast mich freundlich angeschaut.»

Als Zeichen ihrer Versöhnung nahm Esau das Geschenk an.
Dann trennten die Brüder sich. Esau zog Richtung Süden nach
Edom, Jakob wanderte mit den Seinen weiter nach Norden, bis er
nach Sichem kam, eine Stadt gleich in der Nähe der späteren
Königsstadt Samaria.[6]

Jakob kam auch nach Bethel, wo ihm auf seiner ersten Flucht
Gott im Traum erschienen war. Dort baute er einen Altar und
einen Tempel, wie er es damals gelobt hatte. Weiter zog er nach
Mamre, wo seinem Großvater Abraham die drei Boten Gottes
begegnet waren. Endlich traf er auch auf seinen Vater Isaak, der
immer noch lebte. Er soll 180 Jahre alt geworden sein. Als Isaak
nun seinen Sohn Jakob, der ihn betrogen hatte und geflohen war,
wiedersah, konnte er sterben – alt und lebenssatt. Seine Söhne –
Jakob und Esau – begruben ihn gemeinsam.[7]

Aus Jakob wurde der Stammvater Israels – ein seltsamer Patriarch: Mut-
tersohn und Segensdieb, böser Bruder, betrogener Betrüger, einer, der
von Gott getröstet wird, aber auch mit Gott kämpfen muss, ein verängs-
tigter Flüchtling, der am Ende eine Heimat findet und sich – was noch
wichtiger ist – mit seinem Bruder versöhnt. So wurde Jakob, dessen Geschichten besonders mit dem Norden verbunden waren, für all die, die im
Jahr 722 vor Christus aus dem von den Assyrern eroberten Königreich
Israel und der Hauptstadt Samaria fliehen mussten, zum Inbegriff ihrer
eigenen Geschichte. Die hat der Prophet Hosea so zusammengefasst:

Gott wird Jakob heimsuchen, wie es seinen Wegen entspricht,
und nach seinen Taten wird er ihm vergelten.
Schon im Mutterleib hat er seinen Bruder gepackt und betrogen.
Als er ein Mann war und stark, kämpfte er mit Gott.
Mit einem Boten Gottes kämpfte er und bezwang ihn, so dass
dieser weinte und ihn um Gnade anflehte.
In Bethel fand er Gott. Dort begann Gott, mit uns zu reden.
So wirst auch du mit deinem Gott zurückkehren. Achte nur auf
Gnade und Recht und hoffe immer auf deinen Gott![8]

22.
In die weite Welt: Josef

Palästina, 1948

Die Heimat zu verlieren, ist ein Schlag, der vieles für immer zerstört. Manchmal ist der Verlust aber auch die Tür zu einem neuen Leben, das ganz andere Möglichkeiten bietet als das alte Leben zu Hause.

Josef war der Liebling seines Vaters Jakob, denn er war ihm und seiner geliebten Frau Rahel nach hartem, vergeblichem Warten geschenkt worden. Wie seine Brüder wurde Josef ein Hirte, doch anders als sie trug er nicht die grobe Kleidung der Viehleute, sondern ein prächtiges Gewand, das ihm sein Vater geschenkt hatte.

Der kleine Prinz war ein großer Träumer, und er war so töricht, seinen Brüdern von seinen Träumen zu erzählen: «Hört, was ich heute Nacht geträumt habe! Wir waren auf dem Feld und banden Garben. Meine Garbe richtete sich hoch auf und blieb gerade stehen. Aber eure Garben stellten sich rings um meine Garbe und verneigten sich vor ihr.»

Die Brüder fuhren ihn an: «Was, willst du unser König werden und über uns herrschen?»

Josef achtete nicht auf ihre Wut und ihren Neid. Ein anderes Mal erzählte er ihnen und seinem Vater von diesem Traum: «Hört doch, was ich diese Nacht geträumt habe! Ich sah den Himmel. Da waren die Sonne, der Mond und elf Sterne, und alle verneigten sich vor mir.»

Diesmal wies ihn sein Vater zurecht: «Was ist denn das für ein Traum? Sollen ich, deine Mutter und deine Brüder kommen und uns vor dir niederbeugen?»

In ihrem Zorn ereiferten sich die Brüder über Josef. Sie konnten ihn nicht mehr ertragen. Als sie allein mit den Herden in der

Steppe waren, beschlossen sie, ihn zu töten. Sie packten ihn, rissen ihm das schöne Gewand vom Leib und warfen ihn in eine tiefe, dunkle Grube. Als sie noch überlegten, was sie mit ihm tun sollten, kam eine Karawane des Weges. Einer der Brüder sagte: «Lasst uns den Träumer als Sklaven verkaufen. Dann sind wir ihn los, ohne uns mit seinem Blut zu besudeln.» Also zogen sie Josef aus der Grube und verkauften ihn für zwanzig Silberstücke an die Kaufleute. Danach tauchten sie sein Gewand in das Blut einer frisch geschlachteten Ziege, ließen es ihrem Vater bringen und ihm sagen, das hätten sie gefunden, ob es wohl Josef gehöre.

«Das ist das Kleid meines Sohnes! Ein böses Tier hat ihn gefressen – zerrissen, zerfleischt ist mein Josef!» Er zerriss seine Kleider und ließ sich von niemandem trösten. Auch Rahel muss untröstlich gewesen sein.

Währenddessen zog die Karawane mit Josef fort, durch die Wüste, bis in das Land der Pyramiden, nach Ägypten. Dort verkauften sie den Jungen – er war siebzehn Jahre alt – an einen mächtigen Herrn: Potifar, den Kämmerer des Pharaos und Obersten seiner Leibwache. Für ihn arbeitete Josef von nun an. Alles, was er anfasste, gelang ihm. Deshalb beförderte Potifar ihn zum Verwalter seines Hauses und vertraute ihm alles an.

Potifars Frau aber hatte ein Auge auf den schönen Jüngling geworfen. Sie kam und bat ihn, dass er mit ihr ins Bett gehe. Doch Josef weigerte sich. Wieder und wieder bedrängte sie ihn, dass er endlich bei ihr schlafe. Doch er wies sie zurück. Eines Tages waren die beiden allein. Da packte sie ihn bei seinem Gewand und befahl: «Schlaf mit mir!»

Aber Josef wand sich aus seinem Kleid und rannte nackt aus dem Haus. Potifars Frau rief sofort die Dienerschaft herbei: «Schaut, der Israelit wollte, aber ich habe geschrien, da ließ er sein Kleid liegen und ist davongerannt.»

Als Potifar nach Hause kam, machte sie ihm Vorwürfe: «Der fremde Mann, den du ins Haus geholt hast, wollte mich vergewaltigen!»

Da ließ Potifar Josef ergreifen und ins Gefängnis werfen.

Aber merkwürdig, sogar im Gefängnis glückte Josef alles, was er begann, so dass der oberste Aufseher ihm bald die Verantwortung für die Gefangenen übertrug. Eines Tages wurden zwei hohe Würdenträger – der oberste Mundschenk und der Hofbäcker – ins Gefängnis gebracht, weil sie beim Pharao in Ungnade gefallen waren. Eines Nachts hatten beide schwere Träume. Am nächsten Morgen fragte Josef sie, warum sie so bedrückt seien. Sie antworteten: «Wir haben geträumt, aber niemand ist da, der unsere Träume deuten kann.»

Josef, der Träumer, bat sie, es ihn versuchen zu lassen.

Zuerst erzählte der Mundschenk: «Da war ein Weinstock mit drei Reben, die hingen voller Trauben. Ich hielt den Becher des Pharaos in der einen Hand, griff mit der anderen nach den Trauben, drückte ihren Saft in den Becher und gab ihn dem Pharao.»

Josef erklärte ihm: «Das war ein guter Traum. In drei Tagen wirst du wieder oberster Mundschenk des Pharaos sein. Wenn du aber zurück in der Freiheit bist, dann denk an mich!»

Danach erzählte der Hofbäcker: «Da waren drei Körbe auf meinem Kopf. Im obersten lagen köstliche Kuchen. Vögel kamen und fraßen sie auf.»

Josef antwortete: «Das bedeutet nichts Gutes. In drei Tagen wirst du aufgehängt werden und Vögel werden dir das Fleisch aus dem Leib hacken.» Genau so geschah es: Nach drei Tagen wurde der Mundschenk wieder in Amt und Würden eingesetzt, der Bäcker aber hingerichtet. Doch der Mundschenk vergaß seinen Traumdeuter im Gefängnis.

Erst zwei Jahre später erinnerte er sich an Josef. Der Pharao hatte dunkle Träume, die niemand deuten konnte. Da fiel dem Mundschenk der junge Israelit wieder ein. Man ließ Josef aus dem Gefängnis holen und vor den Pharao bringen. Der Pharao fragte ihn: «Ich habe gehört, dass du Träume deuten kannst?»

Josef antwortete: «Ich kann es nicht aus eigener Kraft. Aber Gott wird dem Pharao sagen, was gut für ihn ist.»

Da erzählte der Pharao: «Ich stehe am Ufer des Nils, und aus dem

Fluss steigen sieben schöne, dicke Kühe. Aber ihnen folgen sieben hässliche, dürre Kühe. Die fressen die dicken Kühe auf. Und dann sind da sieben Ähren, die wachsen auf einem Halm, voll und rund. Aber daneben gehen sieben Ähren auf, dünn und vom Ostwind versengt. Die verschlingen die sieben dicken Ähren.»

Josef antwortete: «Sieben Jahre lang wird es sehr gute Ernten geben. Dann kommen sieben Dürrejahre. Deshalb lass große Lager bauen und in den Jahren der guten Ernten das überschüssige Korn sammeln, dann habt ihr genug in der Not.»

Der Pharao sagte zu Josef: «Niemand ist so weise wie du. Deshalb sollst du mein oberster Verwalter sein. Du sollst die Lager bauen lassen und die Bevorratung des Korns überwachen.»

Er zog einen Siegelring von seiner Hand und steckte ihn Josef an, ließ ihm kostbare Kleider anziehen und legte ihm eine goldene Kette um den Hals. Dann gab er ihm einen neuen, ägyptischen Namen und nannte ihn Zafenat-Paneach. Schließlich gab er ihm eine Frau, Asenat, die Tochter Potiferas, des Priesters zu On. Als der Pharao aus Josef den hohen ägyptischen Herrn Zafenat-Paneach machte, war dieser dreißig Jahre alt, erwachsen und gereift. Dann geschah, was Zafenat-Paneach vorhergesagt hatte: Es kamen sieben sehr gute Jahre. Auf dem zweiten Wagen des Pharaos fuhr Zafenat-Paneach über das Land, vor ihm wurde ausgerufen «Hier kommt der Vater des Landes!», und die Menschen mussten auf die Knie gehen. Er aber ließ unendlich viel Korn sammeln und in große Speicher bringen. In dieser Zeit brachte ihm Asenat, die ägyptische Priestertochter, zwei Söhne zur Welt: Manasse und Ephraim. Dann kamen die sieben schlechten Jahre. Nichts wuchs mehr, in Ägypten nicht und auch nicht in den Ländern ringsum. Groß wurde der Hunger überall, nur in Ägypten gab es noch ausreichend Brot. Die Menschen kamen zu den Kornspeichern und kauften, was sie brauchten. So ging es sieben Jahre lang, bis die Ägypter alles, was sie hatten, dem Pharao gegeben hatten: all ihr Geld, ihr Vieh, ihr Land und schließlich sich selbst als seine Leibeigenen.

Wegen des Hungers überall kamen auch Fremde nach Ägypten.

Im zweiten Jahr der Not erschienen zehn Männer aus Israel vor Zafenat-Paneach – seine Brüder. Jakob hatte ihnen aufgetragen, Getreide zu kaufen. Alle seine Söhne hatte er losgeschickt – bis auf einen, Benjamin, seinen Jüngsten, den Rahel ihm geschenkt hatte. Sie traten vor Zafenat-Paneach und fielen vor ihm nieder – so wie es damals Josefs Träume vorhergesagt hatten. Auf den ersten Blick erkannte Zafenat-Paneach seine Brüder. Aber sie sahen in ihm nur einen hohen ägyptischen Herrn. Er gab sich ihnen nicht zu erkennen, sondern stellte sie auf die Probe. Durch einen Dolmetscher – denn sie sollten nicht wissen, dass er ihre Sprache verstand – ließ er ihnen sagen: «Ihr seid Spione und wollt unser Land auskundschaften, um es später zu überfallen.»

Erschrocken antworteten die Brüder: «Nein, Herr, das sind wir nicht. Wir wollen nur für unsere Familie Getreide kaufen. Unser Vater hat uns gesandt, weil zu Hause Hunger herrscht. Er und unser jüngster Bruder warten auf uns.»

Zafenat-Paneach sagte: «Nun gut, ich will euch so viel Getreide geben, wie ihr braucht. Damit sollt ihr zurückkehren. Aber einer von euch bleibt als Geisel bei mir. Wenn ihr wiederkommt, müsst ihr euren jüngsten Bruder mitbringen.»

Sie ließen Simeon als Geisel da, und die übrigen neun Brüder zogen mit vollen Getreidesäcken zurück zu Jakob.

Als sie zum zweiten Mal nach Ägypten kamen, reiste der kleine Benjamin mit ihnen. Zafenat-Paneach lud die Brüder in seinen Palast ein und redete freundlich mit ihnen. Wieder fielen sie vor ihm nieder. Zafenat-Paneach bat sie zu Tisch und ließ sie köstlich bewirten. Aber er selbst aß abseits von ihnen, denn Ägypter durften nicht gemeinsam mit Fremden wie den Israeliten speisen. Dann ließ er allen die Säcke von neuem mit Korn füllen. Nur in Benjamins Sack ließ er heimlich einen silbernen Becher hineintun. Am nächsten Morgen standen die Brüder früh auf, verabschiedeten sich und zogen davon. Doch Zafenat-Paneach befahl seinen Dienern: «Reitet diesen Männern hinterher und haltet sie auf. Einer von ihnen hat mich bestohlen.»

Schnell hatten die Diener die Brüder eingeholt und zurück-
gebracht. Zafenat-Paneach herrschte sie an: «Ihr Diebe, ihr habt
mir einen silbernen Becher gestohlen!» Die Brüder riefen: «Wir
sind unschuldig. Sieh nach! Wenn du bei einem von uns deinen
Becher findest – der soll sterben.»

Die Diener durchsuchten die Säcke und fanden den silbernen
Becher bei dem kleinen Benjamin. Entsetzt warfen die Brüder
sich vor Zafenat-Paneach auf den Boden. Juda, einer der älteren,
flehte: «Ach, Herr! Nimm mich an Stelle meines Bruders. Wenn
der Junge nicht nach Hause kommt, stirbt unser Vater vor Trau-
rigkeit. Er hat schon einmal einen Sohn verloren. Ein zweites
Mal wird er nicht überleben.»

Als Zafenat-Paneach das hörte, musste er laut weinen: «Ich bin
Josef! Lebt mein Vater noch?»

Die Brüder waren zu erschrocken, um zu antworten. «Kommt
doch zu mir!» Das taten sie. «Ich bin Josef, euer Bruder, den ihr
nach Ägypten verkauft habt. Seid ohne Angst! Denkt nicht, dass
ich immer noch zornig auf euch bin, weil ihr mich als Sklaven
verkauft habt. Es war Gott, der mich hierhergebracht hat, damit
ich jetzt euer Leben rette. Denn es kommen noch fünf Hunger-
jahre. Also, eilt nach Hause und holt meinen Vater hierher.» Unter Tränen küsste er seine Brüder, jeden einzelnen.

So kam auch Jakob mit allen, die zu ihm gehörten, nach Ägypten.
Josef fuhr ihm entgegen, umarmte ihn lange und weinte sehr.
Dann führte er seinen Vater und seine Brüder an den Hof und
stellte sie dem Pharao vor. Der redete freundlich mit ihnen, und
Jakob segnete den Pharao.

Noch viele Jahre lebte Jakob bei seinem Sohn Josef, den er endlich wiedergefunden hatte. Dann starb er, alt und lebenssatt.
Josef aber hatte ihm versprochen, ihn nicht in fremder Erde zu
begraben, sondern im Familiengrab bei Mamre, wo schon Abraham und Sara, Isaak, Rebekka und Lea begraben waren. So geschah es.

Jetzt aber, da ihr Vater gestorben und begraben war, erwachte die
Angst der Brüder vor Josef von neuem. Denn jetzt könnte er an

ihnen Vergeltung üben. Sie traten vor ihn, fielen wieder vor ihm nieder und baten ihn um Vergebung. Wieder musste Josef weinen und sprach zu ihnen: «Fürchtet euch nicht! Stehe ich denn an Gottes Stelle? Ihr habt es böse mit mir gemeint, aber Gott hat es zum Guten gewendet, damit ihr alle am Leben bleibt. So fürchtet euch nun nicht; ich will euch und eure Kinder versorgen.» So tröstete Josef seine Brüder und verzieh ihnen, was sie ihm angetan hatten.

Josef sollte seine alte Heimat nie wiedersehen. Kurz bevor er aber in hohem Alter starb, nahm er seinen Söhnen das Versprechen ab, dass sie oder ihre Nachkommen ihn in heimischer Erde begraben würden, wenn sie dereinst dorthin zurückkehren sollten. So geschah es. Nachdem Josef gestorben war, wurde er nach ägyptischer Sitte einbalsamiert und in einen steinernen Sarg gelegt. Als Mose dann viele Generationen später mit den Israeliten Ägypten verließ, nahmen sie Josefs Gebeine mit, trugen den Sarg durch die Wüste, hinein in die alte-neue Heimat und bestatteten ihn schließlich in Sichem.[1]

In seiner Jugend hatte Josef seine Heimat und seine Familie verloren, in der Fremde aber war er zu einem großen und weisen Mann gereift. Er hatte sich diesen Weg nicht gewünscht, in Träumen nur vage erahnt. Erst im Rückblick ging ihm auf, dass all seine Irrwege und Umwege einem geheimen Sinn folgten und einem guten Ziel dienten. Hätten die Brüder ihn nicht verkauft, hätten die Kaufleute ihn nicht nach Ägypten verschleppt, wäre er sein ganzes Leben lang ein Hirte geblieben – und hätte in der Hungersnot seiner Familie nicht helfen können. Menschen hatten es böse mit ihm gemeint, aber Gott hat es für ihn zum Guten gewendet. Davon erzählt dieser biblische Bildungsroman mit einer weltläufigen Lebensweisheit und diskreten Frömmigkeit, so dass spätere Leser und Hörer, denen ebenfalls die Heimat genommen worden war, daraus Trost und Orientierung gewinnen konnten.

23.
Mitgehen: Rut

Ellis Island, New York, 1905

Außer den großen, abgrundtiefen Geschichten von Israels Stammvätern und dem Auszug aus Ägypten gibt es noch die kleinen Erzählungen in der Bibel. Sie werden leicht übersehen, so still und alltäglich kommen sie daher. Dabei haben sie viel mehr mit dem ganz normalen Leben ihrer Hörer und Leser zu tun als die spektakulären Sagen. Zur Lebensnormalität vieler Menschen gehörte damals – und gehört noch immer – das Auswandern aus bloßer Not, das schlichte Weggehen, weil es zu Hause keine Arbeit und kein Brot mehr gibt. Davon handelt die Geschichte von Rut. Sie dürfte in der Zeit des Exils geschrieben worden sein, spielt aber in die Zeit vor der Entstehung der israelitischen Königreiche. Sie ist übrigens einer der ganz wenigen Texte der Bibel, bei dem man den Eindruck gewinnen kann, ihn habe eine Frau geschrieben. Und sie ist eine Gegengeschichte zu all den Erzählungen, die von einem reinen, in sich abgeschlossenen und gegen alles Fremde abgegrenzten Volk Israel berichten.

Wieder einmal kam der Hunger über das Land, und die Not war groß. Wie viele andere machte sich auch ein Mann aus Bethlehem auf, verließ seine Heimat und zog Richtung Südosten in das Land der Moabiter. Dort wollte er als Fremder überleben, Nahrung finden, arbeiten, bleiben – gemeinsam mit seiner Frau und seinen beiden Söhnen. Der Mann hieß Elimelech und seine Frau Noomi. Ihre Söhne trugen die Namen Machlon und Kiljon. Doch in Moab starb Elimelech. Nun musste Noomi zusehen, wie sie allein mit ihren Söhnen in der Fremde zurechtkam. Beide nahmen sich moabitische Frauen. Die eine hieß Orpa, die andere Rut. Schon zehn Jahre später aber starben Machlon und Kiljon. Nun stand Noomi ganz allein da. Ohne einen Ehemann und ohne Söhne war sie in der Fremde vollkommen verlassen, rechtlos und vogelfrei. Ihr blieb nichts anderes übrig, als die neue Heimat zu verlassen und wieder aufzubrechen, diesmal nach Nordwesten, zurück ins Land ihrer Herkunft – gemeinsam mit den beiden Schwiegertöchtern.

Doch mitten auf dem Weg wandte sich Noomi an Orpa und Rut: «Ach, kehrt um und geht zurück – in die Häuser eurer Mütter! Gott schenke euch die gleiche Barmherzigkeit, die ihr mir und meinen toten Söhnen erwiesen habt. Sucht euch neue Männer in Moab. Gott gebe euch, dass ihr Ruhe findet in eurer Heimat, in den Häusern eurer Männer!» Als sie das gesagt hatte, küsste sie Orpa und Rut.

Da weinten die beiden: «Nein, wir wollen mit dir zu deinem Volk gehen.»

«Kehrt um, meine Töchter! Was wollt ihr mit mir gehen? Wie soll ich denn noch einmal Söhne zur Welt bringen, die eure Männer werden könnten? Kehrt um, meine Töchter, geht weg. Ich bin zu alt, um einen Mann zu finden, aber ihr seid jung.»

Sie weinten noch mehr. Doch dann küsste Orpa ihre Schwiegermutter und ging zurück in ihre Heimat, zurück nach Moab.

Da sagte Noomi zu Rut: «Schau, deine Schwägerin kehrt zu ihrem Volk und ihrem Gott zurück. Mach es wie sie, folge ihr nach.»

Aber Rut antwortete: «Stoß mich nicht von dir fort! Wo du hingehst, da will ich auch hingehen. Wo du bleibst, da bleibe ich auch. Dein Volk ist mein Volk, und dein Gott ist mein Gott. Wo du stirbst, da sterbe ich auch, da will ich auch begraben werden. Gott tue mir dies und das, aber nur der Tod wird mich und dich scheiden.»

Als Noomi einsah, dass Rut fest entschlossen war, mit ihr zu gehen, hörte sie auf, sie zu bedrängen. Gemeinsam wanderten die beiden weiter, bis sie endlich nach Bethlehem kamen. In ihrer Heimatstadt aber wurde die Rückkehrerin nicht mit offenen Armen empfangen. «Ist das die Noomi von früher?», fragten sich die Frauen. Niemand nahm die beiden auf.

Es begann jetzt die Zeit der Gerstenernte. Da schlug Rut ihrer Schwiegermutter vor: «Lass mich auf eines der Felder gehen und die Ähren auflesen, die bei der Ernte übrig geblieben sind, damit wir etwas zu essen haben.»

Noomi nickte, und Rut zog los. Das Feld, auf das sie zur Nachernte ging, gehörte einem entfernten Verwandten ihres Schwiegervaters. Sein Name war Boas. Er war angesehen, galt als redlich und freundlich. Der kam nun von Bethlehem auf sein Feld und begrüßte als Erstes seine Schnitter: «Gott sei mit euch!»

Sie grüßten zurück: «Gott segne dich!»

Dann fragte Boas den Knecht, der die Schnitter beaufsichtigte: «Zu wem gehört die junge Frau da?»

Der Knecht antwortete: «Das ist eine Moabiterin. Sie ist mit Noomi aus Moab hierhergekommen und hat uns gebeten, die Reste nachlesen zu dürfen. Seit dem frühen Morgen schon ist sie hier und geht den Schnittern hinterher.»

Da ging Boas zu Rut: «Hör zu, meine Tochter! Geh nicht auf eines der andern Felder. Bleib hier und halt dich zu meinen Mägden. Wo die schneiden, da geh ihnen hinterher. Auch habe ich meinen Knechten befohlen, dass niemand dich antaste. Und wenn du Durst hast, geh einfach zu den Krügen dort und trinke von dem, was meine Knechte schöpfen.»

Rut fiel vor Boas nieder: «Womit habe ich Gnade gefunden vor deinen Augen, dass du so freundlich zu mir bist, wo ich doch eine Fremde bin?»

«Man hat mir alles erzählt, was du für deine Schwiegermutter getan hast nach dem Tod deines Mannes, nämlich dass du deinen Vater, deine Mutter und deine Heimat verlassen hast, um zu einem Volk zu ziehen, das du vorher nicht gekannt hast. Gott vergelte dir deine Barmherzigkeit. Der Gott Israels, zu dem du jetzt gezogen bist, damit du unter seinen Flügeln Zuflucht hast, gebe dir vollen Lohn.»

«In deinen Augen finde ich Gnade, mein Herr. Denn du hast mich getröstet und deine Magd freundlich angesprochen, dabei bin ich nicht einmal wie eine deiner Mägde.»

Als es Essenszeit war, rief Boas Rut zu: «Komm her, iss vom Brot hier und tauche deinen Bissen in den Essig so wie wir!»

Rut setzte sich neben die Schnitter. Boas legte ihr geröstetes Korn vor – so viel, dass sie satt wurde und sogar noch etwas übrig behielt.

Als sie sich wieder aufmachte weiterzulesen, befahl Boas seinen Knechten: «Lasst sie auch zwischen den Garben sammeln und beschämt sie ja nicht! Zieht auch etwas aus den Ährenbündeln heraus und lasst es für sie liegen. Wenn sie es aufliest, soll niemand mit ihr schimpfen!»

So arbeitete Rut bis zum Abend auf dem Feld – am Ende hatte sie ungefähr einen Scheffel Gerste geerntet. Diesen trug sie zurück in die Stadt, zeigte ihn ihrer Schwiegermutter und gab ihr davon, damit auch sie satt wurde.

Noomi fragte: «Wo hast du heute Ähren gelesen? Gesegnet sei, der so freundlich zu dir gewesen ist!»

Rut antwortete: «Das war ein Mann namens Boas.»

«Gesegnet sei Boas von Gott, der seine Barmherzigkeit nicht fortgenommen hat von den Lebendigen und von den Toten! Wusstest du, dass dieser Mann mit uns verwandt ist? Er ist einer von unseren Lösern.»

Als «Löser» bezeichnete man damals ein Mitglied der Sippe, der das Recht und den Besitz seiner Verwandten wiederherstellte, zum Beispiel indem er Grundstücke auslöste, die diese aus Not hatten veräußern müssen, oder indem er Familienmitglieder freikaufte, die in die Schuldsklaverei geraten waren. Zu einer solchen Auslösung konnte auch gehören, die Witwe eines Familienmitglieds, die nach dessen Tod rechtlos geworden war, zu heiraten und mit ihr einen Sohn zu zeugen, damit er den Namen des Verstorbenen und dessen Erbteil weitertrage.

Dann berichtete Rut ihrer Schwiegermutter: «Boas hat mir gesagt, dass ich mich zu seinen Leuten halten soll.»

«Das ist sehr gut, meine Tochter, dass du mit seinen Mägden hinausgehst, damit dir nicht jemand auf einem andern Acker etwas antue.»

So machte Rut es von nun an. Sie blieb beim Ährenlesen bei den

Mägden des Boas, bis die Gerstenernte und die Weizenernte beendet war.

Doch als die Zeit der Ernten vorüber war – was sollte nun aus Noomi und Rut werden? Wie sollten sie ein Zuhause und ihr tägliches Brot finden? Da hatte Noomi eine Idee.

«Meine Tochter, hör mir zu. In dieser Nacht ist Boas auf der Tenne, um die Gerste zu worfeln. Also bade dich und salbe deinen jungen Körper. Dann lege dein Kleid an und geh hinab auf die Tenne. Warte, bis er gegessen und getrunken hat. Wenn er danach schlafen geht, merk dir die Stelle, wo er sich hinlegt. Ist es dann dunkel und er schläft, geh hin, zieh sein Gewand hoch und leg dich zu seinen Füßen. Er wird dir schon sagen, was du tun sollst.»

Also ging Rut frisch gebadet und wohlriechend hinab zur Tenne und tat alles, was ihre Schwiegermutter ihr geboten hatte. Boas aß und trank, froh und müde legte er sich hinter einen Kornhaufen und schlief ein. Als es ganz dunkel war, schlich sich Rut heimlich an ihn heran, legte sich zu seinen Füßen, zog sein Gewand empor und berührte ihn von unten. Als es nun Mitternacht wurde, wachte Boas plötzlich auf, griff um sich und erschrak, denn da lag eine Frau neben ihm.

«Wer bist du?»

«Ich bin Rut, deine Magd. Ich bitte dich, breite den Saum deines Gewandes über deine Magd, denn du bist mein Löser.»

So bat sie ihn, sie zur Frau zu nehmen.

«Gesegnet seist du, meine Tochter! Denn so jung und schön du bist, so bist du doch nicht den jungen Männern nachgelaufen, sondern zu mir gekommen. Nun aber, meine Tochter, hab keine Angst! Alles, was du sagst, will ich für dich tun. Das ganze Volk in meiner Stadt weiß, dass du eine gute, tüchtige und ehrbare Frau bist. Und es stimmt ja, dass ich ein Löser für euch bin. Aber es gibt noch einen anderen, der näher mit euch verwandt ist als ich. Bleib also diese Nacht hier bei mir. Morgen will ich ihn fragen, ob er euch lösen will. Wenn ja – gut, dann soll er es tun. Wenn nicht – will ich dich lösen. Jetzt aber schlaf bis zum Morgen!»

Sie schliefen ein, schliefen bis zum Morgen. Als es noch dunkel

war, stand Rut auf, bevor einer den anderen sehen konnte. Boas
dachte bei sich: «Hoffentlich wird niemand erfahren, dass eine
Frau zu mir auf die Tenne gekommen ist.» Zu Rut sagte er:
«Nimm das Tuch, das du umhast, und halt es auf.» Das tat sie,
und er schüttete sechs Maß Gerste hinein. Dann ging jeder für
sich in die Stadt.

Boas ging hinauf ins Stadttor von Bethlehem, setzte sich und war-
tete auf den anderen Löser. Als der vorbeikam, rief Boas ihm zu:
«Komm, setz dich zu mir! Wir müssen etwas miteinander klären!»
Der andere kam und setzte sich. Boas holte noch zehn Männer
von den Ältesten der Stadt als Zeugen hinzu. Dann erklärte er
dem Löser: «Noomi ist aus dem Land der Moabiter zurückgekommen. Jetzt will sie den Anteil an dem Feld verkaufen, der
früher unserem Bruder Elimelech, ihrem verstorbenen Mann,
gehörte. Willst du ihn auslösen, so kaufe ihn jetzt vor diesen Zeugen. Wenn du es nicht willst, dann sage es mir. Denn außer uns
beiden gibt es keinen anderen Löser.»

«Ich will es lösen.»

«An dem Tag, an dem du das Feld von Noomi erworben hast, er-
wirbst du es aber von Rut, der Moabiterin, der Schwiegertochter
des Toten, um seinen Namen und sein Erbteil fortzuführen. Du
wirst sie zur Frau nehmen müssen.»

«Ach nein, dann kann ich es doch nicht lösen. Ich würde sonst
mein eigenes Erbe schädigen. Löse du es, denn ich kann es nicht.»
Es gab einen alten Brauch in Israel: Wenn einer eine Rechtssache
bekräftigen wollte, die eine Lösung betraf, zog er einen Schuh aus
und gab ihn dem andern. Deshalb zog der andere Löser, als er
Boas sagte, dass doch lieber er das Feld kaufen sollte, eine Sandale
aus und gab sie ihm. Da sprach Boas zu den Ältesten und dem
Volk im Stadttor: «Ihr seid heute Zeugen, dass ich alles von
Noomi gekauft habe, was Elimelech und seinen Söhnen Kiljon
und Machlon gehört hat. Dazu habe ich auch Rut, die Moabiterin,
Machlons Frau, zur Frau genommen, damit ich den Namen des
Verstorbenen erhalte und sein Name nicht ausgerottet werde.»
Alle Leute, die im Tor waren, und die Ältesten antworteten: «Ja,

wir sind Zeugen. Gott mache die Frau, die in dein Haus kommt, wie Rahel und Lea, die beide das Haus Israel gebaut haben. Dein Name werde gepriesen zu Bethlehem!»

Also nahm Boas Rut zur Frau. Rut wurde schwanger und gebar einen Sohn. Der galt nun als rechtmäßiger Sohn ihrer Schwiegermutter. Deshalb sagten die Frauen von Bethlehem zu Noomi: «Gelobt sei Gott, der dir den Löser nicht versagt hat! Dein Sohn wird dir helfen und dich im Alter versorgen. Denn deine Schwiegertochter, die dich geliebt hat, hat ihn dir geboren. Sie ist dir mehr wert als sieben Söhne.» Noomi nahm das Kind, legte es auf ihren Schoß und wurde seine Pflegemutter. Die Nachbarinnen gaben ihm den Namen Obed.[1]

Diese Geschichte ist ebenso gewöhnlich wie ungewöhnlich. Es war damals – und ist es heute in vielen Weltgegenden immer noch – ein ganz normales Frauenschicksal, in der Not auswandern zu müssen und als Witwe – noch dazu als fremdländische – nichts zu haben: kein Zuhause, kein Auskommen, keinen Schutz, kein Recht. Alte Frauen, denen dies widerfuhr, starben meist im Elend. Jungen Frauen blieb kaum etwas anderes, als ihren Körper zu verkaufen. Es war ein ungewöhnliches Glück, ein seltener Segen, wenn sie einen Mann fanden, der ihre Not nicht ausnutzte, sondern ihnen half, ihnen zu essen gab, sie vor Gewalt schützte, sie am Ende sogar lieb gewann und für diese Liebe Verantwortung übernahm. Das war Ruts großes Glück, aber sie ist dafür ein hohes Risiko eingegangen. Als sie nachts zu Boas auf die Tenne schlich, hätte sie auch ihren guten Ruf verlieren und als Hure enden können. Doch Boas verhalf ihr zum Recht. Er erlöste sie und ihre Schwiegermutter.

So fand die Geschichte auch für Noomi ein gutes Ende. Sie war aufgebrochen ohne eine Verheißung, einen Traum oder ein Gotteswort, sondern nur weil ihre Familie Hunger litt. Auf ihrer Wanderung verlor sie alles. Das Leben meinte es böse mit ihr, aber sie fand einen Menschen, der es für sie zum Guten wendete. Ihre Schwiegertochter versprach, bei ihr zu bleiben. Zuneigung, Treue, Barmherzigkeit und ein gemeinsamer Glaube verbanden die beiden Frauen miteinander und führten sie schließlich zum Ziel. Dass sie aus zwei verschiedenen Völkern stammten, war ganz gleichgültig. Am Ende zählt nur, was ein Mensch für einen anderen tut.

Rut wurde nicht vergessen. Denn ihr Sohn Obed wurde der Vater von Isai und dieser der Vater von David, dem Hirtenjungen aus Bethlehem, aus dem ein sagenhafter König werden sollte. Viel später noch wurde ihr Name in den Stammbaum aufgenommen, den der Evangelist Matthäus für einen König ganz anderer Art aufstellte. Dort wurde sie als Urahnin von Jesus von Nazareth genannt – dreißig Generationen von ihm entfernt. Nun liest sich kaum etwas so langweilig wie ein Stammbaum. Aber wenn man diesen einmal genauer betrachtet, kann man eine erstaunliche Entdeckung machen. In ihm werden nur fünf Frauen erwähnt. Sonst besteht diese lange Liste nur aus Vätern: von Abraham über Isaak, Jakob und Josef, David und Salomo, bis hin zu Josef, dem Mann von Maria. Noch erstaunlicher aber ist, dass es sich bei den fünf Frauen, die es in diese Liste geschafft haben, um solche handelt, die nach den damaligen Moralvorstellungen nicht dem Bild einer ehrbaren Frau entsprachen. Da ist zunächst Tamar, die sich in ihrer Not, weil ihr ein Mann nach dem anderen weggestorben war, ohne dass sie schwanger geworden wäre, als Hure verkleidete und ihren Schwiegervater Juda verführte, um endlich ein Kind zu bekommen. Auf sie folgt Rahab, eine Frau aus Jericho, dazu noch eine Hure, die aber so mutig war, in einer sehr gefährlichen Situation Israeliten das Leben zu retten. Diese Rahab bekam mit Salmon einen Sohn: den Boas aus der Rut-Geschichte. Vielleicht hatte er von seiner Mutter gelernt, was Barmherzigkeit ist und wie sie Volksgrenzen überschreitet. Als dritte Frau im Stammbaum Jesu wird Rut aufgeführt, die ihre Ehre aufs Spiel gesetzt hatte, um ihre Schwiegermutter und sich zu retten. Die vierte Frau ist Bathseba, die Frau des hethitischen Heerführers Uria, der für König David kämpfte, bis dieser seine Frau begehrte, mit ihr die Ehe brach, ihren Mann in den Tod schickte und sie ihm Salomo, seinen Thronfolger, gebar. Die letzte in dieser kurzen Reihe moralisch fragwürdiger Frauen ist Maria, die Frau von Josef, die auf eine unerklärliche Weise schwanger wurde. Was soll das bedeuten – vielleicht dass in seiner zweifelhaften Geburt ein lang vorbereitetes Geheimnis verborgen lag?[2]

24.
In der Wüste und am Fluss:
Johannes der Täufer

Berlin, 1945

Viele Jahrhunderte später zogen einige Israeliten wieder in die Wüste. Freiwillig taten sie dies, sie waren nicht auf der Flucht. Am äußersten Rand ihres Landes, entfernt von allen Ansiedlungen, dort, wo die Wüste beginnt, lebten Männer, die sie riefen und deren Stimmen sie aus ihren Häusern, Dörfern und Städten herauslockten. Einer von ihnen war der Prophet Johannes.

Johannes lebte in der Wüste von Judäa, nahe am Fluss Jordan. Er ernährte sich nicht von Brot und Wein, sondern von Heuschrecken und wildem Honig wie ein armer Nomade. Er trug auch kein Gewand aus Wolle wie die anderen, sondern eines aus Kamelhaar und einen ledernen Gürtel. Er verkündete, dass das Himmelreich sehr nahe gekommen sei. Alle sollten ihre Sünden bereuen und in einer heiligen Waschung von ihnen befreit werden. Menschen aus Judäa und Jerusalem pilgerten zu ihm hinaus, hörten seine Worte, gingen in sich und ließen sich von ihm im Jordan untertauchen.[1]

Seine Predigt war klar und hart: «Ihr Schlangenbrut, wer hat euch eingeredet, dass ihr dem Zorn entrinnt, wenn er bald kommt? Bereut eure Schuld, ändert euren Sinn, kehrt um und beweist es, indem ihr endlich das Gute tut. Redet euch nicht damit heraus, dass ihr von Abraham abstammt. Denn Gott kann Abraham aus diesen Steinen hier neue Kinder erwecken. Die Axt ist den Bäumen schon an die Wurzel gelegt. Jeder Baum, der keine gute Frucht bringt, wird umgehauen und ins Feuer geworfen.»

Da fragten ihn die Leute: «Was sollen wir tun?»

«Wer zwei Gewänder hat, der gebe eines davon einem anderen, der keines hat. Wer zu essen hat, tue das Gleiche.»

Einmal kamen zwei von den Zöllnern, die die Abgaben ein-
trieben und den Menschen oft zu viel abpressten, um sich reini-
gen zu lassen. Sie fragten den Täufer: «Was sollen denn wir tun?»
«Fordert nicht mehr von den Menschen als das, was vorgeschrie-
ben ist!»
Auch Soldaten kamen und fragten: «Und was sollen wir tun?»
«Tut niemandem Gewalt an, beraubt und erpresst niemanden!
Begnügt euch mit eurem Sold!»[2]

Einer von denen, die zu Johannes in die Wüste kamen, war ein
Mann aus Nazareth, einer kleinen Stadt in Galiläa, nördlich von
Judäa. Er hieß Jesus. So wie viele andere nahm er die Worte des
Johannes in sich auf und ließ sich dann von ihm im Jordan untertauchen und reinwaschen. Aber als er aus dem Wasser stieg,
sah er, wie sich der Himmel öffnete und der Geist auf ihn herab-
kam, so wie eine Taube hinunterfliegt, und er hörte, wie eine
Stimme vom Himmel herab zu ihm sprach: «Du bist mein geliebter Sohn. An dir habe ich Wohlgefallen.»[3]

Dieser Ruf war eine Berufung. Aber Jesus schlug zunächst eine ganz andere Richtung ein.

Der Geist führte Jesus fort vom Fluss, hinein in die Wüste. Dort
verbrachte er vierzig Tage, so wie Israel vierzig Jahre in der Wüste
gewesen war, und fastete, bis er sehr hungrig war.
Da kam der böse Geist und führte ihn in Versuchung. Er sprach
zu ihm: «Wenn du Gottes Sohn bist, dann befiehl diesem Stein,
dass er zu Brot werde.»
Doch Jesus antwortete ihm: «Es steht geschrieben: ‹Der Mensch
lebt nicht vom Brot allein.›»
Der böse Geist führte ihn hoch hinauf auf einen Berg und zeigte
ihm alle Königreiche dieser Welt: «All diese Macht und ihre
ganze Herrlichkeit will ich dir geben, wenn du mich anbetest.»
«Es steht geschrieben: ‹Du sollst nur Gott anbeten und allein ihn
verehren.›»

Schließlich führte ihn der böse Geist nach Jerusalem und stellte ihn auf das Dach des Tempels: «Wenn du Gottes Sohn bist, dann wirf dich hinunter. Denn es steht geschrieben: ‹Er wird seinen Engeln befehlen, dass sie dich behüten.›»

«Es steht geschrieben: ‹Du sollst Gott nicht auf die Probe stellen.›»[4]

Da ließ der böse Geist von Jesus ab und verschwand. Jesus verließ die Wüste, diesen Ort der Einsamkeit, des Hungerns und Dürstens, des Todes, der Prüfungen und der Dämonen, um nie in sie zurückzukehren. Auch Johannes, den Propheten des Gerichts, der Umkehr und der heiligen Waschung, sah er nie wieder.

So wie es vielen Propheten ergangen war, sollte es auch mit Johannes kein gutes Ende nehmen. Er wagte es, den Landesherrn Herodes Antipas öffentlich dafür zu schelten, dass er seine rechtmäßige Frau verstoßen hatte, um die Frau seines Stiefbruders zu heiraten. Herodes ließ ihn dafür ins Gefängnis werfen, hielt ihn lange gefangen und ließ ihn später hinrichten.

25.
Ohne Obdach und auf der Flucht: Jesus

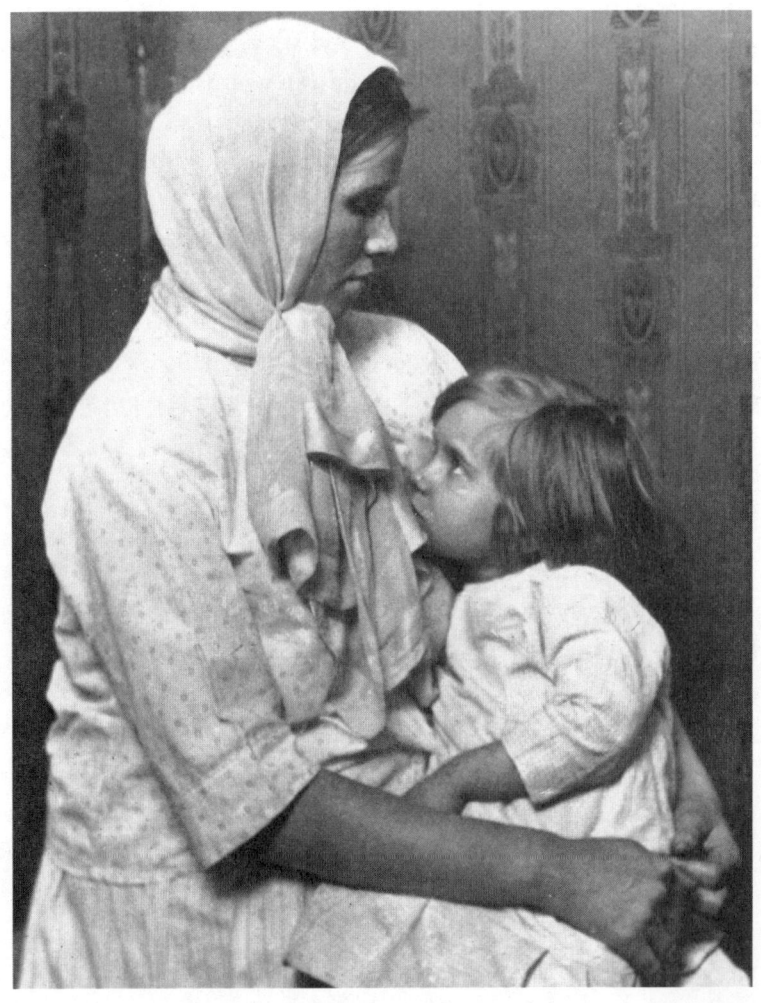

Ellis Island, New York, 1905

Es ist nicht bekannt, wer die Geschichten von Jesus aufgeschrieben hat. Man nennt sie bloß mit den Namen Matthäus, Markus, Lukas und Johannes, die eine spätere fromme Tradition ihnen gegeben hat. Es bleibt auch unklar, wann und wo sie ihre Bücher über Jesus geschrieben haben. Sicher war keiner von ihnen ein Augenzeuge der Geschehnisse, von denen sie berichten. Vieles spricht dafür, dass sie ihre Bücher nach der nächsten Katastrophe Israels verfasst haben: nach dem grausamen Ende des römisch-jüdischen Krieges im Jahr 70. Der Tempel in Jerusalem wurde endgültig zerstört, die Bevölkerung ermordet oder aus der heiligen Stadt verjagt. Rom, das weltbeherrschende Imperium, vernichtete das, was von den Königreichen Israel und Juda noch übrig geblieben war. Dafür bildete sich jetzt abseits vom zerstörten Jerusalem das Judentum der Rabbinen, um das Erbe Israels zu retten und anzutreten. Jenseits von Tempel, Opferkult und Priestertum versammelten sich die Vertriebenen um das, was ihnen geblieben war: die heiligen Bücher mit ihren Geboten sowie deren Lehrer und Ausleger. Um eine feste neue Gemeinde bilden zu können, schlossen sie nun all diejenigen aus, die vorher noch dazugehört hatten, unter anderem die Christus-Verehrer. Diese hatten sich bisher zu großen Teilen als Juden verstanden und auch so gelebt. Nun waren sie ebenfalls herausgefordert, eine Gemeinde für sich aufzubauen. Vielleicht hatten sie deshalb ein Bedürfnis nach eigenen heiligen Büchern, die ihre besondere Fortsetzung der heiligen Geschichte erzählten. Es mag auch sein, dass die gewaltsame Zerstreuung die mündliche Weitergabe der Jesus-Geschichten bedrohte und man das sichern wollte, was bisher von Mund zu Mund weitergegeben werden konnte. Also begann man, diese Geschichten um ihn und seine Aussprüche aufzuschreiben – ungefähr eine Generation nach dem Tod Jesu.

Der Erste, der dies tat, war Markus. Wahrscheinlich kurz nach dem katastrophalen Jahr 70 verfasste dieser Jude und Christus-Verehrer sein Buch – auf Griechisch, nicht auf Aramäisch, der Sprache Jesu. Zehn bis zwanzig Jahre später versuchte es Lukas. In vielem folgte er Markus, aber er besaß auch eigene Quellen. Er scheint einer höheren Schicht angehört zu haben, war gebildet und schrieb vergleichsweise elegant, vom Land Israel war er schon weit entfernt. Es könnte sein, dass er sein Buch in Griechenland oder in Italien verfasst hat. Ungefähr zur gleichen Zeit machte sich auch Matthäus an die Arbeit, ebenfalls ein Jude, der aus der Synagogengemeinde ausgestoßen worden war. Er hatte eine größere Nähe zum verlorenen heiligen Land als Lukas, lebte vielleicht in Syrien, eventuell in der großen Stadt Antiochia. Auch er orientierte sich in vielem an Markus, teilte weitere Quellen mit Lukas, kannte aber auch eigene Traditionen. Diesen dreien folgten mit deutlichem Abstand Johannes und dann Thomas, dessen Evangelium jedoch nicht in die christliche Bibel aufgenommen wurde. Johannes erzählt die Jesus-Geschichte so eigenständig, dass man fast den Eindruck hat, er hätte seine Vorgänger nicht gekannt. Thomas bietet keine Geschichten, sondern gibt nur Aussprüche Jesu wieder, darin folgt er teils den von den anderen Evangelisten bekannten Traditionen und greift teils auf ganz andere Traditionen zurück, deren Ursprünge im Dunkeln liegen. Johannes und Thomas scheinen beide auf dem Weg zur Gnosis zu sein, einer Glaubensrichtung, die in der Erkenntnis das höchste Ziel sah und strikt zwischen einer schlechten körperlichen und einer guten geistigen Sphäre unterschied.

Markus, Lukas und Matthäus haben aufgenommen und bearbeitet, was sie gehört haben. Die Geschichten, die in ihren Gemeinden – ursprünglich auf Aramäisch, dann bald auf Griechisch – weitererzählt wurden, haben sie gesammelt, zusammengestellt, mit anderen Geschichten verbunden und in eine Ordnung gebracht. Viele Fragen zu ihrer Arbeit lassen sich nicht mehr beantworten: Wer hat sie beauftragt oder ihnen geholfen? Woher hatten sie das Geld für ihre Schreibarbeiten und -materialien? Wie konnten sie voneinander wissen und lernen? Wer waren ihre ersten Leser und Hörer? Wer hat ihre Bücher verbreitet? Wie fanden sie ihren Ort in den Gemeinden und deren Gottesdiensten?

Auf jeden Fall haben sie eine neue Gattung von Literatur erfunden: die

Evangelien. Man hat Parallelen der Evangelien mit antiken Biographien festgestellt, etwa mit den Biographien Plutarchs, der ungefähr zur selben Zeit schrieb, und doch sind sie durch ihre religiöse Bedeutung etwas ganz Eigenes. Ihr gedanklicher Ausgangspunkt ist der Tod Jesu. Im Lichte dieses Todes blicken sie auf das zurück, was über sein öffentliches Leben, Wirken und Sprechen als erwachsener Mann erzählt wurde. Markus beginnt deshalb abrupt mit seiner Taufe durch Johannes. Alles, was vorher war, interessiert ihn offenkundig nicht. Er erwähnt, dass Jesus der Sohn eines Zimmermanns war, mehrere Brüder und Schwestern hatte, in Nazareth, einer kleinen Stadt in Galiläa, nördlich von Judäa, aufgewachsen ist und gelebt hat. Diese wenigen, nackten Informationen haben ihm genügt. Doch schon Lukas und Matthäus wollten mehr wissen und das Ende Jesu auch von seinem Anfang her verstehen. Deshalb erzählten sie Legenden von der Geburt Jesu und von seinen allerersten Tagen so, als wäre in ihnen schon das Ganze und der geheimnisvolle Sinn dieses einzigartigen, gewaltsam abgebrochenen Lebens enthalten.

Trotz ihres Legenden-Charakters sind diese Geschichten eigentümlich politisch. Sie nennen Kaiser, Könige und Statthalter, berichten von Verwaltungsakten und Staatsaktionen, ordnendem und gewalttätigem staatlichen Handeln. Sie beschränken sich nicht auf den Nahbereich des Familiären, sondern erzählen Geschichten, die winzig sind, am Rande spielen und doch mitten hinein gehören in die große Welt der Reiche und Mächte. Dabei unterlaufen ihnen einige Fehler, was Namen, Daten und Abläufe angeht. Aber sie zeigen ein Gespür dafür, dass ihre vermeintlich winzige Geschichte welthistorische Bedeutung hat. Und diese Welt ist zerrissen, unruhig, kein Ort, an dem Menschen Frieden und Sicherheit genießen und wissen, wo sie hingehören. Denn sie leben in einer Zeit, in der äußere Mächte sie jederzeit vernichten oder vertreiben können. In diese Welt und diese Zeit hinein erzählen Lukas und Matthäus ihre Geschichten von der Geburt Jesu.

> Ein Erlass ging aus vom römischen Kaiser Augustus, dass alle Menschen des Reiches sich in Steuerlisten eintragen lassen sollten. Diese allererste Volkszählung fand statt, als Quirinius Statthalter von Syrien war. Jeder zog in seine Geburtsstadt, um sich

registrieren zu lassen. So machte sich auch Josef aus der galiläischen Stadt Nazareth gemeinsam mit seiner Frau Maria auf den Weg nach Süden, nach Bethlehem in Judäa, der Stadt Davids. Denn von diesem König stammte er ab.

Maria war schwanger. In Bethlehem brachte sie ihren ersten Sohn zur Welt, wickelte ihn in Windeln und legte ihn in eine Futterkrippe. Denn sie hatten in der Herberge keinen anderen Raum.

Hirten waren in derselben Gegend auf dem Feld, die Nachtwache bei ihrer Herde hielten. Ihnen erschien ein Engel, Gottes Herrlichkeit leuchtete um sie, und eine große Furcht kam über sie. Aber der Engel sprach zu ihnen: «Fürchtet euch nicht! Ich bringe euch eine gute Botschaft und eine große Freude für das ganze Volk. Denn euch wurde ein Helfer und Retter geboren in der Stadt Davids. Dies nehmt als Zeichen: Ihr werdet einen Säugling finden, in Windeln gewickelt, der in einer Futterkrippe liegt.»

Plötzlich war bei dem Engel die Menge der Himmelswesen. Die lobten Gott und sangen:

«Ehre sei Gott in den Höhen
und auf der Erde Frieden
den Menschen guten Willens.»

Als diese Erscheinung erloschen war, sagten die Hirten zueinander: «Lasst uns nach Bethlehem gehen und die Geschichte sehen, die Gott uns kundgetan hat.»

Sie eilten und fanden Maria, Josef und das Kind in der Futterkrippe. Als sie es sahen, verbreiteten sie die Botschaft, die sie über dieses Kind empfangen hatten. Alle, die sie hörten, wunderten sich sehr. Maria aber behielt alle diese Worte und bewegte sie in ihrem Herzen. Dann kehrten die Hirten wieder um, priesen und lobten Gott für alles, was sie gehört und gesehen hatten.[1]

So erzählt Lukas seine Geschichte von der Geburt Jesu. Anders liest man es bei Matthäus.

Als Jesus in Bethlehem geboren war – dies geschah, als Herodes König von Judäa war –, kamen Sterndeuter aus dem Osten nach

Jerusalem. Sie fragten: «Wo ist der neugeborene König der Juden? Wir haben seinen Stern gesehen und sind gekommen, um
ihm zu huldigen.»

König Herodes erschrak, als er dies hörte, und mit ihm ganz
Jerusalem. Er ließ alle Hohenpriester und Schriftgelehrten des
Volkes zusammenkommen und befragte sie, wo der kommende
König geboren werden sollte.

Sie sagten ihm: «In Bethlehem in Judäa, so haben wir es beim
Propheten Micha gelesen.»

Heimlich rief Herodes die Sterndeuter zu sich und erkundigte
sich bei ihnen genau, wann ihnen der Stern erschienen war, und
entließ sie dann nach Bethlehem mit der Bitte: «Geht und sucht
das kleine Kind! Wenn ihr es gefunden habt, gebt mir gleich
Bescheid, damit ich auch komme, um ihm zu huldigen.»

So zogen sie los. Der Stern, den sie im Osten gesehen hatten,
ging ihnen voraus, bis er über dem Ort stand, wo das Kind war.
Sie freuten sich, gingen in das Haus hinein und sahen das Kind
mit Maria, seiner Mutter, fielen auf die Knie, huldigten ihm und
schenkten ihm Gold, Weihrauch und Myrrhe.

Da sie in einem Traum den Befehl erhalten hatten, nicht zu Herodes zurückzukehren, reisten sie auf einem andern Weg wieder
in ihre Heimat.

Auch Josef hatte einen Traum. Ein Engel erschien ihm und
sprach: «Steh auf, nimm das Kind und seine Mutter, flieht nach
Ägypten und bleibt dort, bis ich dir sage, dass ihr zurückkehren
sollt! Denn König Herodes sucht das Kind, um es zu töten.»

Da stand Josef auf, nahm mitten in der Nacht das Kind und seine
Mutter und floh mit ihnen nach Ägypten.

Als Herodes merkte, dass die Sterndeuter ihn hintergangen hatten, wurde er sehr zornig. Er schickte seine Soldaten aus und ließ
alle kleinen Jungen, die zwei Jahre alt oder jünger waren, in
Bethlehem und Umgebung töten.

Josef blieb mit den Seinen so lange in Ägypten, bis Herodes
gestorben war. Da erschien ihm der Engel ein zweites Mal im
Traum und sprach: «Steh auf, nimm das Kind und seine Mutter

und zieh mit ihnen zurück in das Land Israel. Die das Kind töten wollten, sind gestorben.»

Also ging Josef mit Maria und dem Kind los. Doch als er hörte, dass Archelaus, der Sohn des Herodes, seinem Vater als Herrscher nachgefolgt war, fürchtete er sich, nach Judäa zu gehen. Stattdessen zogen sie weiter nördlich nach Galiläa und ließen sich in Nazareth nieder. So hatte es ihm der Engel in einem dritten Traum gesagt.[2]

Lukas und Matthäus verknüpfen ihre Geschichten von der Geburt Jesu mit Erzählungen von Wanderung, Heimatlosigkeit und Flucht. Sie lassen Jesus in Betlehem zur Welt kommen, weil dies die Stadt des sagenhaften Königs David ist und sie ihren Christus als seinen Nachfolger – allerdings als einen Nachfolger ganz eigener Art – vorstellen wollen. Matthäus geht noch über Lukas hinaus und verknüpft den Neugeborenen mit dem größten aller Propheten: Mose. Wie bei diesem droht ein eifersüchtiger Herrscher, das verheißene Kind zu töten, wie dieser wird das Jesus-Kind wunderbar errettet, ähnlich wie dieser ist Jesus fast ein Ägypter und nähert sich dem Land seiner Vorfahren wie ein Flüchtling.

26.
Wandern und Wunder:
Kampf gegen Not und Dämonen

Europa, 1945

Warum Jesus zu Johannes dem Täufer ging, ist nicht überliefert, auch nicht, wie lange er bei ihm blieb, was er von ihm lernte und ob er von ihm eine Art Auftrag erhielt. Wahrscheinlich ist Jesus bald nach seiner Reinwaschung im Jordan nach Hause zurückgekehrt, um dort selbst als Prophet zu wirken. Offenkundig wollte er anders als Johannes kein Rufer in der Wüste sein. So ging er wieder in seine Heimatstadt Nazareth.

Wenn man davon ausgeht, dass Jesus zwischen den Jahren 6 bis 4 «vor Christus» geboren wurde und als erwachsener Mann von etwa dreißig Jahren begann, öffentlich zu wirken, hat man eine zeitliche Orientierung. Doch lässt sich nicht mehr sagen, wie viel Zeit ihm für seine Prophetie vergönnt war. War es vielleicht nur ein einziges Jahr?

> Nachdem Jesus von dem bösen Geist in der Wüste auf die Probe gestellt worden war, kam er wieder nach Galiläa. Dort lehrte er in den Synagogen: «Die Zeit ist da! Gottes Königreich ist nahe! Kehrt um und glaubt an die frohe Botschaft!» Er erregte großes Aufsehen, sein Ruf verbreitete sich schnell. So kam er auch nach Nazareth, wo er aufgewachsen war, ging am Sabbat in die Synagoge und übernahm die Lesung aus den heiligen Schriften. Er öffnete die Schriftrolle und las Verse aus dem Buch des Propheten Jesaja: «Gottes Geist ist in mir, er hat mich berufen und ausgesandt, um den Armen die frohe Botschaft zu sagen, den Gefangenen die Freiheit und den Blinden das Licht zu bringen, allen Misshandelten zu sagen, dass Gottes Zeit da ist.»
> Dann gab Jesus das Buch dem Synagogendiener zurück und setzte sich wieder. Alle Augen waren auf ihn gerichtet.
> Da stand er auf und sprach: «Heute ist dieses Wort der Schrift erfüllt – ihr selbst habt es gehört.»

Sie wunderten sich und sprachen untereinander: «Ist das nicht Josefs Sohn?»

Jesus entgegnete ihnen: «Kein Prophet ist in seiner Heimat willkommen.»

Da wurden alle, die in der Synagoge waren, vom Zorn gepackt, standen auf, stießen ihn aus der Synagoge und zur Stadt hinaus, trieben ihn auf einen Fels und hätten ihn fast hinabgestürzt, aber er ging mitten durch sie hindurch.[1]

Jesus musste das heimatliche Hochland verlassen und hinab in die Gegend um den großen See Genezareth ausweichen. Dort ging er auf Wanderschaft, zog von Ort zu Ort, durch Dörfer und größere Siedlungen. Die großen Städte wie Sepphoris nördlich von Nazareth oder Tiberias am Ufer des Sees Genezareth, wo der Landesherr residierte und eine andere, griechisch beeinflusste Kultur herrschte, mied er. Überhaupt scheint er nicht in die Städte hineingegangen, sondern höchstens in ihrem Umland aufgetreten zu sein. Er wollte zu den einfachen Israeliten auf dem Land. Die nahmen ihn meist gastfreundlich auf, luden ihn zum Essen und Trinken ein, ließen ihn bei sich übernachten und gaben ihm für den nächsten Tag eine Wegzehrung mit. Nirgendwo blieb er lange, immer musste er weiter, durch die Hitze zum nächsten Ort, mit leichtem Gepäck, schutzlos weiterpilgern. Es ist unwahrscheinlich, dass er dabei einer geplanten Route folgte. So wie er ganz im Augenblick – der Zeit Gottes jetzt – lebte, wird er aus dem Moment heraus geblieben, nach rechts, links oder geradeaus gewandert sein. Ohne Besitz und Bindung wird er nur nach vorn geschaut haben.

So kam er auch nach Kapernaum, am nördlichen Ufer des Sees Genezareth. Wie stets ging er auch hier am Sabbat in die Synagoge und sprach zur Gemeinde. Die Menschen waren entgeistert, denn seine Worte waren gewaltig.

Ein Mann in der Synagoge hatte in sich einen bösen Geist. Der schrie laut auf: «Was willst du von uns, Jesus von Nazareth? Bist du gekommen, um uns zu vernichten? Ich weiß, wer du bist: der Heilige Gottes!»

Jesus trat ihm entgegen: «Schweig still und fahre aus ihm heraus!» Der böse Geist warf den Mann, den er beherrschte, auf den Boden und verließ ihn, ohne ihm weiter zu schaden.

Da erfasste eine große Furcht alle, die das sahen: «Was ist das doch für ein Wort? Mit Macht und Gewalt herrscht er über die bösen Geister!»

Schnell wie der Wind verbreitete sich diese Geschichte in der ganzen Gegend.

Jesus verließ die Synagoge und betrat das Haus von Simon. Dessen Schwiegermutter lag mit hohem Fieber danieder. Jesus trat an ihr Bett und bedrohte das Fieber. Da verließ es sie. Sie stand auf und bewirtete ihn.

Als die Sonne untergegangen war, brachten alle ihre Kranken zu ihm. Jedem von ihnen legte Jesus die Hände auf und machte sie wieder gesund. Viele waren auch von bösen Geistern besessen, die fuhren aus und schrien: «Du bist Gottes Sohn!»

Am nächsten Morgen stand Jesus auf und ging davon, zu einem einsamen Ort, um für sich zu sein. Aber die Menge setzte ihm nach, suchte und fand ihn, wollte ihn festhalten. Doch er sagte: «Ich muss auch noch zu den anderen Dörfern und Orten, um ihnen die frohe Botschaft zu bringen, dass Gottes Königreich nahe ist.»[2]

Wenn Gottes Königreich tatsächlich unmittelbar herangerückt, ja vielleicht jetzt schon da war, wie Jesus verkündete, dann musste sich das auch daran zeigen, dass die Macht der bösen und dunklen Kräfte gebrochen wurde. Deshalb kämpfte Jesus mit den Dämonen, bis sie seine Macht anerkannten und verschwanden.

Einmal kam ein Mann zu Jesus. «Meister», sagte er, «ich habe meinen Sohn zu dir gebracht. Er wird von einem bösen Geist beherrscht, der ihm die Sprache raubt. Wenn der ihn packt, reißt er ihn zu Boden, und mein Sohn hat dann Schaum vor dem Mund, knirscht mit den Zähnen und wird starr, als wäre er tot.»

«Wie lange geht das schon so?»

«Von Kindheit an. Oft hat der böse Geist meinen Sohn auch ins Feuer oder Wasser geworfen, um ihn umzubringen. Wenn du etwas tun kannst, dann erbarme dich und hilf uns!»

«Du sagst: ‹Wenn du etwas tun kannst!›», entgegnete Jesus. «Alles ist dem möglich, der glaubt.»

«Ich glaube, hilf meinem Unglauben!»

Da trat Jesus dem bösen Geist entgegen: «Du Geist der Stummheit und der Taubheit, ich befehle dir: Fahre aus diesem Knaben und kehre nie zurück!»

Laut schrie der böse Geist auf, riss heftig an dem Jungen und verschwand. Der Junge lag nun da, als wäre er tot. Jesus aber nahm seine Hand und richtete ihn auf. So stand er auf.[3]

Die Wörter «wandern» und «Wunder» liegen nah beieinander. Gibt es einen inneren Zusammenhang? Die Welt war damals von Armut und Hunger, Rechtlosigkeit und Gewalt, Besessenheit und Krankheit geprägt. Die Menschen waren all dem wehrlos ausgeliefert. Böse Geister waren für sie ebenso eine Realität wie gute Gegenmächte, die Wunder bewirkten. Oft sahen sie in diesen die einzige Chance. Doch Wunder müssen von außen, aus der Ferne, von einem Fremden getan werden. Einem Freund oder Nachbarn traut man sie nicht zu. Der heimatlos umherschweifende Jesus war ein fremder Wundertäter. Ihm war etwas zuzutrauen. Der Glaube an seine Vollmacht war die Voraussetzung, aber auch das Ziel seines Handelns. Er verstand sich nicht als Arzt oder Magier, dessen geheime Handgriffe automatisch wirken, auch wenn man nicht an ihre Wirkung glaubt, sondern er brauchte den Glauben derer, denen er helfen sollte. So konnte er anderen, aber auch sich selbst beweisen, dass er auf dem richtigen Weg war, dass seine Worte über Gottes Königreich, das jetzt vor der Tür stand oder sogar schon da war, der Wirklichkeit entsprachen – ja, dass seine Worte diese neue und ganz andere Wirklichkeit hervorriefen. Deshalb waren seine Wunder nicht nur für die Notleidenden lebensnotwendig, sondern auch für ihn selbst. Sie waren für ihn zudem das beste Mittel, als Fremder mit Einheimischen in eine Beziehung einzutreten: Menschen kamen auf ihn zu, zeigten ihm ihre Schmerzen, er blieb stehen, ließ sich anrühren, fragte nach, wie er helfen könnte, legte dann Hand an, schenkte ihnen ein neues Leben. Doch brachten seine Wunder nicht nur Glück, sondern sorgten auch für Streit. An ihnen – nicht allein an den Worten – schieden sich die Geister.

> Einige Tage später ging er wieder nach Kapernaum. Das sprach sich schnell herum.
> Viele kamen zusammen, um ihn zu sehen und zu hören. Das Haus, in dem er war und redete, war bald überfüllt. Selbst draußen vor der Tür gab es keinen Platz mehr. Zu spät kamen einige, die einen Gelähmten herbeitrugen. Sie konnten nicht mehr zu Jesus vorstoßen. Deshalb stiegen sie auf das Dach des Hauses, schlugen ein Loch hinein, groß genug, um ihren gelähmten Freund auf seiner Trage hinunterzulassen.
> Als Jesus das sah, sprach er zu dem Gelähmten: «Mein Sohn, deine Sünden sind dir vergeben.»
> Das ärgerte einige Fromme. Im Stillen dachten sie: «Wie kann er das sagen? Wenn man so krank ist, muss eine schwere Schuld auf einem liegen. Wie kommt er dazu, diesen Mann davon freizusprechen? Das steht nur Gott zu!»
> Jesus blieben ihre Gedanken nicht verborgen: «Warum denkt ihr so über mich? Was ist leichter: dem Gelähmten zu sagen, dass ihm seine Schuld vergeben ist, oder ihm zu sagen: ‹Steh auf, nimm dein Bett und geh›?»
> Also wandte er sich dem Gelähmten zu: «Ich sage dir, steh auf, nimm dein Bett und geh heim!»
> Und tatsächlich, der Mann stand auf, nahm sein Bett und ging hinaus. Alle, die das sahen, riefen: «So etwas haben wir noch nie gesehen!»[4]

Es erscheint widersinnig, dass viele Geschichten über die Wunder Jesu in Streit münden. Aber ein Heilungswunder Jesu war weit mehr als ein unfassbarer Glücksfall. Es zeigte an, dass Gottes Königreich da war. Die gesellschaftlichen Regeln, aber auch die hergebrachten religiösen Gesetze galten auf einmal nicht mehr, und man musste sich entscheiden, ob man zur alten oder zur neuen Welt Gottes gehören wollte. Und man musste sich darüber klar werden, was einem ein schlichtes menschliches Angerührtsein, Mitleiden und Helfen bedeutete.

> Einmal wanderte Jesus durch Judäa nach Süden, und kam in die Nähe von Jericho, nördlich vom Toten Meer. Am Wegesrand saß ein Blinder und bettelte. Als der hörte, wie eine große Menschenmenge an ihm vorbeiging, fragte er, was los sei. Man sagte ihm, dass Jesus von Nazareth hier vorbeikomme.
>
> Da rief der Blinde: «Jesus, Sohn Davids, schenk mir deine Barmherzigkeit!»
>
> Die Leute herrschten ihn an: Er solle schweigen. Doch er schrie nur noch lauter: «Du, Sohn Davids, schenk mir deine Barmherzigkeit!»
>
> Jesus hörte das, blieb stehen und befahl, den Blinden zu ihm zu bringen.
>
> «Was willst du von mir? Was soll ich für dich tun?»
>
> «Mach, dass ich sehen kann!»
>
> «Sei sehend! Dein Glaube hat dir geholfen.»
>
> In demselben Augenblick konnte der Blinde sehen und lobte Gott. Alle, die das mitangesehen hatten, dankten Gott.[5]

Anfangs meinte Jesus, er sei mit seiner Botschaft und Wunderkraft nur zu den Angehörigen des Volkes Israel gesandt. Wäre er in seiner Heimat geblieben, hätte er das wahrscheinlich sehr lange gedacht. Auf seinen Wanderungen kam er aber auch mit Nichtisraeliten in Kontakt und musste die Grenzen seines Wirkens überdenken.

> Wieder in Kapernaum, kamen einmal die Ältesten der Stadt zu ihm. Ein Hauptmann der römischen Streitkräfte hatte sie darum gebeten. Einer seiner Knechte, den er besonders gern hatte, war todkrank. Über die Ältesten ließ der Hauptmann Jesus zu sich bitten, damit er seinen Knecht heile. Die Ältesten warben für ihn: «Der Hauptmann der Römer hat es verdient, dass du ihm seine Bitte erfüllst. Er ist unserem Volk wohlgesinnt und hat uns unsere Synagoge gebaut.»

Jesus ging mit ihnen. Als sie nicht mehr weit vom Haus des Hauptmanns entfernt waren, schickte dieser Fremde einen Boten zu Jesus und ließ ihm sagen: «Ach, Herr, bemühe dich nicht zu sehr. Ich bin nicht wert, dass du eintrittst unter mein Dach. Ich bin selbst nicht würdig genug, dir zu begegnen. Aber sprich nur ein Wort, so wird mein Knecht gesund. Ich kenne das ja so, bin selbst einer, der einer Obrigkeit untersteht und dem wiederum andere unterstehen. Wenn ich einem meiner Soldaten sage: ‹Geh!›, dann geht er. Wenn ich einem andern sage: ‹Komm!›, kommt er. Und wenn ich meinem Knecht befehle: ‹Tu das!›, dann tut er es. So sprich du nur ein Wort.»

Als Jesus das hörte, wunderte er sich sehr über den Hauptmann, wandte sich um und sprach zu dem Volk, das ihm gefolgt war: «Solchen Glauben habe ich in Israel nicht gefunden!»

Die Boten kehrten um zum Haus des Hauptmanns und fanden den Knecht gesund.[6]

Jesus war nicht der einzige Wanderprophet. Doch ihn unterschied von den anderen, dass er die Grenzen seines Volkes und seines Glaubens zumindest manchmal überschreiten konnte. Auch wenn er überzeugt war, für die Eigenen unterwegs zu sein, blieb er nicht in der Abgrenzung von den anderen gefangen, schürte er keinen Hass auf Fremde – nicht einmal auf Besatzungssoldaten.

Je weiter ihn seine Wege führten, desto dringlicher wurde die Frage nach den Grenzen seines Wirkens. Nicht immer konnte er so ruhig über sie nachdenken wie im Fall des römischen Hauptmanns.

Einmal wanderte Jesus sehr weit nach Westen, über die Grenzen Galiläas hinaus, in das alte Land der Phönizier und kam in die Nähe der Küstenstadt Tyrus. Dort ging er in ein Haus und wollte, dass niemand es wüsste, um Ruhe zu haben. Doch eine Frau, deren kleine Tochter unter einem bösen Geist litt, erfuhr von seiner Ankunft. Sie war eine Griechin aus Syrophönizien. Also machte sie sich auf, trat in das Haus, fiel vor Jesus auf die Knie und bat ihn, den bösen Geist aus ihrer Tochter zu vertreiben.

Aber Jesus weigerte sich: «Zuerst sollen die Kinder satt werden. Es ist nicht richtig, dass man den Kindern das Brot, das ihnen zusteht, wegnimmt und es Hunden vorwirft.»

Doch die griechische Mutter ließ sich nicht abweisen: «Das mag sein. Und dennoch fressen die Hunde die Krümel, die vom Tisch der Kinder fallen.»

Jetzt konnte Jesus nicht mehr anders, als ihre Bitte zu erfüllen: «Wegen dieses Wortes will ich dir helfen. Geh heim, der böse Geist hat deine Tochter verlassen.»

Die Griechin ging nach Hause, trat an das Bett ihres kleinen Kindes, und es war gesund.[7]

Dass Jesus sich ausgerechnet von einer ausländischen Frau im Gespräch überzeugen – ja, innerlich überwinden ließ, dass er sich von ihr beschämen ließ, um dann sein Desinteresse an Menschen anderer Völker, seine Verachtung für Fremde abzulegen, um auch ihnen Anteil am Königreich seines Gottes zu geben, das ist erstaunlich und wird ihn von den übrigen Propheten seiner Zeit unterschieden haben. Für die weitere Geschichte seiner Botschaft sollte dies von entscheidender Bedeutung sein.

Anderen half Jesus, für sich selbst schien er nichts zu brauchen. Er kam ohne all das aus, was eigentlich zu einem menschlichen Leben gehört. Er hatte kein Haus, keine Heimat, keine geregelte Arbeit, keine Familie. Ihm gehörte gar nichts – außer dem, was er am Leib trug. Geld war ihm gleichgültig.

Einmal wollten einige ihn auf die Probe stellen: «Ist es richtig, dass wir dem Kaiser Steuern zahlen?» Dies war keine harmlose Frage. Denn die einen im Volk waren bereit, sich dem Kaiser zu beugen und sich in das Römische Reich einzufügen. Andere sehnten sich nach der Unabhängigkeit ihres Landes und waren bereit, dafür zu kämpfen.

Jesus bat die Fragenden: «Zeigt mir eine Münze!»

Sie gaben ihm eine. Da fragte er nur: «Wessen Bild seht ihr auf dieser Münze? Wessen Name steht darauf geschrieben?»

«Das Bild und der Name des Kaisers.»

«Also, gebt dem Kaiser, was dem Kaiser zusteht. Aber gebt Gott, was Gott zusteht.»[8]

Da Jesus alles Gott geben und alles von Gott erwarten wollte, kümmerte ihn nicht das, was Menschen sonst beunruhigte.

Macht euch keine Sorgen um euer Leben, was ihr essen werdet, oder um euren Körper, was ihr anziehen sollt. Denn das Leben ist mehr als Nahrung, Körper und Kleidung. Schaut euch die Raben dort an: Sie säen nicht, ernten nicht, haben keinen Keller und keine Scheune, aber Gott ernährt sie trotzdem. Und ihr seid so viel kostbarer als diese Vögel! Wer von euch könnte mit all seiner Sorge und seinem Tun sein Leben auch nur um eine Handbreit verlängern? Wenn ihr nun doch gar nichts aus eigener Kraft erreichen könnt, warum sorgt ihr euch dann? Schaut euch die Lilien dort an: Sie spinnen nicht und weben nicht, aber selbst König Salomo war in all seiner Pracht nicht so gekleidet wie eine von ihnen. Wenn aber Gott selbst das Gras, das heute auf dem Feld steht und morgen schon in den Ofen geworfen wird, so schön kleidet, wie viel mehr dann euch! Deshalb macht euch keine Sorgen darum, was ihr essen oder trinken werdet. Euer Vater weiß schon, was ihr braucht. Denkt nur an sein Königreich, dann wird sich alles andere ergeben. Also verkauft, was ihr habt, und gebt Almosen. Macht euch Geldbeutel, die nicht alt werden, sammelt einen Schatz, der niemals abnimmt, den kein Dieb stehlen und keine Motte fressen kann. Denn wo euer Schatz ist, da ist auch euer Herz.[9]

Man kann fragen, ob diese unbedingte Sorglosigkeit nur unvernünftig oder nicht auch auf eine andere Art vernünftig war. Wer sesshaft lebt und Verantwortung trägt, wird für vieles Sorge tragen müssen. Ihm wird Jesus als naiv erscheinen. Doch wird er sich fragen lassen müssen, ob er mit all seinem angestrengten Besorgen das Entscheidende erreichen kann.

Jesus hatte keine Kinder, sonst hätte er nicht wie ein Wandervogel umherschweifen können. Aber er hat Kinder geliebt, weil sie unbekümmert waren, so wie eigentlich alle Menschen es sein sollten.

> Einmal brachten Menschen ihre Kinder zu Jesus, damit er sie berühre. Aber die um ihn waren, wiesen sie schroff zurück.
> Als Jesus das bemerkte, wurde er zornig: «Lasst die Kinder zu mir kommen! Hindert sie nicht daran, denn ihnen gehört das Königreich Gottes. Ja, ich sage euch: Wer das Königreich Gottes nicht annimmt wie ein Kind, wird nicht hineinkommen.»
> Dann umarmte er die Kinder, legte ihnen die Hände auf und segnete sie.[10]

Im Unterschied zu Johannes dem Täufer soll Jesus oft frei und fröhlich gewirkt haben. Er verkündete keine bittere Lehre mit finsterer Miene, sondern überbrachte in seinen Taten und Worten eine frohe Botschaft. Allerdings löste sie bei einigen Widerspruch und Hass aus.

Manchmal entzog sich Jesus seinen Anhängern, Bewunderern und Gegnern. Er ging dann fort aus den Dörfern und Städten, an einsame Orte. Er bestieg Berge, um in der Stille zu beten. Es scheint, dass das Gebet seine Heimat war.

> Betet nicht laut in der Öffentlichkeit, damit die Leute euch dabei sehen und eure Frömmigkeit bewundern. Betet im Stillen zu eurem Vater, der im Verborgenen ist und in das Verborgene sieht. Betet nicht mit vielen Worten. Euer Vater weiß schon, was ihr braucht, bevor ihr ihn darum bittet. Betet so: Unser Vater im Himmel! Dein Name werde geheiligt. Dein Reich komme. Dein Wille geschehe wie im Himmel so auf Erden. Unser tägliches Brot gib uns heute. Vergib uns unsere Schuld, wie auch wir vergeben unseren Schuldigern. Führe uns nicht in Versuchung, sondern erlöse uns von dem Bösen.[11]

Vielleicht ist Jesus nur beim Beten zur Ruhe gekommen. Sonst war er immer auf dem Weg, ein rastloser fremder Wanderer. Johannes ließ ihn später sagen: «Ich bin der Weg.»[12] Und bei Thomas ist dieser Ausspruch überliefert: «Werdet Vorübergehende!»[13] Daran nahmen nicht wenige Anstoß. Der griechische Philosoph Kelsos, der zwischen 170 und 180 nach Christus als Erster eine Kritik der neuen Christus-Religion vorgetragen hat, sah in der Nichtsesshaftigkeit Jesu ein sicheres Zeichen seiner Gefährlichkeit und Minderwertigkeit: «Mit Zöllnern und Matrosen der übelsten Sorte, die nicht einmal imstande waren, zu lesen oder zu schreiben, lief Jesus als Flüchtling von einem Ort zum andern und verdiente sich seinen Lebensunterhalt schimpflich wie ein Bettler.»

Dass man es auch ganz anders sehen kann, bezeugt eine muslimische Inschrift. In der nordindischen Stadt Fatehpur Sikri ließ der Mogul Akbar der Große um 1600 eine großartige Moschee errichten. Mitten im Hof, der die Moschee umgibt, wurde auf seinen Befehl hin ein monumentales Tor gebaut. Zahlreiche Inschriften verzierten es. Eine von ihnen lautet:

> Jesus, der Sohn Marias, über dem Frieden sei, hat gesagt: «Die Welt ist eine Brücke. Geht über sie hinüber, aber baut keine Häuser auf ihr. Wer einen Tag lang hofft, mag Hoffnung für die Ewigkeit haben. Die Welt dauert nur eine Stunde. Verbringt sie im Gebet – der Rest ist unbekannt.»

27.
Worte wie Samenkörner: Gleichnisse

New York, 1940

Es blieb Johannes dem Täufer nicht verborgen, was dieser von ihm getaufte Mann aus Galiläa auslöste. Deshalb schickte er zwei seiner Schüler zu Jesus und ließ ihn fragen: «Bist du der, der uns als Retter verheißen worden ist, oder müssen wir noch auf einen anderen warten?»

Jesus antwortete: «Geht zu Johannes zurück und erzählt ihm einfach, was ihr hier gesehen und gehört habt: Blinde sehen, Gelähmte gehen, Leprakranke werden gesund, Taube hören, Tote stehen auf und Armen wird die frohe Botschaft gesagt.»[1]

All dies waren Zeichen dafür, dass das Königreich Gottes keine ferne Verheißung und Vertröstung war, sondern unmittelbar bevorstand – ja, schon jetzt und hier gegenwärtig war:

«Das Königreich Gottes ist mitten unter euch».[2]

«Wenn ihr eure Lehrer und Anführer fragt, wo das Königreich Gottes ist, und sie zu euch sagen: ‹Es ist im Himmel›, dann werden die Vögel vor euch dort hinkommen. Wenn sie euch sagen: ‹Es ist im Meer›, dann werden die Fische vor euch dort hinkommen. Aber das Königreich Gottes ist mitten in euch und außerhalb von euch. Wenn ihr euch selbst erkennt, dann werdet ihr auch erkannt werden, dann werdet ihr begreifen, dass ihr selbst die Kinder des lebendigen Vaters seid. Wenn ihr euch aber nicht selbst erkennt, dann wohnt ihr in Armut, dann seid ihr diese Armut.»[3]

Dass das Königreich Gottes schon da ist, zeigte sich für Jesus und seine Anhänger auch an den Geschichten, die er ihnen erzählte und in denen er in Vergleichen erklärte, in welcher Weise das Reich Gottes da ist. Viele dieser Gleichnisse erzählen vom Wachsen.

Mit dem Königreich Gottes ist es wie mit einem kleinen Klumpen Sauerteig, den eine Frau nimmt, mit einer großen Menge Teig vermischt und durchknetet, bis der Sauerteig verschwunden, der Teig aber ganz durchsäuert ist.[4]

Mit dem Königreich Gottes ist es wie mit einem Senfkorn. Wenn es gesät wird, ist es das kleinste unter allen Samenkörnern auf Erden. Doch wenn es gesät ist, geht es auf, wird größer als alle anderen Gewächse und treibt so große Zweige, dass die Vögel des Himmels in seinem Schatten nisten können.

Mit dem Königreich Gottes ist es wie mit einem Bauern, der Samen aufs Land wirft. Er schläft und steht auf, Nacht und Tag. Der Same geht auf und wächst empor – er weiß nicht wie. Von selbst bringt die Erde Frucht, zuerst den Halm, dann die Ähre, danach das volle Korn in der Ähre. Wenn die Frucht schließlich reif ist, schickt er sofort die Sichel, denn die Ernte ist da.

Mit dem Königreich Gottes ist es wie mit einem Bauern. Dieser ging hinaus, um zu säen. Dabei fiel etliches von den Körnern auf den Weg. Da kamen die Vögel und pickten es auf. Anderes fiel auf felsigen Grund, wo es nicht viel Erde gab. Das ging bald auf, aber als die Sonne heiß wurde, verwelkte und verdorrte es schnell, weil es keine tiefen Wurzeln treiben konnte. Wieder anderes fiel unter die Dornen. Diese wuchsen empor und erstickten es. All das Übrige aber fiel auf gutes Land, ging auf, wuchs und brachte reichlich Frucht – dreißigfach, sechzigfach und sogar hundertfach.[5]

Eigentlich war Jesus das Gegenteil von einem Bauern. Er war nicht sesshaft, nicht an Heim, Hof, Stall, Feld und die tägliche Arbeit dort gebunden. Trotzdem verstand er sich als Sämann, der seine Worte wie Samenkörner auswirft und darauf vertraut, dass sie Frucht bringen. Bevor er diese aber hätte ernten können, war er schon weitergezogen.

Andere seiner Gleichnisse handeln vom Verlieren, Suchen und Finden. Das passt zu seinem Wandern, das zwar keinem festen Plan gehorchte, aber doch einer Spur folgte. Er suchte Menschen, die als verloren galten.

Mit dem Königreich Gottes ist es wie mit einem Hirten, der hundert Schafe besitzt. Wenn er eines von ihnen verliert, wird er nicht die neunundneunzig in der Wüste zurücklassen und dem einen verlorenen nachgehen, bis er es findet? Und wenn er es dann gefunden hat, legt er es sich voll Freude auf die Schultern, trägt es nach Hause und ruft seinen Freunden und Nachbarn zu: «Freut euch mit mir. Denn ich habe mein Schaf gefunden, das verloren war.»

Mit dem Königreich Gottes ist es wie mit einer Frau, die zehn Silbermünzen besitzt und eine davon verliert. Wird sie nicht ein Licht anzünden, das Haus kehren und überall suchen, bis sie sie findet? Und wenn sie sie dann gefunden hat, ruft sie ihren Freundinnen und Nachbarinnen zu: «Freut euch mit mir. Denn ich habe meine Silbermünze gefunden, die ich verloren hatte.»[6]

Mit dem Königreich Gottes ist es wie mit einem Mann, der zwei Söhne hatte. Eines Tages sprach der Jüngere zum Vater: «Gib mir, Vater, das Erbteil, das mir zusteht.»
Der Vater teilte seinen Besitz unter den beiden Söhnen auf. Nicht lange danach sammelte der jüngere Sohn alles zusammen, was er besaß, und zog in ein fernes Land. Dort verschwendete er sein Erbe. Als er alles ausgegeben hatte, kam eine Hungersnot über dieses Land, und er fing an, bitter Hunger zu leiden. Da ging er hin und wurde ein Knecht bei einem Bürger dieses Landes. Der schickte ihn auf sein Feld und ließ ihn seine Schweine hüten. Wie gern hätte er seinen Bauch mit dem Schweinefutter gefüllt, aber niemand gab ihm etwas davon.

Da ging er in sich: «Wie viele Tagelöhner hat mein Vater doch, die Brot in Hülle und Fülle haben, aber ich komme hier im Hunger um! Ich will mich auf den Weg machen, zu meinem Vater gehen und ihm sagen: ‹Vater, ich habe Unrecht getan gegen Gott und gegen dich. Ich bin nicht mehr wert, dass ich dein Sohn heiße. Aber mach mich zu einem deiner Tagelöhner!›»

Er brach auf und kam zu seinem Vater. Als er noch weit entfernt war, sah ihn sein Vater schon, der Sohn tat ihm so leid, da lief er ihm entgegen, fiel ihm um den Hals und küsste ihn.

Aber der Sohn sprach zu ihm: «Vater, ich habe Unrecht getan gegen Gott und gegen dich. Ich bin nicht mehr wert, dass ich dein Sohn heiße.»

Der Vater jedoch befahl seinen Knechten: «Bringt schnell das beste Gewand her, zieht es ihm an, gebt ihm einen Ring an seine Hand und Schuhe an seine Füße, bringt das gemästete Kalb und schlachtet es: Lasst uns essen und fröhlich sein! Denn dieser mein Sohn hier war tot und ist wieder lebendig geworden. Er war verloren und ist gefunden worden.»

Und sie fingen an, fröhlich zu feiern.

Aber der ältere Sohn war noch auf dem Feld. Als er nach Hause zurückkehrte, hörte er Singen und Tanzen und fragte einen der Knechte, was da los wäre.

Der sagte ihm: «Dein Bruder ist zurückgekommen. Da hat dein Vater das gemästete Kalb geschlachtet, weil er ihn gesund wiederhat.»

Der ältere Sohn wurde zornig und wollte nicht hineingehen.

Sein Vater ging zu ihm hinaus und bat ihn hinein.

Er weigerte sich: «So viele Jahre diene ich dir und habe keine deiner Anweisungen je missachtet, keines deiner Gebote gebrochen. Doch mir hast du nie einen Bock gegeben, dass ich mit meinen Freunden fröhlich feiern könnte. Jetzt aber, wo dieser dein Sohn da gekommen ist, der sein Erbe mit Huren verprasst hat, schlachtest du für ihn das gemästete Kalb.»

«Kind, du bist doch immer bei mir, und alles, was mir gehört, gehört auch dir. Jetzt aber solltest du auch fröhlich sein und mit uns feiern. Denn dein Bruder war tot und ist wieder lebendig geworden. Er war verloren und ist wiedergefunden worden.»[7]

Man kann diese Geschichte aus zwei Perspektiven betrachten. Für den Vater war der Sohn verloren gegangen. Dass er plötzlich wieder da war, musste der Vater als unverhofftes Glück erleben. Für den Sohn wird es komplizierter gewesen sein. Er musste in die Fremde ziehen und verloren gehen, um gereift und erwachsen wieder nach Hause zurückzukehren. Wäre er stets beim Vater geblieben, hätte er harte, aber notwendige Erfahrungen nicht gemacht.

Das Königreich Gottes ist dort gegenwärtig, wo das Gesuchte entdeckt und das Verlorene wiedergefunden wird, aus Streit Versöhnung und aus Schuld Vergebung wird. Aber auch das Gefundene kann wieder verloren gehen, wenn es nicht dankbar angenommen, gefeiert und mit anderen geteilt wird, wenn man das Finden nicht achtet.

Mit dem Königreich Gottes ist es wie mit einer Frau, die einen Krug mit Mehl trug. Während sie ihren Weg wanderte und es noch weit war, brach der Henkel des Krugs und das Mehl rieselte hinter ihr auf den Weg. Sie merkte nichts und hatte kein Unglück wahrgenommen. Als sie ihr Haus erreichte, setzte sie den Krug ab und fand ihn leer.[8]

28.
Das Gesetz der Liebe

Anatolien, 1915

Allgemeine Erwägungen waren Jesus fremd, absolute Prinzipien interessierten ihn nicht. Die wichtigen Fragen stellten sich ihm auf den Wegen, die er ging. Diese führten ihn hinaus aus der Welt der Sesshaften mit ihren treu zu befolgenden Traditionen, ihren festen Regeln und unhinterfragbaren Grundsätzen. Jesus war frei genug, sie darauf zu prüfen, ob sie auch auf seinen Wanderungen ins Königreich Gottes zu gebrauchen waren. Da das Königreich unmittelbar bevorstand, wollten bestimmte, strenge und bittere Gebräuche nicht zu ihm passen.

> Viele Menschen, besonders von den Anhängern des Täufers und der Schriftgelehrten, fasteten viel. Deshalb wunderten sich die Leute über Jesus und die, die seine Wege mitgingen, und fragten ihn: «Warum fasten die Anhänger des Johannes und die Schüler der Frommen so oft, aber deine Jünger tun es nie?»
> Er antwortete ihnen: «Wie können die Hochzeitsgäste fasten, während der Bräutigam noch bei ihnen ist?»[1]

Fasten ist eigentlich nur etwas für Sesshafte. Sie können aus eigenem Willen auf Nahrung verzichten, auf die sie ansonsten zugreifen könnten. Wer aber damals umherzog, hatte diese Freiheit nicht. Viel zu oft musste er ungewollt Hunger leiden, denn Nahrung war nicht leicht zu besorgen. Die Bauern buken ihr Brot bloß für den täglichen Gebrauch ihrer Familien, Geschäfte gab es lediglich in den Städten, ihre Waren nur für Geld. Wer umherzog, musste zusehen, wie er satt wurde.

> An einem Sabbat ging Jesus durch ein Kornfeld. Da sie Hunger hatten, fingen seine Begleiter an, die reifen Ähren abzureißen und ihre Körner zu essen.

Das bemerkten die Gesetzestreuen und fragten ihn: «Warum tun deine Leute am Sabbat, was nicht erlaubt ist? Heute ist doch ein Tag der Ruhe, der absoluten Ruhe, an dem wir keine Arbeit tun dürfen, nicht einmal die allergeringste?»

Er hielt ihnen entgegen: «Der Sabbat ist für den Menschen geschaffen worden und nicht der Mensch für den Sabbat.»[2]

Ein Vers, der nur in wenigen alten Handschriften zu finden ist, nicht aber in den klassisch gewordenen Bibelausgaben, bewahrt ein Wort Jesu auf, das diese Episode ins Grundsätzliche hebt.

Als Jesus einmal einen Mann am Sabbat arbeiten sah, sagte er ihm: «Wenn du weißt, was du tust, bist du glückselig. Wenn du es aber nicht weißt, bist du verflucht und ein Gesetzesbrecher.»[3]

Dieses Wort musste Jesus auch auf sich selbst anwenden. Wusste er, was er tat? Erfüllte er den Willen Gottes, wenn er am Sabbat Kranke heilte, oder verstieß er gegen dessen Gesetz?

An einem Sabbat war Jesus in der Synagoge. Da war auch ein Mensch mit einer verdorrten Hand. Zu ihm sagte Jesus: «Steh auf und tritt in die Mitte! Jetzt strecke deine Hand aus!» Als der Mann dies tat, wurde seine Hand wieder gesund.

Zu den anderen in der Synagoge sagte Jesus: «Was ist am Sabbat erlaubt: Gutes tun oder Gutes unterlassen? Leben retten oder Leben nicht retten?»[4]

Ähnlich wie mit dem Sabbat-Gesetz verhielt es sich mit den Reinheitsregeln. Warum sollten sie gelten, und wofür waren sie gut?

Einmal hatten einige der Frommen und Treuen gesehen, wie die, die mit Jesus gingen, ihr Brot mit ungewaschenen Händen aßen. Sie hatten die vorgeschriebenen Waschungen, von denen es mehrere gab, unterlassen. Deshalb stellten sie Jesus zur Rede.

Er antwortete ihnen: «Beim Propheten Jesaja könnt ihr es lesen: ‹Dieses Volk verehrt mich nur mit den Lippen, aber ihr Herz ist fern von mir. Sie dienen mir falsch, weil sie Regeln aufstellen und anderen aufnötigen, die doch bloß menschliche Gesetze sind.› So befolgt auch ihr in Wahrheit nicht den Willen Gottes, sondern haltet nur an den Überlieferungen der Menschen fest.» Allen, die ihn hören konnten, rief er zu: «Nichts kann den Menschen unrein machen, was von außen in ihn hineingeht. Nur das, was aus dem Menschen herauskommt, macht ihn unrein.» Damit erklärte er alle Speisen und Getränke für rein, für unrein aber all dieses: böse Gedanken, gierige Gefühle, falsches Wollen, Neid, Geilheit, Hochmut, Arglist, Dummheit, Hass, Mordlust.[5]

Damals wurden nicht nur Zeiten und Orte, äußere Verrichtungen und Handlungen, Speisen und Getränke in reine und unreine aufgeteilt, sondern auch Menschen und Menschengruppen. Die einen hielten sich selbst für rein und erklärten die anderen für unrein. Mit ihnen durfte man keine näheren Beziehungen eingehen. Dazu zählten Kranke, Behinderte, Prostituierte, Fremde und solche, die mit den Fremden gemeinsame Sache machten und dadurch den Raum des Reinheitsgesetzes verließen. Jesus durchbrach in vereinzelten spontanen Aktionen diese Unterscheidungen.

Einmal zog Jesus durch Jericho. Dort lebte ein Mann namens Zachäus. Er war sehr reich, denn als einer der obersten Zöllner trieb er bei den Menschen viel, oft zu viel Geld ein. Als sich nun eine große Menge um Jesus versammelt hatte, wollte er ihn auch hören und sehen. Da er aber klein war und nicht mehr hindurchkam, stieg er auf einen Maulbeerfeigenbaum. Als Jesus hinaufschaute, erblickte er ihn dort oben und rief ihm zu: «Zachäus, klettere schnell hinunter. Denn heute will ich dein Gast in deinem Haus sein.»
Flink stieg Zachäus vom Baum und empfing Jesus mit großer Freude bei sich zu Hause.
Als das die anderen sahen, murrten sie: «Er ist bei einem Sünder eingekehrt.»

Doch Zachäus sagte zu Jesus: «Die Hälfte von meinem Besitz gebe ich den Armen. Wenn ich jemanden betrogen habe, gebe ich es ihm vierfach zurück.»

Jesus antworte ihm: «Heute sind Heil und Glück in dieses Haus eingekehrt, denn auch hier wohnt ein Kind Abrahams. Ich bin gekommen, das zu suchen, was verloren war.»[6]

Wo das Königreich Gottes so nahe kam, verloren die menschlichen Unterscheidungen von rein und unrein, niedrig und hoch, arm und reich ihre Bedeutung. Das muss ein rauschhaftes, euphorisches Erlebnis gewesen sein.

Einmal rief Jesus aus: «Ich lobe dich, Vater, Herr des Himmels und der Erde! Du hast dein Geheimnis vor den Weisen und Klugen verborgen und es den Unmündigen, Einfältigen und Ungebildeten anvertraut. So hat es dir gefallen. Kommt her zu mir – alle, die ihr müde, beladen und belastet seid. Ich will euch stärken und erfrischen. Bei mir sollt ihr aufatmen. Nehmt mein Gebot auf euch und lernt von mir. Denn ich bin sanftmütig und demütig. Bei mir werden eure Seelen Ruhe finden. Denn mein Gebot ist sanft, und meine Last ist leicht.[7]

Die Aufhebung der Unterscheidungen führte jedoch zu neuen Trennungen, die neue Sanftmut zu scharfem Streit. Wer sich gegen die Regeln der sicher Behausten wendet, muss mit diesem Streit rechnen, darf ihm nicht aus dem Weg gehen.

Ihr sollt nicht meinen, dass ich gekommen bin, um Frieden auf die Erde zu bringen. Ich bin nicht gekommen, Frieden zu bringen, sondern das Schwert. Denn ich bin gekommen, den Menschen zu entzweien mit seinem Vater, die Tochter mit ihrer Mutter und die Schwiegertochter mit ihrer Schwiegermutter.[8]

Eigentlich müsste der Streit um das gute Leben und den Willen Gottes einfach zu lösen sein. Denn das Wesentliche fand sich schon in den alten

Schriften. Es musste nicht ganz neu erfunden werden. Es genügte, wenn man dieses Wesentliche und Einfache aus all dem anderen herauslöste, das es umgab, wenn man es vom weniger Bedeutsamen und eher Komplizierten unterschied und sich allein auf es konzentrierte. Propheten und Reformatoren sind weniger erfinderisch, als man meint. Ihre Originalität besteht vor allem in der Klarheit und Entschlossenheit, mit der sie sich auf das fokussieren, das ihrer Meinung nach wesentlich und notwendig ist – und das eigentlich schon allen bekannt sein dürfte.

> Ein Schriftgelehrter fragte Jesus: «Was ist das höchste und wichtigste Gebot?»
> Er antwortete: «So steht es geschrieben, so kannst du es lesen: ‹Du sollst Gott lieben – von ganzem Herzen, ganzer Seele, ganzem Gemüt und mit all deiner Kraft›. Und: ‹Du sollst deinen Nächsten lieben wie dich selbst.›»[9]

Wie soll man Gott und seinen Nächsten so lieben, wie man sich selbst liebt? Jesus beantwortete diese Frage, indem er die Suche nach dem Guten auf die Spitze trieb – und darüber hinaus. Obwohl, von Antworten kann man hier kaum sprechen, eher von radikalen Paradoxien, die keine Lösungen anbieten, sondern einen geheimnisvollen Weg vorstellen, dem man folgen soll.

> Ihr habt gehört, dass zu den Alten gesagt worden ist: «Du sollst nicht töten!» Aber ich sage euch: Schon wer auf seinen Bruder zornig ist, macht sich schuldig.
> Ihr habt gehört, dass zu den Alten gesagt worden ist: «Du sollst nicht die Ehe brechen!» Aber ich sage euch: Schon wer eine andere Frau gierig anschaut, hat die Ehe mit ihr in seinem Herzen gebrochen.
> Ihr habt gehört, dass zu den Alten gesagt worden ist: «Du sollst keinen Meineid leisten, und deinen Eid sollst du halten!» Aber ich sage euch: Ihr sollt überhaupt nicht schwören, sondern einfach Ja oder Nein sagen.
> Ihr habt gehört, dass zu den Alten gesagt worden ist: «Auge um

Auge, Zahn um Zahn!» Aber ich sage euch: Kämpft nicht mit Gewalt gegen das Böse! Vielmehr, wenn dir jemand auf die rechte Wange schlägt, dann halte ihm auch die linke hin.

Ihr habt gehört, dass zu den Alten gesagt worden ist: «Du sollst deinen Nächsten lieben!» – und deinen Feind sollst du hassen. Aber ich sage euch: Liebt eure Feinde!

Dann werdet ihr die Kinder eures Vaters im Himmel sein, der seine Sonne über Böse und Gute aufgehen lässt und der es regnen lässt auf Gerechte und Ungerechte. Wenn ihr nur die liebt, die euch lieben, was tut ihr dann Besonderes? Tun das nicht auch alle anderen? Aber ihr sollt vollkommen sein, wie euer himmlischer Vater vollkommen ist.[10]

Für Jesus muss diese Vollkommenheit etwas Geheimnisvolles gewesen sein. Sie ließ sich nicht öffentlich mit dieser oder jener Handlung beweisen. Man musste sie in sich selbst, in der Verborgenheit des eigenen Inneren, suchen.

Gebt acht auf eure Frömmigkeit! Übt sie nicht vor den Leuten, damit ihr von ihnen gesehen und bewundert werdet. Zum Beispiel wenn ihr einem Armen Almosen gebt, sollt ihr es nicht ausposaunen, sondern eure linke Hand soll nicht wissen, was die rechte tut, damit euer Almosen verborgen bleibt. Nur Gott, der ins Verborgene sieht, wird es euch danken. Oder wenn ihr fastet, sollt ihr nicht trübe und säuerlich dreinschauen, damit die Leute das Ausmaß eures Verzichts bestaunen. Im Gegenteil, wenn ihr fastet, sollt ihr euer Gesicht waschen und euer Haupt mit Öl salben, damit nur Gott, der im Verborgenen ist und allein ins Verborgene schaut, euch euer Fasten zurechnet.[11]

«Was soll ich tun?» Um diese Frage zu beantworten, könnte man einen festen Regel-Katalog entwerfen, in dem alle geforderten Pflichten aufgeführt sind. Doch genau dies hat Jesus nicht getan, sondern sich darauf beschränkt, eine allgemeinere und grundsätzlichere Frage zu klären: Wenn Vollkommenheit darin besteht, Gott und den Nächsten ebenso zu lieben

wie sich selbst, wer ist dann mein Nächster? Dazu hat Jesus eine beispiel-
hafte Geschichte erzählt. Sie spielt – sicherlich nicht zufällig – draußen vor
den Toren der Städte und abseits der Dörfer auf einer einsamen Straße,
und in ihrem Mittelpunkt steht ein Samaritaner, ein Außenseiter und
Fremder in Judäa.

> Ein Mensch ging von Jerusalem hinunter nach Jericho und
> wurde überfallen. Die Räuber zogen ihn aus und schlugen ihn
> zusammen. Dann machten sie sich davon und ließen ihn halb tot
> liegen. Zufälligerweise ging ein Priester dieselbe Straße hinun-
> ter. Als er den Menschen am Boden liegen sah, ging er vorüber.
> Genauso verhielt sich wenig später ein Tempeldiener: Als er an
> die Stelle kam, wo der Mensch lag, und er ihn sah, ging er vor-
> über. Dann aber kam ein Samaritaner – die Samaritaner waren
> den Israeliten verhasst. Als er den Menschen am Boden liegen
> sah, rührte es ihn an. Er ging zu ihm, reinigte seine Wunden mit
> Öl und Wein, verband sie, hob ihn auf sein Lasttier, brachte ihn
> zu einer Herberge und pflegte ihn dort. Am nächsten Morgen
> gab er dem Wirt zwei Silbermünzen und sagte: «Pflege diesen
> Menschen. Wenn dieses Geld nicht ausreicht, werde ich dir
> mehr bezahlen, wenn ich das nächste Mal wiederkomme.»
> Wer von diesen dreien ist der Nächste gewesen für den, der unter
> die Räuber gefallen war – der Priester, der Tempeldiener oder
> der Fremde?[12]

Zwischengedanken:
Was sollen wir tun?

Berlin, 1945

Die Geschichte vom barmherzigen Samaritaner ist das wohl berühmteste Lehrstück über das Mitleid und die Nächstenliebe und zugleich – was zumeist übersehen wird – eine großartige Lektion in Sachen Nüchternheit und Pragmatismus.

Alles Gute beginnt mit dem Mitleid. Dieses ist ein spontaner Impuls, ein plötzlich gewecktes Gefühl. Es wird dort lebendig, wo ein Mensch einen anderen Menschen in seiner Not ansieht. Dieser Blick ist unverstellt, durch nichts getrübt: So kann er in einem Fremden, der zerschlagen und blutig am Wegesrand liegt, seinen Mitmenschen erkennen und empfindet dessen Schmerz, als wäre es sein eigener. In Luthers Übersetzung heißt dies: «Es jammerte ihn.» Dieses Jammern, das der Samaritaner empfindet, kommt ohne Begründung aus. Es lebt aus sich selbst heraus. Jede Herleitung dieses Gefühls aus einem vermeintlich höheren Grund würde ihm seine Spontaneität nehmen und es eingrenzen. Dabei soll es ein Gefühl von höchster Lebendigkeit sein, das Grenzen überwindet. Aus gutem Grund erwähnt deshalb die Geschichte vom barmherzigen Samaritaner weder Gott noch seinen Willen oder sein Gesetz. Im Gegenteil, eine religiöse Begründung würde seine Unmittelbarkeit und Allgemeingültigkeit verletzen. Dafür steht das schlechte Beispiel des Priesters und des Tempeldieners, denen ihre religiöse Amtlichkeit und Regeltreue offenkundig den Blick getrübt hat und die das Jammern verlernt haben. So sehen sie in dem ausgeraubten Mann nicht ihren Mitmenschen und werden ihm nicht zum «Nächsten». Seine Not rührt sie nicht an – und sie gehen an ihm vorüber. Im Unterschied zu ihnen ist der fremde Samaritaner so frei, unbekümmert um religiöse Unterscheidungen und nationale Zuordnungen, um diesen armen Menschen schlicht als seinen Mitmenschen anzusehen. In diesem Blick liegt die ganze Menschlichkeit, zu der Menschen auch fähig sind. Er ist der Beweis dafür, dass der Mensch nicht nur zur Gewalt neigt, sein Leben nicht immer auf Kosten anderen Lebens durchsetzt, sondern auch zum Guten fähig ist. Durch diesen Blick können Fremde und sogar Feinde plötzlich füreinander zu Nächsten werden. Jeder Mensch ist im Prinzip mit diesem Blick begabt. Deshalb ist dieser Blick und das aus ihm erwachsende Mitleid eine Grundlage einer humanen Gesellschaft. Jesus hat dieses Jammern – so wird es mehrmals erzählt – selbst empfunden und aus ihm heraus gehandelt. Es war für ihn wichtiger als hergebrachte theologische Lehren und rituelle Regeln. Vielleicht hat seine Begeisterung darüber, dass Gottes Königreich unmittelbar bevorstand oder jetzt schon da war, ihm die Freiheit geschenkt, dieses grundmenschliche Gefühl ungetrübt zu empfinden und ihm zu folgen.

Doch das Jammern ist nur ein Gefühl. Es lebt in einem Moment auf und droht im nächsten schon wieder zu erlöschen. Es lässt sich kaum auf Dauer stellen und nicht zur alleinigen Richtschnur eines längerfristigen, alltäglichen Handelns machen. Es sei denn, man fände Wege und Mittel, es künstlich wieder und wieder auszulösen. Jesu Mitleid lebte in der direkten Begegnung mit Menschen, die im Wortsinne seine «Nächsten» waren: Sie kamen ihm auf seinen Wegen durch Galiläa nahe. Deshalb hatte sein Mitleiden eine präzise Reichweite, einen benennbaren Ort, eine bestimmte Zeit und ein greifbares Gegenüber. Es hatte eine Geschichte mit einem Anfang und einem Ende. Heute, da das Mitleid erstens global geworden ist, sich also im Prinzip von der Not sogar der Allerfernsten anrühren lässt, es zweitens medial geworden ist, es vor allem durch technisch hergestellte und verbreitete Bilder von der Not in fremden Weltteilen ausgelöst wird, es drittens politisch geworden ist, das heißt eine Meinungsmacht darstellt, es viertens professionell geworden ist, also stellvertretend von Fachleuten und eigenen Institutionen bearbeitet wird, und es fünftens ökonomisch geworden ist, hauptsächlich also durch das Spenden von Geld ausgelebt wird – ist das Mitleid den Gefahren der Manipulation ausgesetzt. Die moralische Grundemotion droht zu einer Sentimentalität zu werden, die kein direktes Gegenüber besitzt, nicht in eigenes Engagement mündet, nicht lern- und urteilsfähig wird, kein rechtes Maß kennt, deshalb jeweils nur kurz aufflackert, um gleich wieder zu ermüden, keine Beziehung mit einem anderen Menschen aufnimmt, sondern am Ende bloß für einen Moment das eigene Gefühl des Wohltätigseins genießt. Oder man stumpft angesichts der ebenso hohen wie abstrakten Zahlen von Notleidenden auf dieser Erde, vor einer nicht mehr kalkulierbaren «Mathematik des Mitleids» (Zbigniew Herbert) ab.

Deshalb ist die zweite Lehre aus der Geschichte vom barmherzigen Samaritaner heute so wichtig: die Nüchternheit. Nur sehr kurz nämlich «jammert» es den Samaritaner, dann handelt er. Er rettet dem Überfallenen das Leben, sorgt für seine Genesung und sichert seine endgültige Wiederherstellung. All dies tut der Samaritaner ruhig, fachmännisch und vorausschauend – ohne jede Sentimentalität. Dann setzt er seine Reise fort und wartet nicht einmal ab, bis der Verletzte ihm seine Dankbarkeit ausdrückt.

So ist der Samaritaner heute ein doppeltes Vorbild. In einer Zeit, in der Menschen nach Zugehörigkeiten sortiert und sehr unterschiedlich, menschenfreundlich oder menschenfeindlich, behandelt werden, zeigt er, wie ein Mensch in einem Fremden den Mitmenschen erblicken kann. In einer Zeit, in der das Mitleid zu einem politischen Faktor, einer Ware, einem globalen Prinzip ohne Maß und Mitte und einer Sentimentalität zu werden droht, zeigt der Samaritaner, dass es darum gehen muss, eine Balance aus Nächstenliebe und Nüchternheit zu gewinnen.

Es hat seinen tieferen Sinn, dass Jesus dieses Mitleid nur vorgelebt und von ihm erzählt, aber keine detaillierten Ausführungsbestimmungen formuliert hat. Denn die praktische Umsetzung muss jeder Mensch für sich verantworten. Das ist nicht allein Sache seines Gefühls, sondern vor allem seines Verstandes. Der Glaube kann ihm dabei helfen, wenn er ihm das Bewusstsein einer Unendlichkeit schenkt, die alle religiösen, nationalen, sozialen und kulturellen Grenzen überschreitet.

29.
Ohne Haus, Familie und Beruf:
Weggefährten

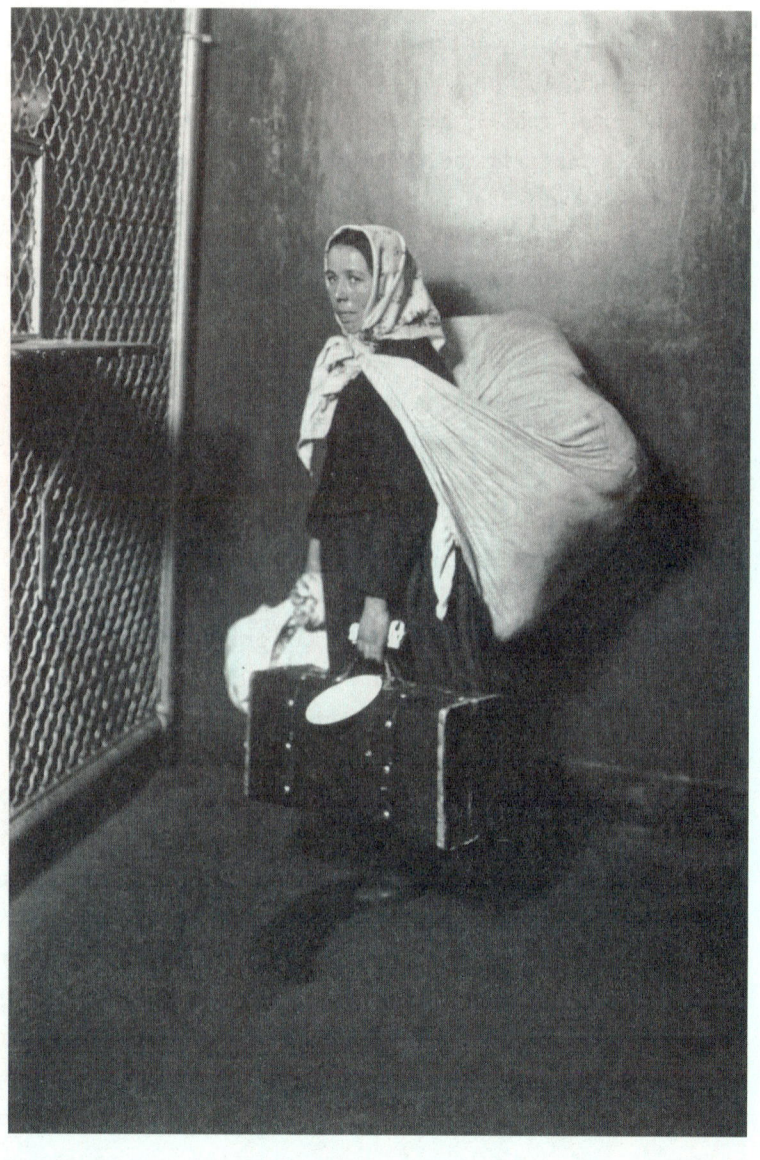

Ellis Island, New York, 1905

Jesus hatte sich von seiner Familie getrennt. Seine Verwandten konnten dies nicht verstehen. Einmal wollten sie ihn sogar ergreifen lassen, weil sie meinten, er sei verrückt geworden. Er jedoch sah etwas Neues entstehen, in dem das traditionelle Gemeinschaftsleben keinen Sinn mehr ergab. Das Gebot, die Eltern zu ehren, sollte man deshalb nicht mehr beachten, sogar die heilige Pflicht vergessen, verstorbene Verwandte zu begraben. Doch Jesus blieb nicht allein. Er gründete mit anderen eine neuartige Gemeinschaft.

So radikal diese Lebensentscheidung auch war, einen absoluten Sonderfall stellte sie nicht dar. Denn es gab zur Zeit Jesu nicht wenige Menschen ohne Familie: umherwandernde Wundertäter, Prediger und Philosophen mit ihren Anhängern, aber auch viele Arme und Tagelöhner ohne eigenes Heim, die von einem Ort zum nächsten zogen, um Arbeit oder Almosen zu finden. Auf sie warf Jesus einen neuen Blick.

Es war einmal ein Mensch, der ein großes Fest feiern wollte. Viele lud er dazu ein. Als es so weit war, schickte er seinen Knecht los, um seinen Gästen auszurichten: «Kommt, denn es ist alles bereit!»

Doch einer nach dem anderen fing an, sich zu entschuldigen. Der Erste ließ ihm ausrichten: «Ich habe einen Acker gekauft und muss ihn mir anschauen.» Ein anderer sagte: «Ich habe Ochsen gekauft, die muss ich mir jetzt ansehen.» Ein Dritter erklärte: «Ich habe eine Frau geheiratet. Deshalb kann ich nicht kommen.» Als der Knecht mit diesen Ausreden zurückkam, wurde der Mensch zornig und befahl ihm: «Geh gleich wieder los, hinaus auf die Straßen der Stadt und hole mir die Armen, Verkrüppelten, Blinden und Lahmen ins Haus.»

So geschah es, doch es blieb immer noch Platz. Da sagte der Mensch seinem Knecht: «Dann geh hinaus auf die Landstraßen, an die Zäune und nötige alle, die du triffst, hierherzukommen, damit mein Haus voll werde.»[1]

So wie er es in dieser Geschichte erzählte, machte es Jesus selbst.

Als er am Ufer des Sees von Genezareth entlangging, sah er zwei Fischer, die ihre Netze auswarfen. Einer hieß Simon, der andere Andreas. Sie waren Brüder.
Jesus rief ihnen zu: «Kommt, folgt mir! Ich will euch zu Menschenfischern machen!»
Sogleich ließen sie ihre Netze liegen und folgten ihm.
Als er weiterging, sah er Jakob und seinen Bruder Johannes, die Söhne des Zebedäus, wie sie im Boot ihre Netze flickten.
Auch ihnen rief er zu, dass sie ihm folgen sollten. Sofort ließen sie ihren Vater Zebedäus im Boot mit den Tagelöhnern zurück und gingen mit ihm fort.[2]

Viele andere taten es ihnen gleich, verließen ihr bisheriges Leben, ihre Familien, Berufe, Häuser und Dörfer, um mit Jesus von einem Ort zum anderen zu ziehen.

Einmal kamen seine Mutter, Brüder und Schwestern, um mit Jesus zu sprechen. Er saß mit vielen Menschen in einem Haus. Seine Verwandten blieben draußen und schickten jemanden zu ihm, der ihm ausrichten sollte: «Deine Mutter und deine Geschwister sind draußen und fragen nach dir.»
Aber er antwortete: «Wer ist meine Mutter, und wer sind meine Geschwister?» Dann sah er die an, die im Kreis um ihn herumsaßen: «Schau, das hier sind meine Mutter und meine Geschwister!»[3]

Es waren viele Frauen unter denen, die mit ihm gingen. Einige von ihnen hatte er geheilt, Maria Magdalena zum Beispiel, Johanna, die Frau des

Chuza, oder Susanna. Es war ein seltsames Fest, zu dem Jesus all diese Frauen und Männer, Freundinnen und Anhänger, Geheilten und Begeisterten, Ausgestoßenen und Vergessenen eingeladen hatte. Wer mitfeiern wollte, musste erhebliche Opfer bringen.

Auf einer seiner Wanderungen sagte einer zu Jesus: «Ich will dir folgen, wohin du auch gehst.»
Jesus entgegnete ihm: «Die Füchse haben Gruben und die Vögel unter dem Himmel haben Nester. Aber der Menschensohn hat nichts, wo er sein Haupt hinlegen kann.»[4]

«Wer mir folgen will, muss sich selbst vergessen. Wer sein Leben behalten will, der wird es verlieren. Wer aber wegen mir und meiner Botschaft sein Leben verliert, der wird es behalten.»[5]

Denjenigen, die alles für das neue Leben aufgaben, versprach ihr Wandermeister großen Lohn.

«Es ist niemand, der sein Zuhause oder seinen Grund und Boden, seine Brüder oder Schwestern, seine Mutter oder seinen Vater wegen mir und meiner Botschaft verlässt, der nicht hundertfach dafür empfangen wird. Viele werden die Letzten sein, die jetzt die Ersten sind. Aber die, die jetzt die Letzten sind, werden die Ersten sein.»[6]

Nicht jeder war bereit, sich auf diesen riskanten Tausch einzulassen.

Einer kam zu Jesus gelaufen, kniete vor ihm nieder und fragte: «Guter Meister, was soll ich tun, damit ich Anteil an Gottes Königreich gewinne?»
Jesus fragte zurück: «Was nennst du mich gut? Niemand ist gut als allein Gott. Aber du kennst die Gebote: ‹Du sollst nicht töten. Du sollst nicht ehebrechen. Du sollst nicht stehlen. Du sollst nicht falsch Zeugnis reden. Du sollst niemanden berauben. Du sollst deinen Vater und deine Mutter ehren.›»

«Meister, diese Gebote habe ich alle gehalten von meiner Jugend an.»

Da sah Jesus ihn an und gewann ihn lieb: «Eines fehlt dir noch. Geh, verkaufe alles, was du hast, gib es den Armen, dann komm und folge mir!»

Der andere war entsetzt über diese Antwort und ging traurig davon, denn er hatte viele Besitztümer.[7]

Wer sich Jesus anschloss und sich in ein heimatloses Leben der Armut und Unsicherheit wagte, der konnte Wunder erleben.

Einmal war Jesus mit denen, die ihm folgten, an einem einsamen Ort. Aber es kamen viele Menschen, um ihn zu sehen und zu hören. Die große Menge tat ihm leid, und er sprach zu ihr. Als es Abend wurde, sagten seine Weggefährten zu ihm: «Hier ist es einsam, und der Tag ist fast vergangen. Lass die Menschen gehen, damit sie sich in den Bauernhöfen und Dörfern in der Nähe etwas zu essen kaufen können.»

Er entgegnete ihnen: «Gebt ihr ihnen zu essen!»

«Wie sollen wir das tun? Wir müssten losgehen und für zweihundert Silbergroschen Brot kaufen, damit alle zu essen bekommen.»

«Wie viele Brote habt ihr?»

«Fünf Brote und zwei Fische.»

Da sagte Jesus allen, dass sie sich in Gruppen auf das grüne Gras setzen sollten. Das taten die Menschen, in Gruppen zu hundert und zu fünfzig. Er nahm die fünf Brote und zwei Fische, sah auf zum Himmel, dankte, brach die Brote und ließ sie verteilen. Auch die zwei Fische verteilte er. Alle aßen und wurden satt. Fünftausend Menschen sollen es gewesen sein. Danach sammelten sie die Brocken auf, die übrig geblieben waren: zwölf Körbe voll, dazu noch Reste von den Fischen.[8]

Oft genug aber werden die, die mit Jesus gingen, gehungert haben. Sie konnten nicht damit rechnen, überall freundlich aufgenommen zu werden. Es brauchte nicht nur Bedürfnislosigkeit, sondern auch Mut, um mit Jesus unterwegs zu sein.

Aus der großen und bunten Gruppe derer, die mit ihm wanderten, wählte Jesus irgendwann zwölf Männer für einen besonderen Auftrag aus: Sie sollten auch ohne ihn herumziehen, seine Botschaft verbreiten und Kranke heilen. Dies waren Simon, Jakob und Johannes, die Söhne des Zebedäus, Andreas, Philippus, Bartholomäus, Matthäus, Thomas, Jakob, der Sohn des Alphäus, Thaddäus, Simon Kananäus und Judas Iskariot. Zusätzlich bildete Jesus einen zweiten, größeren Kreis aus zweiundsiebzig Anhängern, die das Gleiche tun sollten.

«Geht los! Ich schicke euch wie Lämmer mitten unter die Wölfe. Tragt keinen Geldbeutel bei euch, keine Tasche, keine Schuhe. Grüßt niemanden auf der Straße. Wenn ihr in ein Haus kommt, sagt als Erstes: ‹Friede sei mit diesem Haus!› Wenn dort ein Kind des Friedens ist, wird euer Friede auf ihm ruhen. Wenn nicht, wird euer Friede wieder zu euch zurückkehren. In diesem Haus bleibt, esst und trinkt, was man euch gibt. Denn ein Arbeiter hat seinen Lohn verdient. Aber ihr sollt nicht von einem Haus zum andern gehen. Wenn ihr in eine Stadt kommt, wo man euch aufnimmt, dann esst, was euch vorgesetzt wird, heilt die Kranken, die dort sind, und sagt ihnen: ‹Das Reich Gottes ist nahe zu euch gekommen.› Wenn ihr in eine Stadt kommt, wo man euch nicht aufnimmt, geht hinaus auf ihre Straßen und sprecht: ‹Sogar den Staub aus eurer Stadt, der noch an unsren Füßen ist, schütteln wir ab. Doch das sollt auch ihr wissen: Das Reich Gottes ist nahe herbeigekommen.›»[9]

Warum ließen sich die Zwölf und die Zweiundsiebzig sowie all die anderen Frauen und Männer auf dieses entbehrungsreiche und gefährliche Wanderleben mit Jesus ein? Sie müssen etwas sehr Besonderes in ihm gesehen haben. Aber was genau?

Auf einer ihrer Wanderungen fragte Jesus seine Gefährten: «Wer, sagen die Leute, dass ich sei?»

«Sie sagen, du wärst Johannes der Täufer. Andere sagen, du wärst Elia. Noch andere meinen, du wärst einer der Propheten.»

«Und ihr: Wer, sagt ihr, dass ich sei?»

Da antwortete Simon: «Du bist der Gesalbte!»[10]

Doch damit war die Frage, wer Jesus für sich selbst und für seine Anhänger war, nicht eindeutig beantwortet. Vieles verstanden seine Anhänger an ihm nicht, oder sie verstanden es falsch. Ihre Bilder wollten nicht zu ihm passen. Häufig durchbrach er diese oder wies sie zurück. Er selbst nannte sich weder König, Messias, Prophet, Lehrer oder Rabbi, sondern wahrscheinlich nur: Sohn des Menschen. Aber was sollte das bedeuten? Auch wer sie selbst waren und was ihre Aufgabe und Bedeutung sein sollte, wussten seine Anhänger viel zu oft nicht. Zumeist folgten sie einer falschen Spur.

Nach einer langen Wanderung kamen sie nach Kapernaum und kehrten in einem Haus ein. Jesus fragte sie: «Was habt ihr unterwegs besprochen?»

Sie schwiegen. Denn sie hatten darüber gesprochen, wer von ihnen der Größte sei.

Jesus setzte sich, rief die Zwölf zu sich und sagte ihnen: «Wer der Erste sein will, soll der Letzte sein und für alle ein Diener.»[11]

Ein anderes Mal sagte er ihnen: «Ihr wisst, dass die Herrschenden ihre Völker unterdrücken und die Mächtigen ihren Untertanen Gewalt antun. So sollt ihr nicht sein. Wer von euch groß sein will, der soll allen ein Diener sein. Wer unter euch der Erste sein will, der soll ein Knecht für alle sein.»[12]

Doch auch wenn Jesus die, die mit ihm gingen, oft zurechtwies, ihnen widersprach oder sich von ihnen enttäuscht zeigte, muss er unendlich viel von ihnen erwartet haben.

«Ihr seid das Salz der Erde. Wenn aber das Salz nicht mehr salzt, womit soll man salzen? Ihr seid das Licht der Welt. Man zündet aber kein Licht an und stellt es dann unter einen Kessel, sondern auf einen Leuchter stellt man es, damit es allen leuchtet, die im Hause sind. So lasst euer Licht leuchten vor den Leuten.»[13]

Begeistert konnte Jesus zu denen sprechen, die zu ihm kamen, ihm zuhörten, seine Wege mit ihm gingen, seine Berufung teilten. Doch in seine Euphorie war immer auch eine Dunkelheit, in sein Glück stets ein Schmerz gemischt. Das eine sollte nie ohne das andere zu haben sein – nicht für seine Zuhörer und Anhängerinnen, nicht für ihn selbst.

> Glückselig die Armen im Geist, denn ihnen gehört das
> Königreich des Himmels!
> Glückselig die Trauernden, denn sie werden getröstet werden!
> Glückselig die Sanftmütigen, denn sie werden die Erde erben!
> Glückselig, die hungert und dürstet nach der Gerechtigkeit,
> denn sie sollen satt werden!
> Glückselig die Barmherzigen, denn sie werden Barmherzigkeit
> empfangen!
> Glückselig, die reinen Herzens sind, denn sie werden Gott
> schauen!
> Glückselig, die Frieden stiften, denn sie werden Gottes Kinder
> heißen!
> Glückselig, die um der Gerechtigkeit willen verfolgt werden,
> denn ihrer ist das Königreich des Himmels![14]

30.
Der Weg in den Tod

Ellis Island, New York, 1905

D ann kam das Unglück: Jesus wurde getötet. Es war eine Katastrophe, die für seine Anhänger alles veränderte. Die allermeisten anderen nahmen diese Hinrichtung dagegen gar nicht zur Kenntnis, weshalb es auch keine zeitgenössischen Zeugnisse gibt. Der römische Historiker Tacitus schilderte über siebzig Jahre später die ersten Christenverfolgungen, zu denen Kaiser Nero nach dem Brand von Rom (im Jahr 64) angestachelt hatte, und wusste immerhin, dass der Name dieser neuen Religion «von Christus stammt, der unter Tiberius vom Prokurator Pontius Pilatus hingerichtet worden war». Viel mehr an historischen Berichten von Seiten der römischen Obrigkeit gibt es nicht. In den Schriften des frühen rabbinischen Judentums lässt sich ebenfalls kaum etwas finden – außer einer Talmud-Passage, die irgendwann in den ersten beiden nachchristlichen Jahrhunderten entstanden sein soll. Ihr Autor scheint aber weder besonders interessiert noch gut informiert gewesen zu sein: «Am Vorabend des Passahfestes henkte man Jesus. Vierzig Tage vorher hatte der Herold ausgerufen: ‹Er wird zur Steinigung hinausgeführt, weil er Zauberei betrieben, Israel verführt und abtrünnig gemacht hat; wer etwas zu seiner Verteidigung zu sagen hat, komme und bringe es vor.› Da aber nichts zu seiner Verteidigung vorgebracht wurde, so henkte man ihn am Vorabend des Passahfestes.»

Sogar in den ältesten erhaltenen Textzeugnissen des Christentums gibt es keine näheren Ausführungen zu den Umständen und zum Verlauf des Unheils. Der Apostel Paulus benennt in seinen Briefen, den frühesten Stücken christlicher Literatur, lediglich die bloße Tatsache: Jesus ist am Kreuz hingerichtet worden. Nur einmal schildert Paulus eine konkrete Szene aus der Geschichte von Jesu Ende, um ein neues Ritual zu erklären:

Der Herr Jesus nahm in der Nacht, als er verraten wurde, das Brot, dankte, brach es und sprach: «Das ist mein Leib für euch. Das tut zu meinem Gedächtnis.» Ebenso nahm er auch den Kelch nach dem Abendmahl und sprach: «Dieser Kelch ist der neue Bund in meinem Blut. Das tut, sooft ihr daraus trinkt, zu meinem Gedächtnis.»[1]

Es war Markus, der in seinem Evangelium als Erster vom Ende Jesu erzählte, ja sein ganzes Buch ist daraufhin angelegt. Ihm folgten Lukas und Matthäus, die die Leidensgeschichte um wichtige Details ergänzten und die Deutungen erweiterten. Noch später setzte Johannes zu einer eigenwilligen Nacherzählung an.

Bei Markus begann das Unglück damit, dass Jesus von seinen gewohnten Wegen abkam. Auf einmal genügte es Jesus nicht mehr, durch Galiläa und die angrenzenden Gebiete zu streifen. Er brach nach Jerusalem auf und das zum Passahfest. Was sucht er dort zu diesem Zeitpunkt? Er wollte bestimmt nicht nur als frommer Israelit der Pflicht genügen, aus Anlass eines großen Festes zum Tempel zu pilgern. Markus weiß jedoch von keiner präzisen Absicht, nur so viel: Mit dem Gang nach Jerusalem sollte das Königreich Gottes nun wirklich kommen, aber düstere Vorahnungen mischten sich in die Begeisterung.

Als Jesus und seine Weggefährten in die Nähe von Jerusalem gekommen waren, nach Bethphage und Bethanien, sagte er zu zweien von ihnen: «Geht in das Dorf, das da vor euch liegt. Wenn ihr hinkommt, werdet ihr ein Eselsfohlen finden, das dort angebunden ist und auf dem noch kein Mensch gesessen hat. Das bindet los und führt es zu mir! Wenn jemand euch fragt: ‹Was tut ihr da?›, dann antwortet: ‹Der Herr braucht es und wird es euch bald zurückschicken.›»

Die beiden gingen los und fanden das Eselsfüllen. Es war an einer Tür angebunden, draußen am Weg. Sie banden es los. Aber einige, die dabei standen, fragten: «Was macht ihr da? Warum bindet ihr das Fohlen los?» Sie antworteten, wie Jesus es ihnen gesagt hatte. Da ließen die anderen es zu. So brachten die beiden

> das Eselsfohlen zu Jesus und legten ihre Kleider darauf. Jesus
> setzte sich auf das junge Tier und ritt hinauf nach Jerusalem.
> Viele, die ihn kommen sahen, legten ihre Kleider auf den Weg
> oder grüne Zweige, die sie auf den Feldern abgehauen hatten.
> Die vor ihm und die hinter ihm gingen, schrien:
> «Hosianna!
> Gelobt sei, der hier kommt im Namen Gottes!
> Gelobt sei das Königreich unseres Vaters David, das hier kommt!
> Hosianna in der Höhe!»
> So zog Jesus in Jerusalem ein.[2]

Woher kam diese Begeisterung? Haben die Weggefährten Jesu oder
andere Pilger sie aus dem Norden mitgebracht? Oder hatte sich bei den
Menschen in Jerusalem schon selbst herumgesprochen, dass dort, wo
dieser Galiläer auftaucht, Blinde sehen, Gelähmte gehen, Kranke gesund
werden, Taube hören, Tote aufstehen und Armen die frohe Botschaft
gesagt wird? Auch ist es nicht leicht, diese Begeisterung der festlichen
Menge zu deuten. Sie speist sich offenkundig nicht nur aus dem, was
Jesus bisher getan und gesagt hat, sondern verbindet mit ihm Hoffnungen auf einen neuen König und ein eigenes Königreich der Israeliten,
eine Wiederherstellung davidischer Größe. Wenn Jesus in den Berichten
der Evangelisten bescheiden auf einem Esel in die Stadt einzog, dann un-
terlief er diese Hoffnungen und zeigte sich als ein Herrscher ganz anderer Art, entsprach aber zugleich der Prophezeiung des Propheten Sacharja,
der vorhergesagt hatte, dass ein künftiger König und Helfer auf einem
Eselsfohlen kommen werde. Während die einen begeistert über diesen
Einzug in Jerusalem waren, sorgte Jesus bei anderen für Empörung.

> Jesus ging in den Tempel und fing an, die Verkäufer und Käufer
> hinauszutreiben. Die Tische der Geldwechsler und die Stände
> der Taubenhändler stieß er um. Er ließ nicht zu, dass jemand
> irgendein Gerät geschäftig über den Tempelplatz trug. Allen, die
> im Tempel waren, rief er zu: «Steht nicht beim Propheten Jesaja
> geschrieben: ‹Mein Haus soll ein Haus des Gebets sein für alle
> Völker?› Aber ihr habt eine Räuberhöhle daraus gemacht!»[3]

Nicht nur Verehrung und Zuneigung waren Jesus auf seinen Wegen begegnet, sondern auch Gleichgültigkeit und Ablehnung. Letztere muss in Jerusalem, dieser Stadt, die so voll, viel zu voll von Religion war, mitten in der aufgeregten Festsaison in Feindseligkeit umgeschlagen sein. Oder ist dies ein nachträglicher Erklärungsversuch, der den religiösen Autoritäten die Schuld an Jesu Tod geben sollte?

> Die Hohenpriester und die Schriftgelehrten erfuhren davon, was Jesus im Tempel getan hatte. Deshalb dachten sie darüber nach, wie sie ihn töten könnten, denn sie fürchteten sich vor ihm. Es war zwei Tage vor dem Passahfest, da suchten sie nach einer List, wie sie ihn ergreifen und ihm sein Leben nehmen könnten. Sie sprachen zueinander: «Lasst es uns tun, aber nicht während des Festes, damit es im Volk keinen Aufruhr gibt.»[4]

Es wird nicht berichtet, ob Jesus die Gefahr ahnte. Jedenfalls zog er sich für einen Augenblick zurück, wie um noch einmal Atem zu holen, und ging mit den Seinen zurück nach Bethanien.

> In Bethanien war er im Haus Simons, des Leprakranken, zu Gast und lag dort zu Tisch. Da kam eine Frau, die ein Alabastergefäß mit echtem, kostbarem Nardenöl bei sich trug. Sie zerbrach das Gefäß und goss das Öl Jesus auf sein Haupt. Darüber ärgerten sich einige und sagten zueinander: «Was soll diese Verschwendung? Man hätte das Öl für mehr als dreihundert Silbergroschen verkaufen und das Geld den Armen geben können.» Sie ließen die Frau ihren Zorn spüren.
> Aber Jesus sagte ihnen: «Lasst sie! Warum kränkt ihr sie? Sie hat etwas Schönes an mir getan. Arme habt ihr allezeit bei euch. Wann immer ihr wollt, könnt ihr ihnen Gutes tun. Aber mich werdet ihr nicht allezeit haben. Sie hat getan, was sie konnte: Sie hat meinen Leib im Voraus zum Begräbnis gesalbt.»[5]

Nach Jesu Hinrichtung suchten seine Anhänger nicht nur nach einem Sinn, der vielleicht in diesem Unglück verborgen lag, sondern auch nach

Schuldigen – und schuldig konnten doch nicht nur andere, Fremde und Feinde gewesen sein.

> Einer von den Zwölf, die Jesus ausgewählt hatte, war Judas Iskariot. Der ging zu den Hohenpriestern, um Jesus zu verraten. Sie freuten sich und versprachen ihm Geld. Von da an hielt er Ausschau nach einer günstigen Gelegenheit, um Jesus zu verraten.[6]

Jesus zog sich unterdessen mit seinen Weggefährten zurück, um mit ihnen in aller Stille Passah zu feiern, das alte Fest, das die Israeliten das erste Mal während eines großen Unglücks und kurz vor ihrer langen Flucht gefeiert hatten.

> Am ersten Tag des Festes, an dem man ein Lamm schlachtet, fragten ihn die Seinen: «Wo sollen wir hingehen und das Passahmahl zubereiten?»
> Da schickte er zwei von ihnen nach Jerusalem: «Geht in die Stadt. Da wird euch ein Mensch begegnen, der einen Krug mit Wasser trägt. Folgt ihm. Wo er hineingeht, da sprecht zu dem Hausherrn: ‹Der Meister lässt dir sagen: Wo ist ein Raum für mich, in dem ich mit den Meinen das Passahlamm essen kann?› Er wird euch einen großen Saal zeigen, der schön ausgelegt und vorbereitet ist. Dort bereitet das Mahl für uns zu.»
> So geschah es.
> Am Abend kam Jesus mit den Zwölf. Als sie zu Tisch lagen und aßen, sprach Jesus: «Eines sage ich euch: Einer von euch, der jetzt mit mir isst, wird mich verraten.»
> Das traf sie schwer, und einer nach dem andern fragte ihn: «Bin ich es?»
> «Es ist einer von euch Zwölf, der jetzt seinen Bissen mit mir in die Schüssel taucht.»
> Während sie aßen, nahm Jesus das Brot, dankte, brach es und gab ihnen davon.
> «Nehmt, das ist mein Leib.»

Danach nahm er einen Kelch, dankte, gab ihnen den, und sie tranken daraus.

«Das ist mein Blut des Bundes, das für viele vergossen wird. Ich sage euch, dass ich nicht mehr von der Frucht des Weinstocks trinke bis zu dem Tag, an dem ich aufs Neue davon trinken werde im Königreich Gottes.»[7]

Gestärkt und verstört, innerlich verbunden und zutiefst verunsichert sangen sie zum Schluss ihres Festmahls einen Psalm und gingen dann hinaus auf den Ölberg und in einen der Gärten, die die Stadt umgaben.

Während sie gingen, sagte Jesus: «Ihr werdet alle von mir abfallen.»

Simon Petrus entgegnete: «Selbst wenn alle anderen von dir abfallen – ich nicht!»

«Eines sage ich dir: Heute, in dieser Nacht, bevor der Hahn zweimal kräht, wirst du mich dreimal verleugnen.»

«Nein, selbst wenn ich mit dir sterben muss, werde ich dich nie verleugnen!»

Ähnliches sagten die anderen auch.[8]

In einem der Gärten, namens Gethsemane, sollten sie den letzten ruhigen Moment verleben.

Jesus sagte zu den Seinen: «Setzt euch hierher, solange ich bete.» Simon Petrus, Jakob und Johannes nahm er mit sich, ging ein wenig weiter und betete. Er begann zu zittern und zu verzweifeln. «Meine Seele ist betrübt bis an den Tod. Bleibt hier und wacht!» Er ging noch ein Stück weiter, fiel auf die Erde nieder und betete: «Lieber Vater, dir ist alles möglich. Nimm diesen Kelch von mir. Aber nicht, was ich will, geschehe, sondern was du willst!» Er kam zurück, fand sie schlafend und weckte Simon Petrus: «Schläfst du? Konntest du nicht eine Stunde wachen? Wacht und betet, damit ihr nicht in Versuchung fallt! Der Geist ist willig, aber das Fleisch ist schwach.»

Ein zweites Mal ging er fort, betete mit denselben Worten, kam zurück und fand sie wieder schlafend. Sie konnten ihre Augen vor Müdigkeit kaum öffnen und wussten nicht, was sie ihm antworten sollten.

Ein drittes Mal ging er los, kam wieder zurück und sprach zu ihnen: «Wollt ihr immer nur schlafen? Es ist genug. Die Stunde ist gekommen. Seht, der Menschensohn wird in die Hände der Sünder übergeben. Steht auf, lasst uns gehen! Seht, der Verräter ist nah.»

Da kam Judas Iskariot und mit ihm eine Menge von Männern mit Schwertern und Knüppeln, im Auftrag der Hohenpriester, Schriftgelehrten und Ältesten. Mit ihnen hatte er ein Zeichen verabredet: «Der, den ich küssen werde, der ist es. Den ergreift und führt ihn sicher ab.» Also ging Judas Iskariot auf Jesus zu, grüßte ihn: «Rabbi!», und küsste ihn. Da packten die Männer Jesus und nahmen ihn fest. Einer von denen, die dabei waren, zog sein Schwert und schlug dem Knecht des Hohenpriesters ein Ohr ab.

Jesus rief ihnen zu: «Mit Schwertern und Knüppeln seid ihr gegen mich losgezogen wie gegen einen Räuber, um mich gefangen zu nehmen? Tagtäglich bin ich bei euch im Tempel gewesen und habe dort öffentlich geredet, aber ihr habt mich nicht ergriffen.» Alle verließen ihn und flohen. Nur ein junger Mann folgte Jesus. Er hatte bloß ein Leinengewand an. Als sie auch ihn packen wollten, ließ er das Gewand und floh nackt davon.[9]

Auf die Gefangennahme folgte der Prozess, besser gesagt: die Prozesse. Denn es war ein Weg durch zwei sehr verschiedenartige Instanzen – israelitische und römische. Wer würde am Ende verantwortlich sein? Das ist keineswegs eindeutig.

Sie führten Jesus zum Hohenpriester, um den sich alle anderen Hohenpriester, Schriftgelehrten und Ältesten versammelt hatten. Sie suchten nach Zeugenaussagen gegen Jesus, damit sie ein Todesurteil sprechen könnten, doch sie fanden nichts. Denn viele brachten falsche Anschuldigungen gegen ihn vor, oder ihre Aussagen widersprachen einander. Einige traten vor und behaupteten: «Wir haben gehört, wie er gesagt hat: ‹Ich will diesen Tempel, der mit Händen gemacht worden ist, abbrechen und in drei Tagen einen andern bauen, der nicht mit Händen gemacht ist.›» Der Hohepriester stand auf, trat in die Mitte und fragte Jesus: «Hast du nichts auf das zu antworten, was diese gegen dich vorbringen?»

Jesus schwieg.

«Bist du der Messias, der Sohn des Hochgelobten?»

«Ich bin es.»

Da zerriss der Hohepriester seine Kleider und sprach: «Was brauchen wir noch weitere Zeugen? Ihr habt die Gotteslästerung gehört. Was meint ihr?»

Alle urteilten, dass er des Todes schuldig sei.

Einige fingen nun an, Jesus anzuspucken. Sie verhüllten ihm das Gesicht, schlugen ihn mit Fäusten und riefen: «Weissage uns doch, wer dich geschlagen hat!» Auch die Diener des Hohenpriesters prügelten auf ihn ein.

In sicherem Abstand war Simon Petrus hinterhergegangen. Bis in den Palast des Hohenpriesters war er Jesus und den Bewaffneten gefolgt. Im Hof hatte er sich zu den Knechten gesetzt und am Feuer gewärmt.

Da kam eine Magd des Hohenpriesters und schaute ihn an.

«Du warst doch auch mit diesem Jesus von Nazareth zusammen.»

«Ich weiß nicht und verstehe nicht, was du sagst.»

Simon Petrus ging in den Vorhof. Der Hahn krähte.

Die Magd sah ihn noch einmal an und sagte denen, die dabeistanden: «Der ist einer von denen.»

Wieder leugnete Simon Petrus. Nach einer kurzen Weile sprachen auch die anderen Simon Petrus an: «Wirklich, du bist einer von denen. Du bist auch ein Galiläer.»

«Ich kenne den Menschen nicht, von dem ihr redet.»

In diesem Augenblick krähte der Hahn ein zweites Mal.

Jetzt erinnerte sich Simon Petrus an das, was Jesus ihm gesagt hatte: «Bevor der Hahn zweimal kräht, wirst du mich dreimal verleugnen.» Er fing an zu weinen.[10]

Nun ging es zur nächsten Instanz, zum Vertreter der römischen Fremdherrschaft, ohne die eine Hinrichtung nicht möglich war. Für die religiösen Fragen der Einheimischen wird er keinen Sinn gehabt haben, für ihn ging es um die Frage, ob eine Revolte drohte, gerade während der angespannten Festzeiten.

Am Morgen berieten sich die Hohenpriester, Ältesten und Schriftgelehrten mitsamt dem Hohen Rat. Dann ließen sie Jesus fesseln, abführen und übergaben ihn an Pontius Pilatus, den römischen Statthalter von Judäa und Samaria. Pilatus fragte Jesus: «Bist du der König der Juden?»

«Du sagst es.»

Daraufhin brachten die Hohenpriester ihre Beschuldigungen vor. Pilatus fragte ihn ein zweites Mal, doch Jesus schwieg.

«Du antwortest nichts? Hör doch, wie schwer sie dich beschuldigen!»

Doch er sagte nichts mehr. Pilatus wunderte sich. Für gewöhnlich gab der Statthalter zum großen Fest dem Volk nach dessen Wahl einen Gefangenen frei. Pilatus hatte einen Gefangenen namens Barabbas, der bei einem Aufruhr einen Mord begangen hatte. Das Volk kam nun hinauf zu seinem Palast und bat ihn, wie üblich einen Gefangenen zu entlassen. Pilatus fragte die Menge: «Wollt ihr, dass ich euch den König der Juden losgebe?» Denn er hatte bemerkt, dass die Hohenpriester ihm Jesus aus Neid übergeben hatten. Doch die Hohenpriester wiegelten das Volk auf, dass es von Pilatus fordere, lieber Barabbas freizulassen.

«Und was soll ich mit dem tun, den ihr den König der Juden nennt?», fragte Pilatus.

«Kreuzige ihn!»

«Was hat er denn Böses getan?»

«Kreuzige ihn!»

Also ließ Pilatus der Menge ihren Willen, gab Barabbas frei, ließ aber Jesus auspeitschen und abführen, damit er gekreuzigt würde.[11]

Man sollte davon ausgehen, dass Pilatus die entscheidende Instanz war, denn nur der römische Statthalter hatte das Recht und die Macht, ein Todesurteil zu sprechen und vollstrecken zu lassen. Doch Markus, als früher Christus-Anhänger selbst ein Jude, scheint ein Interesse daran gehabt zu haben, dass seine Leser die eigentliche Verantwortung nicht bei den fremden römischen Herren, sondern bei der eigenen, religiösen Obrigkeit und einem aufgehetzten Jerusalemer Mob sehen. Er erklärt das damit, dass Pilatus ein Interesse daran hatte, sein Urteil im Einverständnis mit den örtlichen Autoritäten und der festlich erregten Menge in der Stadt zu fällen. Aber er hätte Jesus wohl auch gegen deren Widerstand zum Tode verurteilt, denn wenn jemand sich in seinem Herrschaftsgebiet als ein – wie auch immer gearteter – «Gesalbter», das heißt ein König, ausgab, so war dies Hochverrat.

Eines aber fällt an der Geschichte auf: Viele sprechen, beraten, diskutieren, planen, reden durcheinander, fragen, urteilen, geben Befehle, bringen Anschuldigungen und Forderungen vor, rufen und schreien – nur einer schweigt. Vorher hatte er so viel zu sagen, jetzt aber, da er wehrlos und ausgeliefert ist, verlassen und ganz allein, bringt er kein Wort heraus, geht stumm den Weg, auf den andere ihn zwingen.

Die Soldaten führten Jesus in den Palast des Statthalters, riefen die ganze Mannschaft zusammen, zogen ihm einen Purpurmantel an, flochten einen Kranz aus Dornen, setzten ihm diesen wie eine Krone auf und huldigten ihm: «Heil dir, du König der Juden!» Sie schlugen ihn mit einem Rohrstock auf den Kopf, spuckten ihn an, beugten vor ihm die Knie und erboten ihm den Ehrengruß wie einem König.

Nachdem sie ihren Spott mit ihm getrieben hatten, zogen sie ihm den Purpurmantel aus, legten ihm wieder seine eigenen Kleider an und führten ihn hinaus, um ihn zu kreuzigen. Einen Mann, der vorüberging, namens Simon von Kyrene, der Vater von Alexander und Rufus – er kam gerade vom Feld –, zwangen die Soldaten, für Jesus das Kreuz zu tragen. So brachten sie ihn zu der Stelle, die Golgatha heißt, übersetzt: «Schädel-Hügel». Dort boten sie ihm mit Myrrhe gewürzten Wein an, aber er nahm nichts davon.

Dann schlugen sie Jesus ans Kreuz.

Sie verteilten seine Kleider, indem sie das Los warfen, wer welches Stück bekommen sollte.

Es war die dritte Stunde, am Vormittag, als sie ihn kreuzigten. Oben am Kreuz war eine Tafel angebracht, auf der seine Schuld geschrieben stand: «Der König der Juden». Gemeinsam mit ihm kreuzigten sie zwei Aufrührer, den einen rechts, den anderen links von ihm. Leute gingen vorüber, lästerten, schüttelten ihre Köpfe und verhöhnten ihn: «Ha, du wolltest den Tempel abbrechen und ihn in drei Tagen wieder aufbauen. Jetzt hilf dir selbst und steig vom Kreuz herunter!» Ebenso verspotteten ihn die Hohenpriester und die Schriftgelehrten: «Anderen hat er geholfen. Aber sich selbst kann er nicht helfen!» Sogar die, die gemeinsam mit ihm gekreuzigt wurden, beschimpften ihn.

Zur sechsten Stunde, um die Mittagszeit, brach eine Finsternis über das Land herein. Sie dauerte bis zur neunten Stunde. Zu dieser Stunde, am Nachmittag, rief Jesus: «Eli, Eli, lama asabtani?» Das bedeutet: «Mein Gott, mein Gott, warum hast du mich verlassen?»

Einige, die dabeistanden, verstanden das falsch: «Hört, er ruft den Propheten Elia.» Einer kam angelaufen, tränkte einen Schwamm mit Essig, steckte ihn auf ein Rohr, gab Jesus zu trinken und sprach: «Halt, lasst uns sehen, ob Elia kommt und ihn herunterholt!»

Jesus schrie auf und starb.[12]

Das war das Ende von Jesus, dem Wanderpropheten aus Galiläa – für die fremde Obrigkeit eine Routineangelegenheit. Die Ruhe war wiederhergestellt. Auch die einheimischen Religionsautoritäten scheinen ungerührt zu ihren Geschäften zurückgekehrt zu sein, ebenso wie sich die Menge wieder den Festlichkeiten zuwandte. Nur denen, die zu Jesus gehörten, kam es so vor, als sei der Vorhang im Tempel mitten entzweigerissen, von oben bis unten. Nur sie hörten die Worte eines römischen Hauptmanns, der dabeistand: «Dieser Mann war Gottes Sohn.»

> Von weitem hatten Frauen zugeschaut: Maria Magdalena und Maria, die Mutter von Jakob dem Kleinen und von Joses, sowie Salome. Sie waren mit Jesus durch Galiläa gezogen, hatten ihm gedient und waren wie viele andere Frauen schließlich mit ihm hinauf nach Jerusalem gegangen.
> Am Vorabend des Sabbats wagte es Josef von Arimathäa, ein angesehenes Mitglied des Hohen Rates, Pilatus um den Leichnam zu bitten. Pilatus wunderte sich darüber, dass Jesus schon tot war, erkundigte sich beim Hauptmann und überließ Josef schließlich den Leichnam. Der kaufte ein Leinentuch, nahm den Toten vom Kreuz ab, wickelte ihn in das Tuch, legte ihn in ein Grab – dies war in einen Felsen geschlagen worden – und wälzte einen Stein vor den Eingang. Maria Magdalena und Maria, die Mutter des Joses, sahen zu und merkten sich, wo der Leichnam hingelegt wurde.[13]

Mehr gab es für sie nicht zu tun.

31.
Ins Offene schauen und gehen:
Der Auferstandene

Ellis Island, New York, 1930er-Jahre

Ein Wunder war ausgeblieben, die Rettung nicht erfolgt. Jesus selbst hatte sich nicht gewehrt. Keiner war ihm zu Hilfe geeilt. Nicht einmal ein Zeichen des Mitleids hatte er empfangen. So konnten die Henker ungestört und ungerührt ihre Arbeit tun. Was kam nach dieser schändlichen Hinrichtung? Was dachten, empfanden, taten die, die zurückblieben und weiterleben mussten? Ob sie an die alten Psalmen oder die dunklen Aussprüche der Propheten gedacht haben?

> Ich bin wie die Eule in der Einöde, wie das Käuzchen in den Trümmern.
> Ich wache und klage wie ein einsamer Vogel auf dem Dach.

Die Gruppe der Weggefährten war versprengt. Kaum etwas dürfte Simon Petrus, die Frauen und die anderen der Zwölf – von Judas zu schweigen – noch miteinander verbunden haben.

> Wir gingen alle in die Irre wie Schafe, ein jeder sah nur auf seinen Weg.

Einige waren geflohen, andere in der Menge untergetaucht, andere wiederum nach Galiläa zurückgekehrt. Doch sie konnten nicht darauf hoffen, dass jemand aus ihrem alten Leben sie willkommen hieß. Doppelt heimatlos waren sie nun. Auch hatte Jesus ihnen nichts hinterlassen: keine Organisation, keinen Ort und keine Mittel. So standen sie vor dem Nichts.

> Wächter, ist die Nacht bald hin? Wächter, ist die Nacht bald hin? Der Wächter spricht: «Wenn auch der Morgen kommt, so wird es doch Nacht bleiben.»

Schon die Propheten Israels und Judas haben so gefragt, in die Nacht gestarrt, nach dem Morgengrauen Ausschau gehalten und dabei versucht, irgendetwas in diesem Dunkel zu verstehen. Es hatte gedauert, aber dann war es ihnen gelungen, einen verborgenen Sinn zu entdecken, am Ende sogar zu einer neuen Erkenntnis Gottes zu gelangen. Ob sich die zurückgebliebenen Weggefährten Jesu zumindest in Bruchstücken an etwas davon erinnert haben, etwa an ein Lied vom Gottesknecht, das von einem unbekannten Propheten überliefert war?

> Er war der Allerverachtetste und Unwürdigste, voller Schmerzen und Krankheit. Er war so verachtet, dass man das Angesicht vor ihm verbarg. Aber er trug unsre Krankheit, lud unsere Schmerzen auf sich. Wir hielten ihn für einen Gezeichneten, meinten, er würde von Gott gequält. Doch er wurde um unsrer Schuld willen verletzt, wegen unserer Sünde geschlagen. Die Strafe liegt auf ihm, damit wir Frieden haben. Durch seine Wunden sind wir geheilt. Da warf Gott all unsere Sünde auf ihn. Als er gemartert wurde, beugte er sich und tat seinen Mund nicht auf wie ein Lamm, das zur Schlachtbank geführt wird.[1]

Es ist schwer vorstellbar, dass diese oder ähnliche Worte zu den ehemaligen Jesus-Anhängern sprechen, sie ansprechen und ihnen die Ahnung eines Sinns schenken konnten, während sie noch mitten in der Nacht waren. Doch dann geschah etwas, das sie verwandelte und wieder zusammenbrachte. Was dies war, hat als Erster Paulus in einem Brief in Worte gefasst.

> Liebe Schwestern und Brüder, ich erinnere euch an die gute Botschaft, die ich euch gebracht habe. Ich habe an euch weitergegeben, was ich selbst empfangen habe, nämlich dass Christus für unsre Sünden gestorben ist, wie die Schrift vorhergesagt hat, dass er begraben wurde und dass er am dritten Tag auferweckt wurde, wie die Schrift vorhergesagt hat. Zuerst wurde er von Simon Petrus gesehen. Danach von den Zwölf. Danach wurde er von mehr als fünfhundert Brüdern auf einmal gesehen. Von ih-

nen leben die meisten heute noch, einige aber sind schon gestorben. Danach wurde er von Jakob gesehen. Danach von allen
Aposteln. Zuletzt habe auch ich ihn geschaut.[2]

Eine nüchterne Liste – mehr bietet Paulus nicht. Es geht an dieser Stelle
nicht um eine Wundergeschichte, sondern um seinen Auftrag und seine
Autorität. Da auch er, der zu Lebzeiten nicht zu den Weggefährten gehört
hatte, Jesus geschaut hat, hat sein Weg eine radikale Wendung genommen, gehört er nun in die Reihe derer, die die Anhänger des Gekreuzigten
führen sollen. «Habe ich nicht Jesus, unsern Herrn, gesehen?», fragt er
im selben Brief.[3]

Nur, was heißt hier «sehen»? Paulus und die anderen werden es so
gemeint haben: Wir haben ihn leibhaftig vor uns gesehen. Will man dies
nachempfinden, wird man an eine höchst intensive Vision denken können, ein Schauen im Geist als eine sinnliche, körperliche Erfahrung: Jesus
ist nicht tot, ich sehe ihn vor mir – nicht als Geist oder Gespenst, sondern
als wirkliche Gestalt, als er selbst. Ich schaue ihn, empfinde seine Gegenwart – das öffnet mir die Tür zu einem neuen Leben. Er lebt in mir und
ich in ihm.

> Ich lebe, aber nicht ich, Christus lebt in mir. Was ich jetzt lebe im
> Fleisch, das lebe ich im Glauben an den Sohn Gottes, der mich
> geliebt und sich für mich dahingegeben hat.[4]

Einen ersten Versuch, davon zu erzählen, dass Jesus nicht tot ist, sondern
lebt, hat Markus unternommen.

> Am Abend des Sabbats kauften Maria Magdalena, Maria, die
> Mutter des Jakob, und Salome wohlriechende Salben, um den
> Leichnam Jesu zu balsamieren. In der Frühe des ersten Tages der
> Woche kamen sie zum Grab, gerade als die Sonne aufging, und
> fragten einander: «Wer wird uns den Stein vom Eingang des
> Grabes wälzen?»
> Da schauten sie hin und stellten fest, dass der riesengroße Stein
> schon weggewälzt war. Sie gingen in das Grab hinein und sahen

dort einen jungen Mann an der rechten Seite sitzen. Der hatte ein langes weißes Gewand an. Sie erschraken sehr. Aber er sprach zu ihnen: «Fürchtet euch nicht! Ihr sucht Jesus von Nazareth, den Gekreuzigten? Er ist auferstanden. Er ist nicht hier. Seht dort, da hatten sie ihn hingelegt. Jetzt geht zurück, sagt den Zwölfen und Simon Petrus, dass er euch nach Galiläa vorausgeht. Da werdet ihr ihn sehen, wie er es euch gesagt hat.»
Die Frauen stürzten hinaus und flohen. Angst und Schrecken hatte sie ergriffen. Niemandem sagten sie etwas, denn sie fürchteten sich.[5]

So endet das Evangelium von Markus mit einer Geschichte, die von Furcht und Zittern, Angst und Entsetzen, sprachlosem Unverständnis bestimmt ist. Das Grab ist leer, aber der Auferstandene ist nicht zu sehen, in der alten Heimat will er sich später schauen lassen. Stumm und verstört laufen die Frauen ins Offene.

Lukas hat die Geschichte weitererzählt.

Die Frauen betraten das Grab und entdeckten, dass es leer war. Da erschienen ihnen zwei Männer in leuchtenden Gewändern. Die Frauen erschraken und verneigten sich bis zur Erde. Die Männer sprachen zu ihnen: «Was sucht ihr den Lebenden bei den Toten? Er ist nicht hier. Er lebt. Erinnert euch doch daran, was er euch gesagt hat, als er noch in Galiläa war: ‹Der Menschensohn muss in die Hände der bösen Menschen ausgeliefert und gekreuzigt werden und am dritten Tag auferstehen.›»
Da erinnerten sie sich an seine Worte, verließen das Grab und berichteten alles den Elf und allen Übrigen. Doch die glaubten den Frauen nicht und hielten ihre Worte für Geschwätz. Nur Simon Petrus stand auf, lief selbst zum Grab, bückte sich hinein, sah dort nur noch die Leinentücher, ging wieder zurück und wunderte sich über das, was geschehen war.[6]

Der Schrecken ist hier schon gemildert. Die Furcht beginnt sich zu lösen und einem ersten, zaghaften Verstehen zu weichen, in dem Erinnerungen wach werden. Deshalb erstarren und verstummen die Frauen hier nicht, sondern haben etwas zu erzählen. Doch noch können die Männer ihnen nicht folgen.

Einen weiteren Schritt geht Matthäus in seiner Erzählung.

> Als die Frauen zum Grab kamen, bebte die Erde. Ein Engel kam vom Himmel und wälzte den riesigen Stein vom Eingang des Grabes.
> «Fürchtet euch nicht! Ich weiß, dass ihr Jesus, den Gekreuzigten, sucht. Er ist nicht hier. Er ist auferstanden, wie er gesagt hat. Kommt, seht nach, wo er hingelegt worden ist. Dann aber eilt und sagt allen, die mit ihm gingen: ‹Er ist von den Toten auferstanden. Er geht euch voraus nach Galiläa. Dort werdet ihr ihn sehen.›»
> Die Frauen liefen los in Furcht, aber auch mit großer Freude. Da erschien ihnen Jesus selbst und sprach: «Seid gegrüßt, Freude sei mit euch!» Sie liefen zu ihm, fielen vor ihm nieder und umfassten seine Füße. «Fürchtet euch nicht! Geht und sagt meinen Brüdern, dass sie nach Galiläa gehen sollen. Dort werden sie mich sehen.»[7]

Endlich ist es nicht nur Furcht, die die Frauen packt, sondern ein erstes Glücksgefühl.

> Die Elf taten, was die Frauen ihnen weitergesagt hatten. Sie gingen nach Galiläa. Dort auf einem Berg schauten sie ihn und fielen vor ihm nieder. Einige allerdings zweifelten. Jesus trat näher heran und sprach: «Mir ist Vollmacht gegeben im Himmel und auf Erden. Darum geht, zieht in die Welt und bringt meine Botschaft zu allen Völkern. Tauft sie auf den Namen des Vaters, des Sohnes und des Heiligen Geistes. Lehrt sie meine Weisungen – und danach zu leben. Seht, ich bin bei euch alle Tage bis an das Ende der Welt.»[8]

Gehen und laufen, sehen und hören, erschrecken und sich freuen, zweifeln und vertrauen, sich erinnern und verstehen, eine Aufgabe erhalten und losziehen ins Offene – darum geht es in diesen Geschichten über das Jesus-Schauen. Die langsamste, leiseste und zarteste von ihnen hat Lukas erzählt.

Am ersten Tag der Woche wanderten zwei von den Jesus-Anhängern zu einem Dorf, das von Jerusalem nicht sehr weit entfernt war. Es hieß Emmaus. Während sie gingen, sprachen sie über das, was geschehen war. Während sie so wanderten und redeten, näherte sich ihnen Jesus und schloss sich ihnen an. Aber ihre Augen waren wie gefangen. Sie erkannten ihn nicht.

«Worüber sprecht ihr da?», fragte er.

Die beiden blieben traurig stehen. Der eine, er hieß Kleopas, antwortete: «Bist du etwa der Einzige von den Fremden in Jerusalem, der nicht weiß, was in diesen Tagen geschehen ist?»

«Was denn?»

«Das mit Jesus von Nazareth! Der war ein großer, vollmächtiger Prophet. Vor Gott und den Menschen hat er Unerhörtes gesagt und getan. Unsere Hohenpriester und Oberen haben ihn ausgeliefert, dass er zum Tode verurteilt und gekreuzigt werde. Wir hatten gehofft, dass er es sei, der Israel befreien werde. Heute ist nun schon der dritte Tag, seit dies geschehen ist. Und nun haben uns einige Frauen aus unserem Kreis erschreckt. Sie waren heute Morgen, ganz früh, im Grab, haben aber seinen Leichnam nicht gefunden, liefen zu uns und sagten, sie hätten eine Erscheinung von Engeln gehabt, die hätten gesagt, dass er lebe. Einige von uns sind gleich zum Grab gelaufen und fanden alles so, wie die Frauen behauptet hatten. Ihn selbst aber haben sie nicht gesehen.»

«Ach, wie unverständig ihr doch seid und trägen Herzens! Warum begreift ihr nicht, was die Propheten vor langem gesagt haben! Musste Jesus dies nicht durchleiden, um in seine Herrlichkeit einzugehen?» Nun begann er, den beiden darzulegen, was in der Schrift über ihn zu lesen war, bei Mose und allen Propheten.

Endlich näherten sie sich dem Dorf. Jesus tat so, als ob er weitergehen wollte. Aber sie drängten ihn, mit ihnen ins Dorf zu gehen: «Bleibe bei uns. Es ist Abend, und der Tag hat sich geneigt.» So ging er mit in ihr Haus und blieb bei ihnen.

Da geschah es: Er saß mit ihnen zu Tisch, nahm das Brot, sprach das Dankgebet, brach das Brot und gab es ihnen. Jetzt wurden ihre Augen geöffnet, und sie erkannten ihn. Doch er verschwand vor ihren Augen. Die beiden blieben zurück und sprachen zu-einander: «Hat unser Herz nicht gebrannt, als er mit uns ging und uns die Schrift erschloss?»[9]

32.
Begeisterung in Jerusalem: Pfingsten

New York, um 1950

Erscheinungen sind etwas Flüchtiges. Wie lange werden sie angehalten haben – vierzig Tage vielleicht? Das wäre eine heilige Zahl. Dann hörten sie auf, und die Gestalt des Auferstandenen entschwand. Die, die sie geschaut hatten, blieben zurück. Wie sollte es mit ihnen weitergehen? Wenn es überhaupt weitergehen sollte, musste etwas Neues kommen. Die bloße Erinnerung an gemeinsame Wege und Erlebnisse oder an das visionäre Wiedersehen mit ihrem Meister würde nicht genügen, um ihrer Sache eine Zukunft zu eröffnen. Dieses Neue kam, und zwar in Jerusalem. Irgendwann kehrten Simon Petrus und die anderen in die fatale Hauptstadt zurück. Sie hätten sich zurückziehen, eine Gemeinschaft im sicheren Abseits bilden und den Schatz ihrer Erfahrungen in einem stillen Winkel hüten können: entweder in Galiläa, ihrer alten Heimat, oder jenseits des Jordans, in der Wüste, wie es damals andere Sekten taten. Doch sie gingen wieder mitten hinein, direkt in das Zentrum ihres Landes, das Herz ihres Volkes. Wahrscheinlich kehrten sie zunächst einfach zurück, besorgten sich eine Unterkunft und besuchten den Tempel, wie es sich für fromme Leute gehörte. Niemandem wird diese kleine Gruppe armer, ungebildeter Galiläer groß aufgefallen sein. Doch dann ereignete sich etwas Unerhörtes. Die Apostelgeschichte des Lukas – etwa sechzig Jahre später aufgezeichnet – malt ein Bild davon.

In Jerusalem wurde wie überall im Land das Wochenfest gefeiert. Man erinnerte sich daran, wie Gott auf dem Berg Sinai sein Gesetz an Mose übergeben hatte. Simon Petrus und die anderen saßen zusammen – plötzlich kam etwas wie ein Sturm über sie, ein Lärm und ein heftiger Wind erfüllten das Haus, in dem sie saßen. Es war, als ob ein großes Feuer, zerrissen in unzählige Flammen, sie überfiel. Der Geist Gottes packte sie und riss sie mit sich. Sie sprangen auf, reckten die Arme nach oben, die Augen geschlossen, die Augen verdreht, der Mund offen und voller Schaum, hin und her wiegten sie ihre Körper, zuckten, tanzten, stampften, trampelten, fielen hin, standen wieder auf, dazu stöhnten sie, sangen, seufzten, weinten, lachten, schrien sie – jeder für sich in höchstem Entzücken und alle gemeinsam in einer Begeisterung. Damit konnten sie nicht für sich in dem kleinen Haus bleiben. So liefen sie hinaus auf die Straßen und Plätze der Stadt, lallten, jubelten, stammelten, riefen fremdartige Laute und Wörter. Viele Menschen waren zum Fest in die Stadt gekommen, Juden aus allen Teilen der damaligen Welt, aber auch «Gottesfürchtige», die anderer Abstammung waren und dennoch die Feste und Gottesdienste der Juden mitfeierten. Unter ihnen waren Parther, Meder, Elamiter, Leute aus Mesopotamien, Kappadokien, Pontus, der Provinz Asia, Phrygien und Pamphylien, Ägypten und Libyen, auch Römer, Kreter und Araber. Als sie die Begeisterten hörten, meinten sie, ihre Muttersprache zu vernehmen. Ein Entsetzen ergriff sie. Sie verstanden es nicht: «Sind das nicht Galiläer? Wie kommt es, dass sie unsere Sprache sprechen? Was soll das werden?» Alle wunderten sich. Einige fühlten sich hingezogen, andere abgestoßen, andere wiederum trieben ihren Spott: «Die sind doch bloß betrunken!»[1]

Bisher waren sie ihrem Wandermeister und Wunderlehrer gefolgt. Nun, da sie ihn nicht mehr bei sich hatten, ihn auch nicht mehr schauen konnten, hatten sie ihn auf einmal in sich, mitten in sich selbst. Er war nicht mehr vor, neben oder über ihnen, sondern sein Geist war in sie gefahren: Er ist nicht tot, auch nicht fern, sondern lebt in uns und wird wiederkommen, sehr bald schon, alles wenden und beenden, dann herrscht Gott endgültig über die ganze Erde! Das war eine Hoffnung wie ein Wildfeuer, heiß und berauschend, wild und gefährlich, nicht zu fassen oder zu bändigen.

Nicht alle wurden von diesem Feuer mitgerissen, aber um Simon Petrus und die anderen Galiläer bildete sich schnell eine Gruppe. Es waren bitterarme Leute aus den elenden Häusern der Stadt oder grobe, ungewaschene Provinzler – das nackte Gegenteil der Gelehrten, Schreiber und Tempelbeamten. Sie hatten nichts als nur ihre Begeisterung. Doch damit steckten sie andere an, sammelten Menschen um sich, die wie sie kein Ansehen, keine Macht und kein Geld besaßen.

So wie Jesus und vor ihm Johannes rief auch Petrus die, die ihm zuhörten, dazu auf umzukehren, ihre Schuld zu bereuen und ihren Sinn zu ändern. Wer dies tat, den taufte er auf den Namen Jesu. Die Getauften erhielten die Vergebung und empfingen den Geist, wurden in die Gemeinschaft aufgenommen. Sie begannen, gemeinsam ein anderes Leben zu führen, kamen oft zum Beten und Singen zusammen, tauschten untereinander aus, was der Geist ihnen offenbart hatte, erinnerten sich an Jesus, indem sie miteinander zu Abend aßen und das Brot brachen. Im Eifer ihrer Begeisterung teilten sie das wenige, das sie besaßen, damit niemand Not leiden musste. Immer noch aber gingen sie treu in den Tempel und hielten sich an das Gesetz des Mose.[2]

Wie Jesus damals in Galiläa gingen Simon Petrus und die anderen durch Jerusalem, um sich denen zuzuwenden, die verloren, elend, verstört und krank waren. Einige Leute sollen ihre Kranken auf Betten und Tragen aus ihren Häusern gebracht und an den Straßenrand gelegt haben, damit Simon Petrus, wenn er vorbeikäme, zumindest seinen Schatten auf sie werfe.

Einmal gingen Simon Petrus und Johannes hinauf in den Tempel. Es war Gebetzeit, drei Uhr nachmittags. Dort saß an einem Tor – genannt «die schöne Tür» – ein Bettler, gelähmt von Geburt an. Den trug man Tag für Tag dorthin, damit er von denen, die in den Tempel gingen, Almosen erbat. Als er nun sah, dass Simon Petrus und Johannes sich näherten, streckte er ihnen bettelnd seine Hand entgegen. Die beiden blieben stehen und sahen ihn an.
«Schau uns an!»
Der Bettler schaute hoch, sah die beiden an und erwartete ein Almosen.

«Silber und Gold habe ich nicht. Aber was ich habe, das gebe ich dir: Im Namen Jesu Christi von Nazareth steh auf und geh umher!»

Simon Petrus nahm den Bettler an der rechten Hand und richtete ihn auf. Sofort wurden dessen Füße und Knöchel fest, er sprang auf, konnte stehen und gehen. Mit den beiden trat er jetzt in den Tempel, lief vor und zurück, hüpfte auf und nieder und lobte Gott.

Ein Staunen und Entsetzen ging durch die Menge. Alle wunderten sich.[3]

Angeführt wurde die neue Gemeinschaft von Simon Petrus, dem Fels und Verleugner. Mit ihm trugen auch die Übrigen aus dem Kreis der Zwölf Verantwortung. Nur Judas war verloren und durch einen anderen mit Namen Matthias ersetzt worden.

Recht bald stieß die Familie Jesu dazu. Eigentlich hatte sich Jesus schon zu Beginn seiner Wanderungen von ihr losgesagt – und sie sich von ihm. Doch nach dem Tod Jesu muss es zu einer Annäherung zwischen der Familie und der Anhängerschaft gekommen sein. Eine besondere Autorität erwarb sich sehr bald der älteste Bruder Jakobus. Er galt als sehr gesetzestreu. Gut einhundert Jahre später beschrieb Hegesipp, ein früher Schriftsteller der Kirche, ihn so: «Jakobus pflegte allein in den Tempel zu gehen. Man fand ihn dort regelmäßig, wie er auf den Knien lag und Gott für das Volk um Verzeihung anflehte. Seine Knie waren dadurch hart wie die eines Kamels geworden.»

Einige aus der neuen Gemeinschaft nahmen das alte Wanderleben wieder auf. Vielleicht haben sie sich daran erinnert, wie Jesus noch in Galiläa einige von ihnen losgeschickt hatte. Vielleicht trieb die frische Begeisterung sie aus der Stadt hinaus. Wie damals zogen sie los, ohne Schutz und Besitz, schwärmten aus in die Dörfer von Juda und Galiläa, um die verlorenen Schafe Israels zu suchen und zu sammeln.

33.
Grenzüberschreitungen im Ausland:
Die ersten Christen auf der Flucht

USA, um 1862

Die erste Zeit der neuen Gemeinschaft war von heftigen Konflikten im Inneren sowie mit der Außenwelt bestimmt, wie es oft der Fall ist, wenn eine neue Bewegung entsteht. Es ist nicht leicht, sich ein Bild von diesem Anfang zu machen. Die einige Jahrzehnte später aufgezeichneten Erinnerungen der Apostelgeschichte des Lukas enthalten Bruchstücke, ergänzen die Leerstellen mit wunderbaren Geschichten und legen über alles eine friedensselige Deutung. Man kann aber erkennen, dass die frühe Gemeinschaft der jüdischen Christus-Anhänger aus zwei Gruppen bestand: den Aramäisch sprechenden Juden aus Galiläa und Judäa, insbesondere aus Jerusalem, sowie den Griechisch sprechenden Juden, die in den angrenzenden Provinzen lebten und sich nur zeitweise in der Tempelstadt aufhielten.

Wahrscheinlich bildeten sie recht früh zwei Untergruppen mit jeweils eigener Leitung. Die «Aramäer» wurden von den zwölf Aposteln geführt, die «Griechen» von diesen sieben Männern: Stephanus, Philippus, Prochorus, Nikanor, Timon, Parmenas und Nikolaus, einem zum Judentum übergetretenen Mann aus Antiochia. Den «Griechen» waren der Tempel und das Gesetz weniger wichtig als den «Aramäern». Der neue Christus-Glaube bestärkte diese Juden in der Distanz zum Tempelopfer und in einer weniger strengen Beachtung des Gesetzes. Da bei den «Griechen» viel deutlicher zutage trat, dass hier eine neue religiöse Bewegung entstand, die das Potential hatte, über Israel und das frühe Judentum hinaus zu wirken, wurden die Autoritäten auf sie aufmerksam, begannen sie zu bekämpfen und zu verfolgen – nicht aber die «Aramäer».

Der Anführer der Griechisch sprechenden Juden aus der Diaspora, die den Christus-Geist empfangen hatten, war Stephanus. Sein Wirken und seine Reden verstörten und verärgerten nicht wenige aus den Synagogen. Aber sie konnten nichts gegen ihn ausrichten. Deshalb stifteten sie Leute an, die ihn verleumden sollten: Sie hätten gehört, dass er das Gesetz des Mose, ja Gott selbst gelästert habe. So versetzten sie das Volk und die Obersten in Jerusalem in Aufruhr. Stephanus wurde ergriffen und vor den Hohen Rat geschleppt. Falsche Zeugen sagten gegen ihn aus: Er habe gegen den Tempel und das Gesetz geredet. Er habe behauptet, dass Jesus von Nazareth diese Stätte zerstören und diese Ordnungen aufheben werde. Als Stephanus ihnen in seiner Begeisterung entgegnete: «Ich sehe den Himmel offen und Christus, den Menschensohn, an der rechten Seite Gottes!», da schrien sie laut auf, hielten sich die Ohren zu, stürmten auf ihn los, trieben ihn aus der Stadt, um ihn dort zu steinigen. Die das taten, legten ihre Kleider vor einem jungen Mann namens Saulus ab. Dann nahmen sie Steine und warfen sie so lange auf Stephanus, bis er tot war. Saulus bewachte ihre Kleider und freute sich.[1]

Die griechisch-jüdischen Christus-Anhänger wurden aus Jerusalem vertrieben. Dies führte zu ihrer Ausbreitung in den umliegenden Gebieten. In der Fremde, in die sie gestoßen wurden, entwickelten sie ein klareres Bewusstsein für ihre Sache und gewannen ganz neue Menschengruppen.

Während einige «Gottesfürchtige» Stephanus bestatteten, setzte eine massive Verfolgung der «Griechen» ein. Saulus versuchte, ihre Gemeinschaft zu zerstören, ging mit seinen Leuten von Haus zu Haus, schleppte Männer und Frauen hinaus und ließ sie ins Gefängnis werfen. Viele flohen aus der Stadt und eilten hinaus: nach Judäa und Samarien, weiter nach Damaskus, Phönizien, Antiochia und sogar Zypern. Dort blieben sie nicht stumm, sondern verbreiteten ihre Botschaft, sammelten Menschen um sich und gründeten neue Gemeinschaften. Nur die Zwölf blieben in Jerusalem.[2]

So kam auch Philippus, einer von den Sieben, an die Küste südlich von Jerusalem, auf dem Weg nach Gaza. Dort begegnete er einem «Gottesfürchtigen», der auf dem Rückweg von Jerusalem zu seiner Heimat in Äthiopien war. Am Hof der Königin Kandake war er als Schatzmeister ein mächtiger Mann. Der saß nun in seinem Wagen und las im Buch des Propheten Jesaja. Der Geist erfasste Philippus und befahl ihm: «Geh zu diesem Wagen und begleite ihn!» Das tat Philippus, lief neben dem Wagen her und hörte, wie der äthiopische Schatzmeister aus dem Propheten Jesaja las – denn damals las man auch für sich selbst noch laut.

Philippus fragte den hohen Herrn: «Verstehst du, was du liest?» Der Schatzmeister antwortete: «Wie soll ich das können, wenn mir niemand hilft und mich anleitet?»

Er bat Philippus, in seinen Wagen zu steigen und sich zu ihm zu setzen. Die Stelle, die er gerade gelesen hatte und nicht verstand, stammte aus einem der Gottesknechtslieder:

«Er wurde bedrängt und ist gedemütigt worden.

Wie ein Schaf, das zur Schlachtung geführt wird,

wie ein Lamm, das vor seinem Scherer verstummt,

hat er seinen Mund nicht aufgetan.

Aus der Bedrängung und dem Gericht wurde er herausgenommen, doch wen kümmert sein Geschick?»

Der Kämmerer fragte Philippus: «Von wem redet der Prophet da? Meint er sich selbst oder jemand anderen?»

Da fing Philippus an und erzählte ihm von Jesus, dessen Schicksal, seiner Botschaft und seinem Geist.

Wie sie so über die Straße fuhren und miteinander sprachen, kamen sie an einem Gewässer vorbei. Da fragte der Schatzmeister: «Schau, da ist Wasser. Was hindert uns daran, dass ich getauft werde?» Er ließ den Wagen anhalten, beide stiegen aus und gingen in das Wasser. Dort taufte Philippus den Äthiopier. Als sie wieder aus dem Wasser gestiegen waren, entrückte der Geist den Philippus. Der Schatzmeister sah ihn nicht mehr, stieg wieder in seinen Wagen und setzte seine Reise fort. Fröhlich zog er seiner Wege.[3]

Die «Gottesfürchtigen» waren keine gebürtigen Juden, fühlten sich aber zum Glauben an den nur einen Gott und dessen Gesetz hingezogen, be-

suchten die Synagogen und feierten bei vielen Festen mit. Es dürfte den
Christus-Leuten nicht schwergefallen sein, sie als vollwertige Glieder in
ihre Gemeinschaft aufzunehmen. Zeichen dafür war die Taufe. Die Beschneidung jedoch, das körperliche Zeichen dafür, dass man zum Volk
Israel gehörte, ersparten sie ihnen. Das war eine folgenreiche Entschei-
dung, weil sie damit den Rahmen, der das Volk Israel vor der Auflösung
bewahrte, in Frage stellten. Die griechisch-jüdischen Christus-Begeister-
ten werden sich daran kaum gestört haben, weil sie selbst auf oder jenseits
der Grenze lebten, die die Juden von den anderen Völkern trennte. Doch
auch über den Anführer der «Aramäer», Simon Petrus selbst, erzählt die
Apostelgeschichte des Lukas eine Geschichte, die in diese Richtung weist.
Als er in den angrenzenden Provinzen umherzog, um seine Botschaft zu
verbreiten, traf er ebenfalls auf Menschen, die sich ihm anschließen wollten, obwohl sie keine Juden waren.

> In Cäsarea, im Norden von Samarien, lebte ein römischer Haupt-
> mann namens Kornelius, ein «Gottesfürchtiger». Der hatte eine
> Erscheinung. Er sah einen Engel, der in sein Haus kam und sei-
> nen Namen rief: «Kornelius!»
> «Herr, was ist?»
> «Du bist ein Gerechter. Du betest und gibst Almosen. Davon hat
> Gott erfahren. Deshalb schicke einige von deinen Männern nach
> Joppe. Dort werden sie einen finden, der Simon Petrus heißt. Er
> ist bei Simon, dem Gerber, zu Gast, dessen Haus am Meer liegt.»
> Der Engel verschwand. Kornelius rief zwei seiner Knechte und
> einen seiner Soldaten, einen Mann jüdischer Herkunft, erzählte
> ihnen alles und schickte sie nach Joppe. Das lag südlich von
> Cäsarea, an der Küste Samariens.
> Während die drei Männer am nächsten Tag auf dem Weg zu
> Simon Petrus waren und schon in die Nähe der Stadt gekommen
> waren, stieg dieser auf das Dach, um zu beten. Dabei wurde er
> hungrig, und unten im Haus wurde für ihn etwas zu essen zu-
> bereitet. Da kam der Geist über ihn. Er sah, wie der Himmel sich
> öffnete und ein großes Leinentuch wie ein Sack an vier Zipfeln
> heruntergelassen wurde. Darin waren allerlei unreine Tiere,

Kriechtiere, Vögel. Eine Stimme rief: «Petrus, steh auf, schlachte und iss!» Doch er ekelte sich: «O nein, ich habe noch nie etwas Unreines gegessen!» – «Was Gott rein gemacht hat, das sollst du nicht unrein nennen!» Dreimal wiederholte sich diese Ermahnung. Dann wurde das Gefäß emporgehoben, und der Himmel verschloss sich wieder.

Ratlos saß Petrus da und wusste nicht, was diese Erscheinung bedeuten sollte. Da kamen die Männer des Kornelius in die Stadt und fragten nach dem Haus von Simon, dem Gerber. An der Tür riefen und fragten sie, ob Simon Petrus hier zu Gast wäre. Der Geist sprach zu Petrus: «Steig vom Dach herunter. An der Tür stehen drei Männer, die nach dir fragen. Geh mit ihnen, denn ich habe sie gesandt. Zweifle nicht!»

Also ging Petrus hinunter, ließ die Männer herein, hörte sie an und zog am nächsten Tag mit ihnen und einigen seiner Glaubensbrüder von Joppe hinauf nach Cäsarea. Als sie dort nach einem Tag eintrafen, ging Kornelius ihm entgegen und warf sich vor ihm nieder, doch Petrus richtete ihn auf: «Steh auf, ich bin doch auch nur ein Mensch.»

Nun kamen viele Menschen, um ihn zu sehen und zu hören. Zu ihnen sagte Petrus: «Ihr wisst doch, dass einem Juden nicht erlaubt ist, sich mit einem Fremden abzugeben oder in sein Haus zu gehen. Doch Gott hat mir gezeigt, dass für mich kein Mensch unrein sein soll. Deshalb bin ich zu euch gekommen. Aber warum habt ihr mich holen lassen?» Da erzählte ihm Kornelius von seiner Erscheinung.

Petrus staunte: «Nun weiß ich wahrhaftig, dass Gott die Person nicht ansieht! Er macht keine Unterschiede. Jeder Mensch aus jedem Volk ist ihm angenehm, wenn er nur Ehrfurcht empfindet und das Rechte tut.»

Während er ihnen nun die ganze Geschichte von Jesus erzählte, kam plötzlich der Geist über sie. Er packte jeden von ihnen und riss sie alle mit sich, Männer und Frauen. Die jüdischen Glaubensbrüder jedoch, die Petrus begleitet hatten, erschraken und empörten sich, weil der Geist auch die Heiden ergriffen hatte.

Sie waren ebenfalls wie im Rausch, gaben fremdartige Laute von sich und lobten Gott.

Doch damit nicht genug, Petrus rief: «Kann man denen das Wasser der Taufe verwehren, die genau wie wir den Geist empfangen haben?» Er gebot seinen Begleitern, den römischen Hauptmann Kornelius und all die Seinen auf den Namen Jesu Christi zu taufen.[4]

Der Zorn und die Angst der Hüter der Schrift und des Tempels richteten sich schließlich nicht nur gegen die «Griechen», sondern auch gegen die «Aramäer». Dass sie ihre Begeisterung für Christus immer noch mit der Treue zum Tempel und zum Gesetz verbanden, half ihnen wenig. Sie sollten keine Zukunft haben. In ihrer Heimat gehörten sie nicht mehr dazu, in die Fremde wagten sie sich nicht. Gut zehn Jahre nach der Hinrichtung Jesu, irgendwann in den Jahren 41 bis 44, wurde der Apostel Jakob, einer der Söhne des Zebedäus, unter dem judäischen König Herodes Agrippa I. mit dem Schwert getötet. Simon Petrus wurde gefangen genommen, konnte aber fliehen, Jerusalem verlassen und in Antiochia in Kleinasien unterkommen. Daraufhin scheint der andere Jakob als ältester Bruder Jesu die Leitung der Gruppe in Jerusalem übernommen zu haben. Aber auch er sollte eines gewaltsamen Todes sterben. Im Jahr 62 nach Christus wurde er unter dem Hohenpriester Hannas II. hingerichtet.

Viele machten sich auf die Flucht. Ein großer Teil von ihnen ging nach Antiochia, damals die drittgrößte Stadt des Römischen Reiches. Hier gab es eine starke jüdische Gemeinde. Die ersten Fluchtprediger wandten sich zunächst nur den Juden zu. Bald aber sprachen sie auch andere Bewohner dieser Vielvölkerstadt an. So sammelten sie sich eine höchst gemischte Gemeinschaft zusammen. Hier in Antiochia erhielten sie zum ersten Mal einen eigenen Namen: Man nannte sie von jetzt an «Christen».

34.
Vom Verfolger zum Verfolgten: Paulus

Ellis Island, New York, ohne Datum

Wie viele Juden zu Christus-Anhängern wurden und wie sie zu der neuen Gemeinschaft stießen, lässt sich heute nicht mehr sagen. Nur bei einem, Paulus, kann man eine Ahnung davon gewinnen, aber er war auch eine große Ausnahme, denn er wurde nicht bloß Teil dieser Gruppe, sondern einer ihrer Anführer, der sie grundlegend veränderte.

Von Paulus sind im Unterschied zu allen anderen frühen Christus-Anhängern Selbstzeugnisse erhalten, denen man die Eckpunkte seines Lebens entnehmen kann. Er stammte aus Tarsus, einer Stadt in Kilikien, in der heutigen Südtürkei, an der Grenze zu Syrien. Er muss eine gute Erziehung und umfassende Ausbildung erhalten haben. So verfügte er über reiche Kenntnisse der heiligen Schriften und Traditionen Israels, aber auch über eine griechische Allgemeinbildung. Von Beruf war er Zeltmacher. Ungewöhnlich an ihm war, dass er als gesetzesfrommer Jude zugleich das römische Bürgerrecht besaß.

Paulus dürfte im Jahr 10 geboren worden sein. Er war also ungefähr fünfzehn Jahre jünger als Jesus und zum Zeitpunkt der Kreuzigung um das Jahr 30 etwa zwanzig Jahre alt. Er war also ein junger Mann, als etwa zwei Jahre nach der Kreuzigung sein Leben eine plötzliche Wende nahm. Über sie hat er viel später in Briefen Auskunft gegeben, allerdings nur ganz kurz. Da es keine weiteren Berichte darüber gibt, bleibt vieles dunkel: etwa wie Paulus zum ersten Mal mit dem Christus-Glauben in Berührung kam und was er dabei von ihm erfuhr. Offenkundig ist nur, dass er sich sogleich mit brutaler Feindseligkeit gegen den neuen Glauben wandte.

> Ich bin einer aus dem Volk Israel, vom Stamm Benjamin, ein richtiger Hebräer, am achten Tag beschnitten, ein Gesetzestreuer, untadelig nach dem Gesetz gewesen – mit Eifer ein Verfolger der Gemeinde.[1]

Von allen Anführern unserer Gemeinschaft bin ich der aller-
niedrigste, eigentlich gar nicht wert, ein solcher genannt zu werden, denn ich habe die Gemeinschaft Gottes verfolgt.[2]

Was er im Einzelnen getan hat, schrieb Paulus nicht. Hat er das Volk
gegen die Neugläubigen aufgewiegelt, sie bei der römischen Obrigkeit
angezeigt, oder ist er selbst gegen sie vorgegangen? Doch dann geschah
etwas mit ihm.

Christus ist mir erschienen. Als Letzter von allen, als Allerletzter
aus der Reihe der Apostel, habe ich ihn geschaut.[3]

Diese Erscheinung, wie auch immer sie sich zugetragen haben mochte,
markierte für Paulus einen radikalen Neuanfang, weil er etwas gesehen
und gehört hatte, das sein Leben in eine ganze neue Richtung umlenkte.

Ich bin Paulus, ein Verkündiger, aber dazu nicht von Menschen
beauftragt, sondern von Jesus Christus, von Gott selbst, der ihn
von den Toten auferweckt hat. Meine Botschaft habe ich nicht
von Menschen empfangen, sondern unmittelbar durch eine
Offenbarung Jesu Christi selbst. Ihr wisst ja von meinem früheren Leben, wie ich die Gemeinschaft Gottes verfolgt und versucht habe, sie zu vernichten. Dann aber plötzlich zeigte mir
Gott seinen Sohn, damit ich ihn verkündige.[4]

Nichts hatte Paulus auf die Kehrtwende seines Lebens vorbereitet. Auf einmal war ihm Jesus Christus erschienen. Danach war nichts mehr wie zuvor.

Diese überschwängliche Erkenntnis Jesu Christi, meines Herrn –
durch sie ist für mich alles Frühere, alles, was ich besessen,
gewusst, geglaubt und getan habe, zu einem Nichts geworden,
einem Dreck. Nur noch das will ich – ihn kennen und die Kraft
seiner Auferstehung, die Gemeinschaft mit seinem Leiden, seinem Tod nachgebildet werden, damit ich zur Auferstehung von
den Toten vorstoße.[5]

Paulus schildert, wie er blitzartig erkannt hat, dass der gekreuzigte Jesus lebt. Das aber hieß: Jesus Christus war kein Verworfener, sondern der Auserwählte und Langersehnte. Sein alter Glaube erschien Paulus nun als falsch und widerlegt, das Gesetz, dem er bisher gehorcht hatte, hatte seinen Sinn für ihn verloren, seinen früheren Hass auf die Christus-Anhänger deutete er nun als eine Sünde gegen Gott. Paulus musste von nun an anders glauben, nicht mehr das Gesetz verteidigen, sondern Christus verkündigen. Alles dies ging ihm in einem Augenblick auf. Das war das Wunder seines Lebens.

Paulus' Bericht von seiner plötzlichen Einsicht ohne eigenes Zutun und ohne irgendeine Vorbereitung ist schon bald zum Urbild einer christlichen Bekehrung oder «Erweckung» geworden. Unzählige Autoren sind bis in die Gegenwart mit ihren Bekehrungsberichten diesem Muster gefolgt, wobei sie anders als Paulus selbst die Umstände ihrer Bekehrung meist anschaulich ausschmückten. Wer die Begleitumstände erzählt, will eine Geschichte damit einprägsamer und glaubwürdiger machen, auch für sich selbst. So versuchten Christus-Anhänger bald, sich ein Bild vom Erlebnis des Paulus zu machen. Zwanzig bis dreißig Jahre nach dem Tod des Paulus erzählte Lukas in seiner Apostelgeschichte die Geschichte so:

> Er ging zum Hohenpriester und bat ihn um Briefe für die Synagogen in Damaskus, damit er die Vollmacht erhielte, alle Christus-Anhänger – Männer und Frauen –, die er auf dem Weg dorthin fände, gefangen zu nehmen und gefesselt nach Jerusalem zu schleppen. Doch auf der Reise, kurz vor Damaskus – auf einmal strahlte ein Licht vom Himmel um ihn. Geblendet stürzte er zu Boden und hörte eine Stimme, die ihn rief.
> «Saul, Saul, was verfolgst du mich?»
> «Herr, wer bist du?»
> «Ich bin Jesus. Ich bin der, den du verfolgst. Steh auf, geh in die Stadt. Da wird man dir sagen, was du tun sollst.»
> Seine Gefährten standen sprachlos daneben. Sie hörten eine Stimme, sahen aber niemanden. Paulus stand auf, öffnete seine Augen, konnte aber nichts sehen. So führten sie ihn an der Hand nach Damaskus. Drei Tage lang war er blind, aß und trank nichts.[6]

35.
Streit um die Fremden:
Paulus gegen Petrus

New York, um 1950

P aulus hat wohl nicht nur einmal Jesus Christus geschaut und gehört. Die Erscheinungen warfen ihn um und rissen ihn aus allem heraus. Zugleich schickten sie ihn mit einem neuen Auftrag auf den Weg. Doch zunächst nahm Paulus einen Umweg, der etwa drei Jahre dauern sollte.

> Als es Gott gefallen hatte, mich zu rufen und mich seinen Sohn schauen zu lassen, weil ich ihn verkündigen sollte, da beriet ich mich nicht mit irgendwelchen anderen Menschen aus Fleisch und Blut, ging auch nicht hinauf nach Jerusalem zu denen, die vor mir Anführer der Christus-Gemeinschaft waren, sondern ich zog hinunter nach Arabien und kehrte danach wieder zurück nach Damaskus.[1]

Warum Paulus nach Arabien zog und wer ihn dort aufnahm, lässt sich nicht mehr sagen. Ob er versuchte, sich in der fremden Abgeschiedenheit neu zu orientieren? Wollte er nicht zu schnell denen begegnen, die er noch vor kurzem verfolgt hatte, oder sich vor seinen ehemaligen Mit-Verfolgern verstecken?

Nach seiner Zeit in Arabien zog Paulus nach Damaskus. Dort wurde er von den Christus-Anhängern aufgenommen. Sie werden ihn, der ja kaum etwas davon wusste, in ihren Glauben eingeführt haben. Sehr bald begann Paulus nun selbst, die Botschaft von Christus, dem Lebendigen, zu verbreiten.

> Drei Jahre später ging ich hinauf nach Jerusalem, um Simon Petrus kennenzulernen. Fünfzehn Tage lang blieb ich bei ihm. Von den andern sah ich niemanden, keinen aus der Gemeinde, keinen ihrer Anführer – außer Jakobus, den Bruder Jesu.[2]

Erst um das Jahr 35 ist Paulus also endlich zum Geburtsort seines neuen Glaubens gepilgert, um dessen wichtigsten Anführer persönlich kennenzulernen. Man wüsste gern, wie er diese Begegnung angebahnt hat, ob Simon Petrus misstrauisch war, wie sie die tagelange Unterredung geheim hielten und – vor allem – was sie sich zu sagen hatten. Doch man wird es nie erfahren. Es geschah eben alles im absoluten Abseits, am äußersten Rand eines Weltreiches, wo die Minderheit einer Minderheit sich in der untersten Unterschicht zu bilden begann.

> Nach meinem Besuch in Jerusalem bei Simon Petrus kam ich in die Länder Syrien und Kilikien, während mich die Christus-Gemeinden in Judäa gar nicht kannten. Sie hatten mich nie gesehen, nur von mir gehört: «Der hat uns früher verfolgt – jetzt verbreitet er den Glauben, den er damals zerstören wollte!» Sie lobten Gott wegen mir.[3]

Von etwa 35 bis 48 wirkte Paulus in seiner ursprünglichen Heimat. Am Ende dieser Zeit soll er auch nach Zypern und ins südliche Kleinasien gereist sein. Als Basisstation diente ihm Antiochia, wo es ja schon eine Christus-Gemeinschaft aus Juden und Nichtjuden gab. Einer ihrer Anführer war ein Mann namens Barnabas, der für Paulus anfangs wie ein Lehrer gewesen sein dürfte. Gemeinsam mit ihm oder anderen zog Paulus als Wanderprediger durch die angrenzenden Gebiete, gründete neue Christus-Gruppen und besuchte sie. Es werden keine beeindruckenden Kampagnen gewesen sein, sondern eher unscheinbare, mühselige Reisen. Nebenbei musste Paulus seinem Handwerk als Zeltmacher nachgehen, um niemandem zur Last zu fallen.

Zunächst gingen Paulus und seine Gefährten in die örtlichen Synagogen und jüdischen Häuser und sprachen mit den Menschen dort. Sie stießen auf Interesse und Zuspruch, mehr noch aber auf Widerwillen und Ablehnung, weil sie das Gesetz der Synagogen in Frage stellten. Mit der Zeit verzichteten sie darauf, zu den Synagogen zu gehen, und wandten sich direkt an Nichtjuden. Diese waren offener für die Botschaft von dem einen Gott, der keine Opfer will, sondern nur ein reines Herz, dessen Gesandter gekreuzigt wurde, aber auferstanden ist, und dessen Geist all de-

nen ein neues Leben schenkt, die sich ihm hingeben. In winzigen Samenkörnern wuchs etwas epochal Neues heran: Christus-Gemeinschaften, die
sich von ihren jüdischen Wurzeln lösten und in denen Fremde wie selbstverständlich zu Geschwistern wurden. Paulus hat dies in Ansätzen schon
vorgefunden. Aber er machte das Neue zum Grundsatz, dachte es mit allen
Folgen zu Ende und setzte es entschlossen durch: Durch Christus sind die
Regeln der Absonderung der Juden von den Nichtjuden aufgehoben.

Dass der Verfolger von einst jetzt die gemeinsame Sache vertrat und
neue Christus-Gemeinschaften gründete – diese ungeheure Nachricht
kam auch in Jerusalem an. Trotzdem suchte man offenbar keine Verbindung zu ihm. Vierzehn Jahre lang gab es keinen Kontakt, keine Beratun-
gen oder Absprachen, obwohl Paulus seinen Dienst ganz anders versah,
als man es in Jerusalem für richtig hielt. Im Frühjahr 48 kam es schließlich
zu einer Begegnung. Es war Paulus, der den Anstoß dazu gab.

> Vierzehn Jahre später zog ich noch einmal hinauf nach Jerusa-
> lem. Denn ich hatte eine Offenbarung gehabt. Dieses Mal reiste
> ich mit Barnabas. Wir nahmen auch Titus mit. Damit ich nicht
> vergeblich laufe oder gelaufen wäre, stellte ich allen und beson-
> ders denen, die in der Gemeinde ein hohes Ansehen besaßen,
> meine Art der Verkündigung vor: Dass ich nämlich die Christus-
> Botschaft den Nichtjuden sage, ohne sie auf das Gesetz des Mose
> zu verpflichten. So war Titus, ein Grieche, bei seiner Aufnahme
> in unsere Gemeinschaft nicht gezwungen worden, sich beschnei-
> den zu lassen. Einige falsche Brüder aber kundschafteten uns aus
> und wollten uns die neue Freiheit nehmen, die wir durch Jesus
> Christus haben, und uns wieder unter das Gesetz zwingen. Kei-
> nen Augenblick sind wir vor denen zurückgewichen und haben
> uns ihnen nicht unterworfen. Diejenigen jedoch, die besondere
> Autorität hatten und die Gemeinschaft in Jerusalem anführten,
> haben nichts in dieser Richtung von uns gefordert. Im Gegenteil,
> sie haben eingesehen, dass mir die Botschaft für die Unbeschnit-
> tenen, die Fremden, anvertraut ist – so wie Simon Petrus die Bot-
> schaft für die Beschnittenen, die Juden. Sie haben die Gnade er-
> kannt, die mir gegeben ist, und meinen Dienst anerkannt. Dar-

auf haben Jakobus, Simon Petrus und Johannes – die Säulen der Jerusalemer Gemeinschaft – mir und Barnabas die rechte Hand gegeben. So wurde verabredet, dass wir zu den Fremden, sie aber zu den Juden gehen sollten. Unter nur einer einzigen Voraussetzung: Wir sollten Geld für die Armen in Jerusalem sammeln. Das habe ich inzwischen mit großem Einsatz getan.[4]

Aber erkannten die Jerusalemer Gemeindeführer Paulus und seine Art der Verkündigung wirklich an? Eher scheint es so, als hätten sie nur eine Duldung ausgesprochen, ohne das epochal Neue in der Arbeit des Paulus zu erkennen. Sonst hätten sie sich fragen müssen, wie es noch um den Sinn ihrer eigenen Verkündigung bestellt war. Denn wie sollte es in einer Gruppe zwei Verkündigungen geben – einmal mit und einmal ohne das Gesetz des Mose? Immerhin hatte man einen offenen Streit vermieden, auch wenn grundsätzlich nur wenig geklärt war.

Es ist kein Wunder, dass der Streit schon wenige Wochen später erneut aufflammte, und zwar mit großer Heftigkeit.

Simon Petrus kam nach Antiochia und besuchte uns. Er aß mit uns, wie wir es gewohnt waren: Christus-Anhänger jüdischer und nichtjüdischer Abstammung an einem Tisch. Alle Speisen teilten wir miteinander. An die Speisegebote des Gesetzes, die Aufteilung in Reines und Unreines, hielten wir uns ja nicht mehr. Simon Petrus schien dies anfangs nicht zu stören. Auch er aß mit uns allen. Dann aber kamen einige Brüder aus Jerusalem im Auftrag von Jakobus, dem Gesetzestreuen. Als sie da waren, verhielt sich Simon Petrus plötzlich anders. Er zog sich zurück und nahm nicht mehr an unseren gemeinsamen Mahlzeiten teil, weil er die gesetzestreuen Brüder aus Jerusalem fürchtete. Andere von uns, die wie er jüdischer Abstammung waren, machten es ihm nach, sonderten sich ebenfalls von den Nichtjuden ab und spielten jetzt die Gesetzestreuen – sogar Barnabas. Als ich das sah, stellte ich mich Simon Petrus in den Weg und trat ihm entgegen, Auge in Auge. Denn er hatte sich ins Unrecht gesetzt. Vor allen stellte ich ihn öffentlich zur Rede.

«Du bist ein Jude, lebst aber wie ein Nichtjude und hältst dich nicht an das jüdische Gesetz. Denn wie sonst hättest du mit uns gemeinsam essen können? Warum zwingst du dann die Nicht-juden unter uns, wie Juden zu leben und sich an das Gesetz des Mose zu halten?»[5]

Nun musste allen klar sein, dass Simon Petrus und mit ihm die Jerusa-lemer Christus-Anhänger eine unklare, fast unehrliche Linie vertraten. Ihnen setzte Paulus sein Programm entgegen.

Zur Freiheit hat uns Christus befreit. Also steht jetzt fest und lasst euch nicht wieder das Joch der Knechtschaft auflegen! Ich, Paulus, ich sage euch: Wenn ihr euch beschneiden lasst oder anderen jüdischen Gesetzen gehorcht, dann wird euch Christus nichts mehr nützen. Ihr habt Christus verloren, wenn ihr durch das Gesetz gerecht werden wollt. Aus der Gnade seid ihr dann herausgefallen. Denn vor Jesus Christus gilt weder die Beschnei-dung noch das Unbeschnittensein irgendetwas, sondern nur der Glaube, der allein durch die Liebe wirksam wird.[6]

36.
Reisen bis ans Ende der Welt

Italien, 1947

Erst etwa sechzehn Jahre nach seiner Lebenswende begann Paulus, weit zu reisen. In den Jahren 48 bis 60 war er ununterbrochen unterwegs, von einer Stadt zur nächsten, mit dem Wunsch, bis zum Ende der damals bekannten Welt vorzudringen. Diese Missionsreisen des Paulus waren entbehrungsreiche Dienstreisen, voller Rastlosigkeit, Arbeit, Entbehrung, Krankheit, Erschöpfung, Gefahr und Verfolgung. Seine Reisen waren eine Fortsetzung der Wanderungen, die Jesus unternommen hatte: ein Leben ohne Heimat, eigenes Haus und Familie, eine Flucht nach vorn – auf ein Ziel hin, das nicht von dieser Welt war. Paulus nahm die Dynamik Jesu auf und steigerte sie: Er zog als Religionsemigrant nicht mehr von Dorf zu Dorf, sondern von Stadt zu Stadt, nicht nur durch Galiläa, sondern durch das Römische Reich. Und anders als Jesus hinterließ er an den Orten, die er besuchte, neue Gemeinschaften seines Glaubens.

Man hat versucht, Paulus' Umherziehen in einzelne Routen zu unterteilen. Wahrscheinlich ist es einleuchtender, von einer einzigen langen Reise zu sprechen, die von mehrmonatigen Aufenthalten hier oder dort unterbrochen wurde. Von Antiochia und Syrien zog Paulus in die Provinz Galatien in der heutigen Türkei und dann nach Griechenland, in die Provinz Makedonien sowie die Städte Korinth, Ephesus und Athen. Von hier aus kam er mit dem Schiff auf die Inseln Zypern und Kreta. Am Ende wollte er nach Rom und von da aus vielleicht bis nach Spanien. Es ist schwer, ein Bild von diesen Reisen zu gewinnen. Es ist unbekannt, welche Verkehrsmittel er benutzte, wie häufig es nur zu Fuß weiterging, wie teuer die einzelnen Stationen waren und wie viel Geld er bei sich hatte, wo er übernachtete und wie er sich ernährte. Welche Gefahren und Ängste musste er überwinden, wen musste er fürchten – Räuber, Betrüger, Soldaten, Gegner?

Unklar ist auch, welcher Plan hinter seiner Streckenführung lag, ob er überhaupt eine Strategie verfolgte. Paulus scheint die großen jüdischen

Diaspora-Siedlungen gemieden und sich auf römische Städte konzentriert zu haben. Jedoch ging er nicht in Gebiete, in denen schon andere Boten des frühen Christentums gewirkt hatten.

> Es ist für mich eine Frage der Ehre, dass ich die Botschaft dorthin bringe, wo der Name Christi noch nicht genannt wurde. Denn ich will nicht auf einem fremden Grund bauen.[1]

Langsam nur wird er vorangekommen sein, denn er musste unterwegs immer auch als Zeltmacher arbeiten.

> Ich predige nicht, um damit Geld zu verdienen. Eigentlich hatte Christus angeordnet, dass die Boten davon leben sollen, dass sie die Botschaft verbreiten. Aber davon habe ich keinen Gebrauch gemacht, sondern meinen Lebensunterhalt selbst verdient. Was also ist mein Lohn? Dass ich die Botschaft verbreite ganz frei und ohne Entgelt.[2]

So war er nur selten darauf angewiesen, Unterstützung von seinen Anhängern anzunehmen.

> Es war gut, dass ihr, liebe Schwestern und Brüder in Philippi, euch um mich in meinem Elend gekümmert habt. Ihr erinnert euch noch an meinen Anfang bei euch, als ich nach Makedonien weiterzog. Außer euch hat mir niemand geholfen und mir für die Gabe gedankt, die ich gebracht habe. Auch nach Thessalonich habt ihr mir – nicht nur einmal – geschickt, was ich brauche. Es geht mir ja nicht um solche Geschenke, sondern um die Frucht, die aus dem Glauben wächst. Nun habe ich mehr als genug, nachdem ich durch Epaphroditus eure Gabe empfangen habe.[3]

Die größte Unterstützung bestand für Paulus in seinen Reisegefährten. In Korinth etwa, wo es vor seiner Ankunft schon Christen gab, lebte das Ehepaar Aquila und Priscilla. Sie waren im Jahr 49 mit anderen Glaubensgenossen von Kaiser Claudius aus Rom vertrieben worden. Wie Paulus

waren die beiden ebenfalls Glaubensreisende und Zeltmacher. In beiden
Berufen konnten sie also zusammenarbeiten. Gemeinsam zogen sie nach
Ephesus und gründeten dort eine Gemeinschaft. Andere Mitarbeiter und
Mitreisende hießen Timotheus, Silas, Sosthenes, Silvanus, Titus, Epäne-
tus, Stephanus, Andronikus oder Junia. Paulus muss eine Begabung für
Freundschaften gehabt haben. Davon zeugen lange Grußlisten, etwa im
Brief an die Römer:

> Ich empfehle eurer Liebe, liebe Schwestern und Brüder in Rom,
> unsere Schwester Phöbe, die in der Gemeinschaft von Kenchreä
> dient. Nehmt sie bei euch auf, wie es sich für die Heiligen Gottes
> gehört. Steht ihr bei allem bei, wo sie euch braucht. Denn sie hat
> vielen beigestanden, auch mir selbst. Grüßt Priscilla und Aquila,
> meine Mitarbeiter in Jesus Christus, die für mein Leben ihren
> Hals hingehalten haben, denen nicht allein ich danke. Grüßt
> auch die Gemeinschaft derer, die in ihrem Haus leben. Grüßt
> meinen geliebten Epänetus, der als Erster in der Provinz Asia zu
> Christus gefunden hat. Grüßt Maria, die viel für euch gearbeitet
> hat. Grüßt Andronikus und Junia, meine jüdischen Geschwister
> und meine Mitgefangenen, die schon vor mir in Christus gewe-
> sen sind. Grüßt Ampliatus, geliebt im Herrn. Grüßt Urbanus,
> unseren Mitarbeiter in Christus, und den lieben Stachys. Grüßt
> Apelles, der sich in Christus so bewährt hat. Grüßt die aus dem
> Haus des Aristobul. Grüßt meinen jüdischen Bruder Herodion.
> Grüßt die Hausgenossen des Narzissus. Grüßt die Tryphäna und
> die Tryphosa, die im Auftrag des Herrn arbeiten. Grüßt meine
> liebe Persis, die viel im Auftrag des Herrn gearbeitet hat. Grüßt
> Rufus, den Auserwählten im Herrn, und seine Mutter, die auch
> mir eine Mutter geworden ist. Grüßt Asynkritus, Phlegon, Her-
> mes, Patrobas, Hermas und die Brüder und Schwestern bei ih-
> nen. Grüßt Philologus und Julia, Nereus und seine Schwester,
> Olympas und alle Heiligen bei ihnen. Grüßt einander mit dem
> heiligen Kuss. Es grüßen euch alle Gemeinschaften Christi. Es
> grüßen euch Timotheus, mein Mitarbeiter, und Luzius, Jason
> und Sosipater, meine jüdischen Brüder. (Auch ich, Tertius, der

ich diesen Brief nach dem Diktat des Paulus geschrieben habe, grüße euch in dem Herrn.) Es grüßt euch Gaius, der mich und die ganze Gemeinschaft versorgt. Es grüßt euch Erastus, der Stadtkämmerer, und der Bruder Quartus.[4]

Mit der Unterstützung dieser und anderer Menschen entstanden christliche Gemeinschaften in Kleinasien und Griechenland. Doch wie gründet man eine solche Gruppe? Der Reisebotschafter kam in eine neue, fremde Stadt – und was tat er dann? Er wird sich eine Unterkunft gesucht und Menschen angesprochen haben. Zumeist waren dies Arme, Rechtlose, Ungebildete, Sklaven, Menschen ohne Ansehen. Die Mission des Paulus war eine frühe Gestalt von Globalisierung. Viel verdankte sie dem Römischen Reich, seiner Infrastruktur, Einheit und Weltläufigkeit. Zugleich war sie das Gegenteil alles Imperialen. Seine Weltreligion wuchs in den Armenquartieren heran und rekrutierte sich aus dem Pöbel.

> Täuscht euch nicht, solche Leute kommen nicht in Gottes Reich: Prostituierte, Götzendiener, Ehebrecher, Stricher, Kinderschänder, Diebe, Geldraffer, Säufer, Räuber, Betrüger. Aber erinnert euch: Einige von euch gehörten genau zu dieser Art von Leuten. Doch jetzt seid ihr reingewaschen, ihr seid geheiligt, ihr seid gerecht geworden durch den Namen Jesu Christi, des Herrn, und durch den Geist unseres Gottes.[5]

Die neue Gemeinschaft der Christus-Anhänger wurde auf Griechisch «ekklesia» – «Versammlung» – genannt wegen der Versammlungen, zu denen sie zusammenkamen. Es waren Gottesdienste – und noch viel mehr. Alle aßen zusammen. Das gemeinsame Mahl war eine heilige Handlung, diente aber auch der leiblichen Sättigung, die viele bitter nötig hatten. Es stiftete eine Gemeinschaft, wie es sie so sonst nicht gab. Menschen, die anderen als unwürdig galten, die einander fremd waren, kamen an einem Tisch zusammen, teilten, was sie besaßen, so dass alle genug bekamen, und kümmerten sich nicht mehr um die Unterscheidungen von rein und unrein, jüdisch und griechisch, männlich und weiblich, frei oder unfrei.

Eine solche Kultgemeinschaft gerade für die Underdogs war faszinierend, aber auch von der Person des Paulus muss eine Faszination ausgegangen sein: wegen seines Einsatzes, seiner Wortmächtigkeit, seiner Begeisterung und seiner Ekstasen. Über Letztere konnte Paulus selbst eigentlich nur stammeln:

> Ich kenne einen Menschen – er gehört zu Christus wie ich – er wurde vor vierzehn Jahren – ist er in seinem Leib – ist er außer sich gewesen – ich weiß es nicht – Gott weiß es – er wurde bis in den dritten Himmel entrückt – ich kenne diesen Menschen – ob er im Leib gewesen ist oder außer sich, weiß ich nicht, nur Gott weiß es – er wurde ins Paradies entrückt und hörte unaussprechliche Worte, die kein Mensch sagen kann. Für den will ich mich rühmen – für das, was Gott an ihm getan hat – nicht für mich selbst will ich mich rühmen – außer für meine Schwäche. Damit ich nicht überheblich werde, weil ich so hohe Offenbarungen empfangen habe, ist mir ein Stachel ins Fleisch getrieben – ein Engel des Satans – der schlägt mich mit Fäusten, damit ich nicht überheblich werde. Wegen ihm habe ich dreimal zum Herrn gefleht: «Nimm ihn weg von mir!» Aber er hat mir geantwortet: «Meine Gnade soll dir genügen – meine Kraft ist in der Schwäche mächtig!» Deshalb bin ich nun stolz auf meine Schwäche, damit die Kraft Christi in mir wirksam sei. Deshalb bin ich guten Mutes und freue mich über meine Schwäche, mitten in den Misshandlungen, den Nöten, den Verfolgungen und Ängsten, die ich um Christi willen erleide. Denn wenn ich schwach bin, bin ich stark.[6]

Noch wichtiger als seine speziellen geistlichen Erfahrungen aber waren für Paulus seine Schwächen. Dies war keine gespielte Demutspose, sondern folgte aus einer nüchternen Selbstwahrnehmung. Paulus war ein schwacher und kranker Mann. Woran er genau gelitten hat, woher seine Schmerzen stammten, ob er ein Augenleiden hatte, an Rheuma litt oder an einer seelisch-körperlichen Krankheit, etwa der Epilepsie, lässt sich heute nicht mehr sagen.

Als ich zum ersten Mal, liebe Schwestern und Brüder, nach Galatien kam, zwang mich eine Krankheit, länger bei euch zu bleiben. Da habe ich angefangen, die Botschaft an euch weiterzugeben. Das war für euch nicht leicht. Meine körperliche Schwäche war anstößig für euch. Aber ihr habt mich nicht verachtet oder vor mir ausgespuckt, sondern mich wie einen Engel Gottes aufgenommen, ja wie Jesus Christus selbst.[7]

Es gelang Paulus, seine offensichtlichen Mängel in eine geheimnisvolle Stärke zu verwandeln. Er war kein erfolgreicher Stratege oder beeindruckender Redner. So sammelte er nur kleine Scharen von Menschen um sich, indem er einfach mit ihnen lebte. Er wohnte in ihrer Nähe, verrichtete hier seine Arbeit, war ihr Gast, rief die Versammlung in ihren Häusern zusammen, hörte ihnen zu, sprach zu ihnen, betete und aß mit ihnen. Häufig lag er lange krank danieder und musste von ihnen gepflegt werden. Er trat ihnen nicht als «Apostel» mit Würde und Weihe entgegen, sondern erwies sich in seiner Mission der Schwäche als einer von ihnen, ebenso arm, bedrängt, beschämt wie sie.

Mit allem, was ich bin und nicht bin, habe und nicht habe, versuche ich, ein glaubwürdiger Diener Gottes zu sein, und dies mit großer Geduld: in Bedrängnissen, Not und Ängsten, unter Schlägen, im Gefängnis und mitten im Aufruhr, in Mühsal, Schlaflosigkeit oder Hunger. Da will ich zeigen, was einen Diener Gottes auszeichnet: ein reines Herz, Einsicht, ein langer Atem, Freundlichkeit, Treue zum Heiligen Geist, ehrliche Liebe. Dabei habe ich nur das Wort der Wahrheit und die Kraft Gottes. Meine Waffe ist allein die Gerechtigkeit, etwas anderes habe ich nicht, um mich zu wehren: gegen falsche Ehrerbietung oder Schmähungen, gegen böse oder vermeintlich gute Gerüchte. Ich tue meinen Dienst mit Wahrhaftigkeit, auch wenn andere mich einen Verführer nennen, als ein Unverstandener, der dennoch bei den Leuten bekannt ist, als ein Sterbender, aber ich lebe doch, geschlagen, nicht getötet, traurig, immer fröhlich, arm, mache alle reich, habe nichts und bin ein freier Herr aller Dinge.[8]

Als Reisender war Paulus immer auch ein Flüchtender. An vielen Orten begegneten ihm offener Hass und massive Feindseligkeit. Gewalt wurde ihm regelmäßig angedroht und zugefügt.

> In Damaskus wollte der Statthalter des Königs Aretas mich ge-fangen nehmen. Aber in einem Korb wurde ich durch ein Fens-ter die Mauer hinabgelassen und entkam.[9]

> Ich bin ungezählte Male im Gefängnis gewesen, ausgepeitscht worden, in Todesnot geraten. Fünfmal habe ich von Juden die Höchststrafe – die 39 Geißelhiebe – erhalten. Drei Mal wurde ich mit Stöcken geschlagen. Einmal wurde versucht, mich zu steini-gen. Dreimal habe ich Schiffbruch erlitten. Einen Tag und eine Nacht trieb ich auf offenem Meer. Ich bin viel gereist und immer in Gefahren gewesen: auf Flüssen, durch Räuber, mein eigenes Volk, fremde Völker, falsche Brüder, in Städten, Wüsten, auf dem Meer, in Mühe und Arbeit, Schlaflosigkeit, Hunger und Durst, Frost und Blöße – und dazu noch die Sorge um alle unsere Ver-sammlungen.[10]

Bei allem Übel, das ihm widerfuhr, versuchte Paulus, seinem Christus auch in der Verfolgung treu zu bleiben. Das bedeutete, Gewalt nicht mit Gegengewalt zu beantworten, Verfolgungen zu erdulden und Feinde zu lieben.

> Das Böse sollen wir verabscheuen und meiden, aber festhalten am Guten. Fröhlich sollen wir sein in unserer Hoffnung, gedul-dig in unserer Trübsal, beharrlich im Gebet. Segnen sollen wir, die uns verfolgen – segnen und nicht verfluchen. Niemandem sollen wir Böses mit Bösem vergelten. Gegenüber jedermann sollen wir auf Gutes bedacht sein. Soweit es an uns liegt, sollen wir mit allen Menschen Frieden halten. Wir dürfen uns nicht selbst rächen. Denn es steht bei Mose geschrieben: «Die Rache ist mein, spricht der Herr.» Und in den Sprüchen der Weisheit heißt es: «Wenn deinen Feind hungert, gib ihm zu essen. Dürstet

ihn, gib ihm zu trinken. Wenn du das tust, wird er Reue über seine Bosheit empfinden.» Lass dich nicht vom Bösen überwinden, sondern überwinde das Böse mit Gutem.[11]

Durch keine Gefahr oder Not ließ Paulus sich von seinem unaufhörlichen Herumreisen abhalten. An so vielen Orten wie möglich wollte er neue Versammlungen gründen. Aber auch die eben erst gegründeten musste er regelmäßig besuchen, um ihnen beizustehen, sie anzuleiten und nicht zuletzt, um Streitigkeiten zu schlichten. Das gelang ihm dank seiner besonderen Autorität, aber auch, weil er eine Fähigkeit besaß, die unerlässlich ist, wenn man Frieden stiften will: Nüchternheit. Paulus war eben nicht nur ein begeisterter, sondern auch ein um Vernünftigkeit bemühter Anführer. Das zeigt sich etwa in seinem ersten Brief an die Versammlung in Korinth, in der offenbar viele «in Zungen redeten», das heißt in frommer Ekstase, vom Heiligen Geist ergriffen, unverständlich lallten oder schrien.

Liebe Schwestern und Brüder in Korinth, streckt euch aus nach der Liebe und nach den Gaben des Geistes! Bemüht euch, wie Propheten zu reden und in menschlichen Worten die Botschaft weiterzusagen! Das begeisterte Lallen und Schreien in Zungen hat sein Recht, aber andere Menschen verstehen es nicht. Wir sollen nicht nur mit dem Geist beten, sondern auch mit dem Verstand. Ich selbst rede mehr in Zungen als ihr alle und danke Gott dafür. Aber in der Versammlung will ich lieber fünf Worte mit klarem Verstand sprechen, damit ich andere etwas lehren kann, als zehntausend Worte in der Ekstase, die keiner versteht. Liebe Brüder und Schwestern, seid keine Kinder, wenn es um das Verstehen und nüchterne Urteilen geht. Wie Kinder sollt ihr nur sein, wenn es um das Böse geht, unschuldig wie Kinder. Aber wenn es um das Verstehen geht, dann seid erwachsen. Unser Gott ist kein Gott des Chaos, sondern des Friedens. Darum bemüht euch um das prophetische Reden, hemmt auch nicht das Lallen in Zungen, lasst aber alles anständig, vernünftig und ordentlich zugehen.[12]

Paulus hatte noch ein letztes großes Ziel: Rom, den Mittelpunkt der damaligen Welt. Dort gab es schon eine Versammlung, die er kennenlernen wollte.

> Seit vielen Jahren schon verspüre ich das Verlangen, zu euch zu kommen. Bisher ist es nicht dazu gekommen. Bald jedoch werde ich nach Spanien reisen. Da hoffe ich, euch bei der Durchreise zu sehen, und vielleicht helft ihr mir bei der Weiterreise, wenn ich mich ein wenig bei euch in Rom erholt habe.[13]

Doch zuvor hatte er noch eine Aufgabe zu erfüllen. Mit den Anführern in Jerusalem hatte er ja vereinbart, dass er unter einer Bedingung ganz eigenständig, ohne auf das Gesetz des Mose Rücksicht zu nehmen, seine Arbeit tun dürfe: Er sollte als Zeichen der Verbundenheit Geld für die Armen in Jerusalem sammeln und dorthin bringen. Endlich war es so weit.

> Jetzt aber, liebe Schwestern und Brüder in Rom, muss ich zuerst nach Jerusalem reisen, um für die Heiligen dort einen wichtigen Dienst zu tun. Die Versammlungen in Makedonien und Achaia haben eine Gabe für die Armen dort beschlossen. Diese will ich überbringen. Wenn ich das erledigt und das gesammelte Geld versiegelt abgegeben habe, will ich als Nächstes von euch aus nach Spanien ziehen. Ich bitte euch aber herzlich: Betet für mich, dass mir in Judäa kein Leid geschieht, mir niemand in Jerusalem Gewalt antut und mein Dienst von unseren Geschwistern in Jerusalem freundlich angenommen wird. Dann will ich fröhlich zu euch kommen. Der Gott des Friedens sei mit euch allen![14]

Im Frühjahr 56 traf Paulus in Jerusalem ein und überbrachte das Geld, doch schon bald kam es zu heftigen Konflikten. Aus Angst vor Aufruhr setzten die römischen Besatzer Paulus fest. Da er das römische Bürgerrecht besaß, konnten sie mit ihm nicht kurzen Prozess machen. Stattdessen wurde er für vier Jahre, von 57 bis 60, in Jerusalem und dann in Cäsarea gefangen gehalten. Anschließend wurde er nach Rom überführt.

Vier Jahre lang soll er dort noch als Gefangener gelebt haben. Ob er in Rom Kontakt zu seinen Glaubensgeschwistern hatte, ist unbekannt. Vielleicht wurde er während der Christenverfolgung unter Kaiser Nero, also im Jahr 64, getötet.

Und Simon Petrus? Nach seiner Auseinandersetzung mit Paulus in Antiochia war es still um ihn geworden. Er tat weiter seinen Dienst und übte Einfluss aus. Gemeinsam mit seiner Ehefrau unternahm er Reisen, um Versammlungen zu gründen oder zu besuchen. Irgendwann, so sagt die spätere Tradition, soll auch er nach Rom gekommen sein. Ob dies aus freien Stücken geschah oder ebenfalls als Gefangener, ist nicht bekannt. Viel spricht dafür, dass er so wie Paulus in der Hauptstadt getötet wurde, vielleicht auch unter Nero. Unbekannt ist, was aus seiner Ehefrau wurde.

Vom Ende der beiden wichtigsten Boten Jesu berichtet ein Brief, den ein gewisser Clemens um das Jahr 100 aus Rom an die Versammlung von Korinth geschrieben hat.

> Wegen Eifersucht und Neid haben die größten und gerechtesten Männer, unsere «Säulen», Verfolgung und Kampf bis zum Tod ertragen. Petrus erduldete wegen ungerechtfertigter Eifersucht nicht ein oder zwei, sondern viele Bedrängnisse. Mit dem Martyrium hat er sein Zeugnis für Christus abgelegt und ist nun angekommen an dem Ort der Herrlichkeit, der ihm gebührt. Paulus hat gegen Eifersucht und Streit den Beweis seiner Ausdauer erbracht. Siebenmal gefesselt, vertrieben, gesteinigt, Verkünder der Botschaft im Osten und im Westen, erwarb er sich den herrlichen Ruhm seines Glaubens. Er hat der ganzen Welt die Gerechtigkeit gelehrt, ist bis in den äußersten Westen vorgedrungen und hat vor den Machthabern sein Zeugnis abgelegt. So wurde er weggenommen von dieser Welt und ging ein in den heiligen Ort, als größtes Vorbild der Geduld.[15]

Am Ende sind alle getötet worden: Johannes der Täufer, Jesus von Nazareth, Stephanus, Jakobus, der Bruder Jesu, Petrus und Paulus.

37.
Die Geburt der Theologie
aus der Heimatlosigkeit

«SS Kaiser Wilhelm II.», 1907

Die ältesten Texte, die die ersten Christen verfasst haben und die bis heute erhalten sind, sind keine Lehrdokumente, Gottesdienstordnungen oder Kirchengesetze, sondern Briefe. Denn das frühe Christentum war eine Wanderbewegung, deren Anführer heimatlos waren. Wenn sie dort, wo sie gewirkt hatten, örtliche Versammlungen hinterließen, mussten sie die Verbindung brieflich aufrechterhalten. Briefe sind Dokumente der Entfernung. Wer mit den Seinen zu Hause lebt, muss nicht schreiben. Briefe sind aber auch Dokumente der Nähe. Sie halten die Freundschaft und Liebe am Leben, geben Nachricht, bitten um Hilfe, sorgen für Unterstützung, danken für Gaben, nicht selten schlichten sie Streitigkeiten. Jesus musste noch keine Briefe schreiben. Dafür war der Umkreis seiner Wanderungen zu klein, die Zeit seines Wirkens zu kurz. Paulus dagegen musste Korrespondenzen führen. Doch wenig ist darüber bekannt, wie er dies getan hat, wie er geschrieben oder diktiert hat, wie seine Schreiben verschickt wurden und was das kostete, wie lange die Post unterwegs war, wie sie den Versammlungen vor Ort bekannt gemacht wurden, wie sie verlesen und besprochen, aufbewahrt und vervielfältigt, am Ende an andere Versammlungen weitergegeben wurden.

Johann Wolfgang von Goethe hat einmal bemerkt: «Briefe gehören unter die wichtigen Denkmäler, die der einzelne Mensch hinterlassen kann.» In seinem langen Leben hat er etwa 24 000 Briefe erhalten und 20 000 selbst geschrieben. Wie viele Briefe Paulus insgesamt verfasst – oder erhalten – hat, lässt sich nicht mehr feststellen. Nur etwa zehn seiner Briefe sind überliefert. Die Zahl ist unsicher, weil umstritten ist, welche Briefe im Neuen Testament tatsächlich von ihm verfasst wurden. Geschrieben hat Paulus seine Briefe in den Jahren 50 bis 56, also während seiner großen Reisen.

Paulus hat aus dem Briefeschreiben eine eigene Kunst und eine eigene antike Literaturgattung gemacht. Am ehesten sind sie noch mit philosophischen Briefen vergleichbar, die aber in der Regel an einzelne Personen adressiert waren. Seine Briefe sind Denkmäler des Zusammenhalts zwischen ihm und seinen Versammlungen sowie zwischen den Versammlungen untereinander. Da der Briefautor sich auf gemeinsame Erfahrungen bezog und auf die Probleme, Gedanken und Gefühle seiner Empfänger einging, sind seine Briefe auch Denkmäler der Gemeinden von Rom, Korinth, Philippi oder Galatien.

In den Briefen des Paulus kommt immer Grundsätzliches zur Sprache, aber sie beziehen sich stets auf konkrete Situationen. Deshalb sind sie oft so engagiert, manchmal auch überspitzt und einseitig. Dies ist vor allem bei den Streit-Schreiben der Fall, in denen er zu Konflikten in einzelnen Versammlungen, zum Beispiel in Korinth, Stellung bezog. Paulus war kein unumstrittener Anführer. Er sah sich durchgängig gezwungen, sich und seine Mission gegen Angriffe von außen, aber auch gegen interne Kritik zu verteidigen. Dabei griff er auch andere an, von denen er sich angegriffen meinte. Während seiner Abwesenheit kam es in einigen Versammlungen regelmäßig zu Konflikten, die er aus der Ferne per Brief schlichten musste. Ob ihm dies gelang, lässt sich nicht mehr sagen. Doch das Kontroverse ist nur ein Element neben anderen. Seine Briefe waren immer auch Stellvertreter seiner Person. An seiner statt brachten sie den Versammlungen die gute Botschaft, lehrten und erklärten, erzogen und ermahnten, trösteten und segneten. In vielen Passagen sind sie selbst so etwas wie Gottesdienste auf Papier.

Mit den Briefen des Paulus wiederholte sich etwas, das schon in der Geschichte Israels geschehen war: Die Heimatlosigkeit führte dazu, dass der neue Glaube zu Literatur wurde. Neu aber war, dass Paulus in seinen Briefen etwas begründete, was es vorher so nicht gegeben hatte: Theologie. Damit ist noch kein systematisches Lehrsystem gemeint, wohl aber der Versuch, umstrittene Fragen prinzipiell zu klären. Der Bruch mit der jüdischen oder «heidnischen» Herkunft erforderte eine Begründung für die neue Glaubens- und Lebensweise, wie sie Angehörige einer alteingesessenen Religion nicht nötig haben. Aber nicht nur für Zeiten des Exils in der Fremde und für den «Exodus» aus der Knechtschaft ist eine Theologie erforderlich, sondern auch für die «Landnahme»: Wer in einer fremden

Kultur heimisch werden will, muss übersetzen können. So musste Paulus die aus dem Judentum stammende Botschaft von Lehre, Tod und Auferstehung des Wanderpredigers Jesus in einer nichtjüdischen griechisch-römischen Umgebung verständlich machen.

Man kann in den Briefen des Paulus beobachten, wie eine neue Denk-Disziplin entsteht, und dabei sehen, dass Theologie ein höchst persönliches Anliegen sein kann. Schließlich musste Paulus nachdenkend mit sich selbst ins Reine kommen, den Riss in seinem Leben verstehen. Seine Briefe stellen insofern die Theologie eines Zerbrochenen vor. Seit Paulus gibt es den Christus-Glauben nicht mehr ohne Theologie. Er ist der erste Theoretiker der Erlösung, in vielem tiefgründig und faszinierend, in anderem windungsreich und abgründig, manchmal auch zu scharf oder ungerecht. Man staunt, wie viel an Nachdenklichkeit er den Mitgliedern seiner Versammlungen zugemutet hat. Wer Nachdenken allerdings mit Ruhe und Muße verbindet, lernt hier etwas ganz anderes kennen: eine Theologie, die es eilig hat. Ihr Ausgangspunkt ist ein plötzlicher Umsturz:

> Wenn aber jemand in Christus ist, dann ist er ein neuer Mensch. Das Alte ist vergangen, Neues ist geworden.[1]

Mit der Formel «in Christus sein» versuchte Paulus, den Kern seines Glaubens zu beschreiben: das Bewusstsein einer höchst intensiven und intimen Verbindung mit dem Auferstandenen. Auch wenn dieser Begriff sehr unscharf ist, kann man darin eine eigene, paulinische «Mystik» entdecken. Dieses geheimnisvolle «in Christus sein» muss er als seine neue, innere Heimat erlebt haben. Doch anders, als man es von einer mystischen Erfahrung erwarten würde, war dies das Gegenteil einer stillen Versenkung, sondern eine Existenz von extremer Dynamik:

> Es ist nicht so, dass ich das Ziel schon erreicht hätte oder gar selbst vollkommen wäre. Ich jage ihm nach, rastlos renne ich darauf zu, auf dass ich es endlich einmal ergreife, weil ich doch von Jesus Christus ergriffen bin. Deshalb vergesse ich alles, was hinter mir ist, und strecke mich nur nach dem aus, was vor mir liegt, laufe, eile, hetze, jage und renne auf das allerletzte Ziel zu.[2]

Mit der Unbedingtheit eines Konvertiten verwarf Paulus alles, was früher war und sich ihm in den Weg stellte.

> Alle, egal ob Juden oder Griechen, sind verloren und unter der Macht der Sünde. Da gibt es keinen, der einsichtig wäre, keinen, der nach Gott fragte, keinen, der Gutes täte. Alle sind vom Weg abgekommen und verloren.[3]

Doch so sehr Paulus sich und die Seinen auch treibt und hetzt, hatte er doch verstanden, dass das eigene Laufen am Ende nichts entscheidet, weil das Ziel von besonderer Art ist: Es kommt von selbst, plötzlich und unerwartet. Deshalb muss man bei allem Rennen vor allem warten können.

> Ihr wisst selbst genau, dass Gottes Tag wie ein Dieb in der Nacht kommt. Aber ihr seid nicht in der Finsternis, so dass sein Tag euch wie ein Dieb überrumpeln könnte. Ihr seid Kinder des Lichts, Kinder des Tags. Wir gehören nicht zur Nacht oder zur Finsternis. Deshalb lasst uns nicht schlafen wie die andern, sondern wachsam sein und nüchtern.[4]

Paulus mutete seinen Zuhörern und Lesern eine besondere Gedankenübung zu, wenn er sie einerseits aufforderte, sich für den Moment der endzeitlichen Rettung bereitzuhalten, andererseits verkündete, dass diese Rettung schon da sei, allerdings unsichtbar als eine Wirkung des «Geistes». Diese paradoxe Einsicht lässt sich nicht vernünftig nach der Art der Philosophen erklären, sondern nur erfahren.

> Niemand wird schuldig gesprochen und verdammt, der in Christus ist. Das Gesetz des Geistes hat dich frei gemacht von dem Gesetz der Sünde und des Todes. Wenn Christus in euch ist, dann ist euer Leib für die Sünde gestorben. Aber der Geist ist Leben in Gerechtigkeit. Wenn der Geist dessen, der Christus von den Toten auferweckt hat, in euch wohnt, dann wird er euch lebendig machen. Denn die, die der Geist Gottes vorantreibt, sind Gottes Kinder.[5]

Das Paradox, dass die Rettung erwartet wird, aber eigentlich schon geschehen ist, macht Paulus an der Hoffnung deutlich: Man hofft auf Rettung, und zugleich liegt in dieser Hoffnung bereits die Rettung.

> Wir sind gerettet – in der Hoffnung. Eine Hoffnung aber, die man sehen könnte, ist gar keine. Wie sollte man auf etwas hoffen, das man schon vor sich sieht? Wir hoffen auf das, was wir nicht sehen. Wir warten darauf in Geduld. Deshalb hilft uns der Geist, wenn wir schwach werden. Wir wissen ja nicht einmal, was wir beten sollen, wie es richtig wäre. Da tritt der Geist für uns ein und betet an unserer Stelle mit einem Seufzen ohne Worte. Wer will uns nun trennen von der Liebe Christi? Trübsal oder Angst, Verfolgung oder Hunger, Nacktheit, Gefahr oder Schwert? Ich bin gewiss, dass weder Tod noch Leben, weder Engel noch Gewalten, weder Gegenwärtiges noch Zukünftiges, weder Hohes noch Tiefes noch irgendein anderes Geschöpf uns trennen kann von der Liebe Gottes, die in Jesus Christus ist.[6]

Paulus greift die in der Tradition Israels gestellte Frage auf, wie man vor Gott gerecht werden könne. Eine klassische Antwort darauf lautete, dass man dafür das Gesetz des Mose, die Tora, einhalten müsse. Paulus setzte dagegen, dass es darauf nicht mehr ankomme, und gelangte zu einer Formel, die wie kaum eine andere Denkfigur die Geschichte des Christentums prägen sollte: Wer an Jesus Christus glaubt, erfährt, dass Gott ihn in seiner Gnade bereits freigesprochen und gerecht gemacht hat.

> Kein Mensch wird dadurch gerecht, dass er Gesetze erfüllt. Ich rede hier von der Gerechtigkeit vor Gott. Denn die kommt nicht durch ein Gesetz, sondern durch den Glauben an Jesus Christus. Deshalb gibt es hier keinen Unterschied zwischen denen, die das Gesetz des Mose halten, und denen, die ohne dieses Gesetz leben. Sie sind alle gleich – Sünder und ohne Gerechtigkeit vor Gott –, aber sie werden – ohne eigenes Verdienst – durch seine Gnade gerecht gesprochen.[7]

Das hat Folgen für die Gruppen, die sich im Namen Jesu versammeln. Die Trennungen, die das Leben in dieser Welt bestimmen, können in ihnen keine Bedeutung mehr haben. Sie sollen grenzenlose Gemeinschaften sein.

> Hier gibt es keine Unterschiede mehr zwischen Juden und Griechen, Sklaven und Freien, Männern und Frauen. Denn ihr seid alle eins in Jesus Christus.[8]

Doch wenn äußere Grenzen verschwinden, drohen an ihre Stelle innere Grenzen zu treten. So war es fast unvermeidlich, dass sich einige der neuen Versammlungen in Cliquen und Parteien aufspalteten und bekämpften. Paulus versuchte, dem das Bild einer Gemeinschaft entgegenzusetzen, in der persönliche Unterschiede das Ganze nicht beschädigen, sondern ihm dienen – ja, ein gemeinsames Leben überhaupt erst möglich machen.

> Es gibt verschiedene Begabungen, aber es ist ein Geist. Es gibt verschiedene Aufgaben, aber es ist ein Herr. Es gibt verschiedene Kräfte, aber es ist ein Gott. Der bewirkt alles in allen. Durch jeden Einzelnen offenbart sich der Geist zum Nutzen aller. So wie der Leib in sich eins ist und dennoch aus vielen Gliedern besteht – so wie es viele Glieder gibt, sie aber erst zusammen einen Leib bilden –, so ist es mit uns, die wir in Christus sind. Wir sind durch den Geist alle zu einem Leib geworden – in der Taufe –, gleichgültig, ob wir Juden, Griechen, Sklaven oder Freie, Männer oder Frauen sind – wir sind alle von dem einen Geist erfüllt. Der Leib besteht nicht aus einem Glied, sondern aus vielen. Es gibt viele Glieder, doch sie bilden einen Leib. So sind wir jetzt gemeinsam der Leib Christi, und jeder Einzelne von uns ist an ihm ein Glied.[9]

Wie hält man einen Organismus zusammen, der so viele Unterschiede – der Begabung und Begeisterung, der Fähigkeiten und Funktionen – in sich enthält? Ein Gesetz, das diese Frage hätte beantworten können, hatte Paulus nicht parat und wollte es auch nicht haben. Er hoffte und glaubte, dass die Liebe alles zusammenbinden würde.

Wenn ich in allen Sprachen der Menschen reden oder mit Engels-
zungen singen könnte, hätte aber keine Liebe, wäre ich nur eine
dumpfe Glocke oder eine scheppernde Schelle. Wenn ich wie ein
Prophet alle Geheimnisse Gottes wüsste und alle Weisheit dieser
Welt besäße, wenn mein Glaube Berge versetzen könnte, ich aber
keine Liebe hätte, so wäre ich nichts. Wenn ich all meinen Besitz
den Armen schenkte, mich selbst und meinen Leib hingäbe, hätte
aber keine Liebe, wäre es mir gar nichts nütze.
Die Liebe ist langmütig und freundlich. Sie kennt keine Eifer-
sucht, prahlt nicht, bläht sich nicht auf. Sie wahrt den Anstand.
Sie sucht nicht den eigenen Vorteil. Sie lässt sich nicht verbit-
tern, rechnet niemandem Böses zu, freut sich nicht über die
Ungerechtigkeit, freut sich über die Wahrheit. Sie erträgt alles,
glaubt alles, hofft alles, duldet alles. Die Liebe hört niemals auf.
Nun bleiben Glaube, Hoffnung, Liebe, aber die Liebe ist die größte
unter ihnen.[10]

Die Liebe ist ein hohes Gut, fast ein unerfüllbares Ideal. Doch so, wie
Paulus sie hier der zerstrittenen Versammlung in Korinth vorstellt, ist sie
etwas ganz Alltägliches. Sie erfüllt sich in einfachen Gefühlen, Gedanken
und Handlungen, die jedem möglich sein müssten: einen langen Atem
haben, Güte beweisen, nicht angeben, nichts neiden, die guten Sitten achten, den Egoismus im Zaum halten, nichts nachtragen, keine Schaden-
freude empfinden.

Einfache Liebe sollte die Christen miteinander verbinden und sie in die
Fremde hinaustreiben, um dort für sie zu werben. Die Welt «da draußen»
aber konnte für Paulus kein Gegenstand der Liebe sein. Es gab für ihn
keine heimische Welt mehr, denn die «Welt» an sich war für ihn als Ge-
gensatz zum Leben in der Liebe und im Geist Gottes etwas Fremdes, zu
dem man Abstand halten musste. Paulus meinte, diese «Welt» schon hinter sich zu haben, so gleichgültig war sie ihm. Das, was die Gesellschaft
seiner Zeit bestimmte – die Unterschiede zwischen Völkern, Schichten,
Geschlechtern, Kulturen –, hatte für ihn keine Geltung. Darin lag etwas
Revolutionäres. Andererseits findet man bei Paulus auch einen Konser-
vatismus aus Gleichgültigkeit, vielleicht sogar aus Ordnungssinn oder

Ängstlichkeit. Jedenfalls finden sich bei ihm keine Ansätze dazu, die Sklaverei, die Unterdrückung der Frauen, die Armut der Massen und das Unrecht der Obrigkeit grundsätzlich zu überwinden. Für solche politischen Gedanken hatte er weder Interesse noch Zeit.

> Die Zeit ist kurz. Deshalb sollen wir in dieser Welt leben, als ob wir schon nicht mehr in ihr lebten, sollen wir sie nutzen, als würden wir sie nicht gebrauchen. Denn diese Welt vergeht.[11]

Als wäre er selbst schon halb aus «dieser Welt» hinausgerannt, ruft Paulus am Ende eines Briefs den Seinen wie aus vollem Lauf zu:

> Ich bitte euch, Brüder und Schwestern: Erweist denen Respekt, die sich um euch mühen, euch leiten, euch den rechten Weg weisen. Zeigt ihnen eure Liebe für die Arbeit, die sie für euch tun. Haltet Frieden untereinander.
> Ich ermahne euch: Kümmert euch um die, die ohne Halt sind, weist sie zurecht, tröstet die Mutlosen, muntert sie auf, stützt die Schwachen, seid geduldig mit allen. Passt auf, dass keiner dem andern Böses mit Bösem vergilt. Jagt stets dem Guten nach, füreinander und für alle. Seid immer fröhlich. Betet, ohne nachzulassen. Seid dankbar für alles. Denn das ist Gottes Wille in Jesus Christus für euch.
> Den Geist unterdrückt nicht. Das prophetische Reden verachtet nicht. Prüft alles und behaltet das Gute. Meidet das Böse in jeder Gestalt.
> Der Gott des Friedens heilige euch. Er bewahre euren Geist, eure Seele, euren Leib – heil und rein –, bis Jesus Christus kommt. Er ist treu. Was er sagt, das tut er auch.
> Brüder und Schwestern, betet für uns.
> Grüßt alle mit dem heiligen Kuss.
> Ich beschwöre euch – bei Gott –, dass dieser Brief allen Brüdern und Schwestern vorgelesen wird.
> Die Gnade unseres Herrn Jesus Christus sei mit euch![12]

38.
Das Ende von Jerusalem

Berlin, 1947

Im Jahr 70 wurde die Geschichte des antiken Israel auf grausamste Weise abgebrochen. Römische Truppen eroberten und zerstörten Jerusalem und seinen Tempel, das heilige Zentrum der Stadt. Damit brachten sie den Jüdischen Krieg, der vier Jahre zuvor ausgebrochen war, zum Abschluss. Aufständische in Galiläa, Judäa und Jerusalem hatten gemeint, der Gewalt des Kaisers Nero trotzen zu können. Zunächst der Feldherr und spätere Kaiser Vespasian, dann sein Sohn Titus widerlegten sie. Die Stadt wurde niedergebrannt. Wer nicht schon während der Belagerung verhungert war, wurde ermordet oder verschleppt. In der Folgezeit soll es auf dem Sklavenmarkt zu einem massiven Preissturz gekommen sein, weil so viele Kriegsgefangene das Gleichgewicht von Angebot und Nachfrage durcheinanderbrachten. Auch soll es in Galiläa zu einer außergewöhnlichen Ölknappheit gekommen sein, weil fast alle Ölbäume abgehauen worden waren.

Der römisch-jüdische Geschichtsschreiber Flavius Josephus schätzt, dass über eine Million Menschen getötet wurden. So schildert er das Ende der Stadt:

> Während der Tempel in Flammen aufgeht, richten die Soldaten unter denen, auf die sie stoßen, ein ungeheures Blutbad an. Kein Alter findet Erbarmen, nichts Heiliges wird geachtet, sondern Knaben und Greise, Laien und Priester werden gleicherweise niedergemacht. Ohne jede Rücksicht auf das Geschlecht wütet auf allen Seiten das feindliche Schwert, es wütet ebenso gegen die, die um Pardon bitten, wie gegen die, die noch Gegenwehr leisten. In das Geprassel der himmelhoch aufschlagenden Flammen mischt sich das schauerliche Ächzen der Sterbenden. Keine Vorstellung dürfte imstande sein, die Gewalt und die Grässlich-

keit jenes Tumultes zu überbieten, den der brausende Schlachtruf der zusammenströmenden Legionen, das Gebrüll der von einem Feuer- und Eisenwall umklammerten Rebellen, wie auch die Angst des abgeschnittenen und dem Feinde gerade in die Hände laufenden Volkes und sein letzter Todesschrei hervorbringen. Dem Getümmel auf der Höhe antwortet das Jammergeschrei des Volkes in der Stadt. Selbst viele von denen, die vor Hunger schon verschmachten und kein lautes Wort mehr hervorbringen, überkommt beim Anblick des feuersprühenden Tempels eine verzweifelte Kraft, so dass sie wieder laut zu jammern, ja zu schreien beginnen. Der Widerhall von den Wänden jenseits des Kedron und den übrigen Bergen ringsum macht das Getöse noch furchtbarer. Nirgends sieht man noch ein Fleckchen Erde, das nicht mit Toten bedeckt ist. Die Soldaten müssen förmlich Leichenhügel stürmen, um die Flüchtigen zu verfolgen.

In der Bibel findet sich kein direkter Augenzeugenbericht. Aber in einer Weissagung, die der Evangelist Lukas Jesus in den Mund legt, kann man ein Echo auf diese Ereignisse erkennen.

Wenn ihr seht, dass Jerusalem von einem Heer belagert wird, dann wisst ihr, dass seine Verwüstung unmittelbar bevorsteht. Wer dann in Judäa ist, fliehe ins Gebirge. Wer in der Stadt ist, laufe hinaus. Wer auf dem Land ist, komme nicht mehr in die Stadt. Denn das sind die Tage der Rache. Wehe den Schwangeren und Stillenden! Es wird eine furchtbare Not sein. Der Zorn wird das Volk treffen. Sie werden durch die Schärfe des Schwerts fallen. Sie werden gefangen genommen und weggeführt in die Fremde. Jerusalem wird zertreten.[1]

Doch selbst diese Vernichtung war noch nicht die letzte. Zwei Generationen später zettelte ein gewisser Simon Bar Kochba einen allerletzten, verzweifelten Aufstand gegen die Römer an. Er endete im Jahr 135. Dieses Mal soll eine halbe Million Menschen ihr Leben verloren haben. Fünfzig

Städte sowie tausend Dörfer sollen zerstört worden sein. Danach gab es für viele Jahrhunderte keine jüdische Ansiedlung mehr in ganz Palästina.

Seither lebten Juden in der Fremde: im Römischen oder Persischen Reich. Für immer mussten sie auf Tempel, Priester und Opferkult, das ursprüngliche Herzstück ihrer Religion, verzichten. An deren Stelle traten die Rabbinen, die das Volk Gottes in den Synagogen zum Gebet versammelten und in der Treue zum Gesetz unterwiesen. Aus dem Alten Israel wurde das Judentum.

Die kleine christliche Gemeinschaft von Jerusalem scheint die Stadt schon vor der Eroberung durch die Römer verlassen zu haben. Spätestens nach dem Bar-Kochba-Aufstand verliert sich ihre Spur.

Judentum und Christentum waren am Ende gemeinsam und auf je eigene Weise zu heimatlosen Weltreligionen geworden.

39.
Das himmlische Jerusalem

Ellis Island, New York, 1912

Die Heilige Stadt war zerstört. Christen lebten in kleinen Gruppen über das Römische Reich verstreut. Anfangs standen sie im gesellschaftlichen Abseits, doch zunehmend zogen sie die Aufmerksamkeit der Obrigkeit auf sich. Einen Anfang hatte Nero gemacht, als er die römischen Christen als Sündenböcke für den Brand der Reichshauptstadt missbrauchte und bestialisch verfolgte. Ihm folgte als zweiter großer Christenfeind Domitian, der von 81 bis 96 regierte und den neuen Kaiserkult hart durchsetzen ließ. Nicht nur in Rom, sondern besonders in Kleinasien waren nun Christen, die sich der religiösen Verehrung des Kaisers und seiner Macht verweigerten, gefährdet. Doch für sie hatte ein Prophet eine neue Botschaft.

Dies ist ein Schreiben von Johannes an die sieben Gemeinden in der Provinz Asia: Gnade sei mit euch und Friede von dem, der ist, war und kommt! Ich, Johannes, euer Bruder und Leidensgenosse, war auf der Insel Patmos im Ägäischen Meer, verbannt wegen unseres Glaubens. Dort wurde ich vom Geist ergriffen – es war an einem Sonntag –, hinter mir hörte ich eine Stimme, so gewaltig wie eine Posaune: «Was du schaust, das schreib in ein Buch und schick es an die sieben Gemeinden in Kleinasien: nach Ephesus, Smyrna, Pergamon, Thyatira, Sardes, Philadelphia und Laodizea.» Ich drehte mich nach der Stimme um und sah sieben goldene Leuchter. In ihrer Mitte stand einer, der sah wie der Menschensohn aus. Sein Haupt und Haar waren weiß wie reine Wolle, ja – so weiß wie Schnee, aber seine Augen brannten wie Feuer. Seine Füße glühten wie Erz im Ofen. Seine Stimme brüllte wie die Brandung des Meeres. In seiner rechten Hand hielt er sieben Sterne. Aus seinem Mund kam ein scharfes, zweischneidi-

ges Schwert. Sein Gesicht strahlte wie die Sonne. Als ich ihn an-
sah, stürzte ich wie tot zu seinen Füßen. Aber er legte seine rechte
Hand auf mich und sprach: «Fürchte dich nicht! Ich bin der
Erste und der Letzte, der Lebendige. Ich war tot, aber schau: Ich
bin lebendig von Ewigkeit zu Ewigkeit. Schreib auf, was du gesehen hast, was ist und was noch geschehen soll.»[1]

Johannes stellte sich seinen Lesern als einsamer Seher vor, doch war er
einer von vielen frühchristlichen und jüdischen Propheten, die die Zeichen ihrer Zeit deuten und ihren bedrängten Glaubensgeschwistern mit
wilden, rauschartigen Zukunftsbildern Trost und Orientierung spenden
wollten. Dazu schöpften sie nicht bloß aus eigenen, unmittelbaren Visionen, sondern mehr noch aus Büchern, die andere vor ihnen geschrieben
hatten und deren Motive sie fortschrieben.

   Ob Johannes sein Buch tatsächlich auf einer abgelegenen Insel verfasst
hat? Man kann ihn sich auch mitten in einer Stadt wie Ephesus vorstellen.
Denn so phantastisch seine Weissagungen auch wirken, spiegeln sie doch
sehr genau die damalige Wirklichkeit wider. Sie antworten auf die furchtbaren Erfahrungen früher Christen mit staatlicher Gewalt und deuten die
Dämonie der kaiserlichen Macht. Dabei legen sie Zeugnis ab von un-
schuldigem Leiden und frommer Tapferkeit in den Versammlungen, aber
auch von inneren Spaltungen und erbitterten Streitigkeiten um den richtigen Glaubensweg. Die Welt muss ihm und den Seinen wie ein schreckliches Rätsel erschienen sein. Deshalb schrieb er seine Apokalypse, seine
«Enthüllung» der letzten Geheimnisse von Gegenwart und Zukunft.

Ich schaute einen, der auf einem Thron saß und in der rechten
Hand eine Buchrolle hielt. Sie war von innen und außen beschrieben, aber mit sieben Siegeln versiegelt. Dann schaute ich
einen gewaltigen Engel, der rief mit lauter Stimme: «Wer ist würdig, das Buch zu öffnen und seine Siegel zu brechen?» Aber niemand, weder im Himmel noch auf oder unter der Erde, konnte
das Buch öffnen und lesen. Da weinte ich sehr. Doch dann sah ich
ein Lamm dort stehen, wie ein unschuldiges Opfer. Es kam, nahm
das Buch aus der rechten Hand dessen, der auf dem Thron saß,

und brach das erste Siegel. «Komm!», brüllte eine Donnerstimme. Ein weißes Pferd kam. Auf ihm saß ein Reiter mit einem Bogen. Ihm wurde eine Krone aufgesetzt, und er ritt los in den Krieg.

Das Lamm brach das zweite Siegel. Wieder hörte ich: «Komm!» Ein feuerrotes Pferd erschien. Seinem Reiter wurde ein großes Schwert gegeben, er erhielt die Macht, den Frieden von der Erde wegzunehmen, und er ritt los in den Bürgerkrieg.

Das dritte Siegel – «Komm!» – ein schwarzes Pferd – ein Reiter mit einer Waage – Hunger und Teuerung.

Das vierte Siegel – «Komm!» – ein fahles Pferd – der Reiter hieß Tod – hinter ihm die Hölle.

Das fünfte Siegel wurde gebrochen. Ich sah die Seelen all derer, die wegen unseres Glaubens umgebracht worden waren. Sie schrien nach Gerechtigkeit und Rache.

Das sechste Siegel – Erdbeben, Sonnenfinsternis, blutiger Mond, Sternenhagel, der Himmel zusammengerollt wie eine Schriftrolle, alle Berge und Inseln wie verschluckt. Die Mächtigen und Reichen, die Fürsten und Heerführer versteckten sich in Felsspalten und schrien zu den Bergen: «Fallt über uns zusammen, damit uns der nicht sieht, der auf dem Thron sitzt, und der Zorn des Lamms uns nicht trifft. Ach, der Tag des Zorns ist gekommen. Wer kann bestehen?»

Als das Lamm das siebte Siegel aufbrach, war es plötzlich still im Himmel, etwa eine halbe Stunde lang. Ich sah sieben Engel vor Gott stehen. Jedem wurde eine Posaune gegeben. Ein weiterer Engel kam, trat an den Altar mit einem goldenen Räuchergefäß, mit viel Weihrauch, damit er ihn – Zeichen für die Gebete der Gläubigen – auf dem goldenen Altar vor dem Thron darbringe. Der Rauch stieg auf zu Gott: die Gebete der Gläubigen. Da nahm der Engel das Räuchergefäß, füllte es mit der Glut auf dem Altar und schleuderte alles auf die Erde: Donner, Geschrei, Blitze, Erdbeben. Die Engel bliesen ihre Posaunen.[2]

Doch noch war es nicht so weit, die Gläubigen blieben der bösen Macht ausgeliefert. Die «Hure Babylon» – gemeint ist das Römische Reich –

herrschte über die ganze Welt. Eine Bestie – der Kaiser – verfolgte die Gläubigen und wollte sie zwingen, ihn wie einen Gott zu verehren.

> Ich schaute, wie eine Bestie aus dem Meer stieg. Sie hatte zehn Hörner und sieben Köpfe. Auf den Hörnern trug sie zehn Kronen und auf den Köpfen feierliche Namen und Würdetitel. Sie sah aus wie ein Panther, ihre Füße waren wie die Pranken eines Bären, ihr Maul wie der Rachen eines Löwen. Sie hatte unendliche Kraft und Macht. Die ganze Menschheit staunte sie an, betete sie an, warf sich vor ihr auf den Boden. Alle schrien: «Wer ist dieser Bestie ebenbürtig und kann ihr widerstehen?» Alle mussten die Bestie anbeten. Wer sich weigerte, wurde ins Gefängnis geworfen und mit dem Schwert getötet. Nur wenige hielten stand.[3]

Die schreckliche Frage, warum diese Bestie überhaupt eine so große Macht über die Kinder Gottes erlangen konnte, stellte und beantwortete Johannes nicht. Er sagte nur: Dieses Grauen wird bald ein Ende haben. Bis dahin sollten sich die Gläubigen in Geduld üben, vor allem aber standhaft bleiben, an ihren eigenen Prinzipien festhalten, sich jeder Kollaboration verweigern – auch wenn dies zum eigenen Tod führen sollte – und sich von Irrlehrern nicht verführen lassen.

So richtete Johannes der Versammlung in Smyrna aus, was der Geist Gottes ihr zu sagen hatte:

> Ich kenne deine Bedrängnis und Armut, obwohl du eigentlich so reich bist. Fürchte dich nicht vor dem, was du durchleiden wirst. Der Teufel wird einige von euch ins Gefängnis werfen, so dass ihr in Versuchung geratet. Zehn Tage lang werdet ihr in Gefahr sein. Aber sei treu bis an den Tod. Dann will ich dir die Krone des Lebens geben.

Der Versammlung in Ephesus rief Johannes zu:

> Ich kenne deine Taten, deine Not und Geduld. Ich weiß, dass du die Bösen nicht ertragen kannst. Du hast diejenigen geprüft, die

von sich behaupten, Apostel zu sein, obwohl sie es nicht sind, und hast sie als Lügner entlarvt. Du bist geduldig, hast um meines Namens willen die schlimme Last getragen und bist nicht müde geworden. Aber ich werfe dir vor, dass du deine erste Liebe verlassen hast. Erinnere dich daran, aus welcher Höhe du gefallen bist. Tu Buße, kehr um! Wenn nicht, dann werde ich über dich kommen und deinen Leuchter wegstoßen. Ich halte dir aber zugute, dass du die Taten der Nikolaïten (eine frühchristliche Gruppe, die angeblich den Kaiserkult duldete) hasst. Denn ich hasse sie auch. Wer das Böse überwindet, dem will ich vom Baum des Lebens, der im Paradies steht, zu essen geben.

Die Versammlung in Thyatira bekam dieses zu lesen:

Ich kenne deine Werke und Liebe, deinen Glauben und Dienst, deine Geduld und weiß, dass du heute mehr leistest als früher. Aber ich werfe dir vor, dass du Isebel bei dir duldest, die behauptet, eine Prophetin zu sein. Dabei verführt sie meine Diener dazu, andere Götter anzubeten, Opferfleisch vom Götzenkult zu essen und die Ehe mit mir, dem einen Gott, zu brechen. Ich habe ihr Zeit gegeben, umzukehren, aber sie will nicht davon lassen. Deshalb werfe ich Isebel und alle, die wie sie die Ehe mit mir brechen, aufs Krankenbett. Ich werde sie in große Not stürzen und ihre Kinder töten. Alle Versammlungen sollen erkennen, dass ich das menschliche Herz in seiner Tiefe erforsche, prüfe und jedem auszahle, was ihm nach seinem Tun zusteht – Strafe oder Lohn.

Welche zeitgenössische Prophetin in Thyatira mit Isebel gemeint ist, ist unklar. Der Name lässt an eine legendäre phönizische Prinzessin denken, die König Ahab von Israel dazu verleitet haben soll, sich den phönizischen Göttern zuzuwenden.

Auch die Versammlung in Laodizea ließ Johannes wissen, was der Geist Gottes von ihr hielt:

Ich weiß, dass du weder kalt noch warm bist. Ach, wenn du doch kalt oder warm wärst! Doch weil du lau bist, will ich dich ausspucken. Du sagst: «Ich bin reich, habe mehr als genug und brauche nichts!» Dabei weißt du gar nicht, wie armselig, blind und nackt du bist. Ich rate dir, dass du Gold von mir kaufst, das im Feuer geläutert ist. Und weiße Kleider, damit deine Schande nicht sichtbar wird. Und Augensalbe, damit du wieder sehen kannst. Die ich liebe, die weise ich zurecht und züchtige sie. Also, kehr um! Sieh, ich stehe vor der Tür und klopfe an. Wenn jemand meine Stimme hört und die Tür öffnet, bei dem trete ich ein und halte das Abendmahl mit ihm – und er mit mir.[4]

Doch der Tag soll kommen, an dem die Macht des Bösen gebrochen wird. Johannes sieht ihn schon vor sich.

Ich schaute einen Engel vom Himmel herabfahren. Große Macht hatte er. Die ganze Erde erstrahlte von seinem Glanz. Mit gewaltiger Stimme rief er: «Gefallen ist sie, sie ist gefallen – Babylon, die große Stadt! Zur Behausung der Dämonen ist sie geworden, ein Zuhause für unreine Geister, ein Nest dreckiger Vögel, eine Heimat nur noch für verhasste Viecher.»
Eine zweite Stimme hörte ich vom Himmel: «Geht hinaus aus dieser Stadt – ihr, mein Volk! Damit ihr keinen Anteil an ihren Sünden habt und an der Strafe, die sie empfängt. Flieht vor ihren Verbrechen und Plagen! Denn was früher ihr Glück, Glanz und ihre Wollust war, gebe ich ihr jetzt doppelt zurück als Qual und Schmerz. Alles Unheil dieser Welt wird an einem einzigen Tag über sie kommen: Tod, Not und Hunger. Im Feuer wird sie zu Asche verbrannt. Freue dich darüber, Himmel! Freut euch, ihr Gläubigen, Apostel und Propheten! Denn Gott richtet die große Stadt hin – um euretwillen.»
Ich schaute einen anderen Engel, der nahm einen Felsblock, so groß wie ein gewaltiger Mühlstein, schleuderte ihn ins Meer und schrie: «Genau so, mit einem einzigen Steinwurf wird Babylon zerstört, die große Stadt, diese Hure wird in den Fluten ver-

sinken! Denn das Blut der Gläubigen, Propheten und vieler unschuldiger Opfer wurde in ihren Mauern vergossen.»[5]

Da brach stürmischer Jubel aus. Ein gewaltiger Himmelschor rief: «Halleluja! Rettung und Herrlichkeit und Kraft unseres Gottes! Wahr und gerecht ist sein Gericht. Er hat die mächtige Hure verurteilt, die die ganze Erde verdorben hat. Das Blut seiner Diener, das sie vergossen hat, hat er endlich gerächt. Halleluja! Seine Herrschaft ist da, alle Macht ist jetzt in seiner Hand! Lasst uns froh und glücklich sein, ihn preisen, denn das herrliche Fest des Lammes ist gekommen!»

Schließlich schaute ich einen Engel, der stand in der Sonne und schrie allen Vögeln zu, die hoch oben am Himmel flogen: «Kommt her, ihr Vögel, kommt zum großen Fressen, zum Festschmaus Gottes! Esst das Fleisch der Könige und Fürsten, hackt den Starken das Fleisch vom Leib und verschlingt es, reißt den Starken das Fleisch von den Knochen, fresst das Fleisch der Kriegspferde und ihrer Reiter, das Fleisch aller hohen Herren und ihrer Sklaven!» Dann schaute ich die Bestie mit den Königen dieser Welt und ihren Heeren. Sie wollten in den Krieg gegen die Heerscharen Gottes ziehen. Aber die Bestie wurde gepackt und mit ihr der falsche Prophet, der alle verführt hatte, die das Bild der Bestie anbeteten. Bei lebendigem Leib wurden die beiden in einen See aus Feuer geschmissen, hinein in brennenden Schwefel. Der Rest starb durch das Schwert, und die Vögel wurden satt von all dem toten Fleisch.[6]

Man kann solche religiösen Gewaltphantasien abstoßend finden, sollte aber zweierlei bedenken. Zum einen sind es Bilder, in denen sich die Sehnsucht nach Gerechtigkeit derer auslebt, die verfolgt, gefoltert, vom Tod bedroht wurden und dem staatlichen Terror nichts entgegenzusetzen hatten. Sie werden manchen geholfen haben standzuhalten. Zum anderen bleibt in ihnen eine wichtige Grenze gewahrt: Die Rache, die sie herbeischreien, ist allein diejenige Gottes. Nur ihm steht es zu, Gewalt gegen die Gewalttätigen zu üben. Die Gläubigen können dies nur erträumen, sie selbst haben kein Recht, sich zu rächen, sondern müssen die böse Gewalt ertragen. Wo diese Grenze jedoch nicht beachtet wird – und dies sollte später oft genug geschehen –, können solche Rachevisionen eine verheerende Wirkung erzielen.

Doch Johannes träumte noch viel weiter. Mit dem Untergang Babylons sollte ein tausendjähriges Reich des Friedens anbrechen, auf den ein letzter Entscheidungskampf zwischen Gut und Böse folgen würde. Diesen Kampf würde Gott für sich entscheiden. Danach sollte die Erlösung vollkommen sein und der Siegesjubel kein Ende finden.

Das lag in weitester Ferne. Hier, auf dieser Erde und in dieser Zeit hatten die Christen keinen sicheren Ort. Dies war ihr grundsätzliches Lebensgefühl: «Wir haben hier keine Heimat. Aber wir suchen eine in der Zukunft.»[7] Johannes jedoch schrieb den Versammlungen in Kleinasien, dass sie nicht ewig vergeblich suchen, sondern einmal auch finden würden: Dann würden die Entwurzelten eine sichere Heimstatt haben.

Ich schaute einen neuen Himmel und eine neue Erde. Denn der erste Himmel und die erste Erde waren vergangen. Auch das Meer war nicht mehr. Ich sah ein neues Jerusalem, die heilige Stadt, wie sie von Gott her vom Himmel herabschwebte, schön wie eine geschmückte Braut, die ihrem Bräutigam entgegengeht. Ich hörte eine mächtige Stimme vom Thron Gottes: «Sieh, die Hütte Gottes bei den Menschen! Er wird bei ihnen wohnen. Sie werden sein Volk sein. Er wird ihr Gott sein und mit ihnen leben. Gott wird alle Tränen von ihren Augen abwischen. Der Tod wird nicht mehr sein. Weder Leid noch Geschrei oder Schmerz wird es mehr geben. Denn das Erste ist vergangen. Sieh, ich mache alles neu!»[8]

40.
Gemeinden der Gastfreundschaft

New York, 1912

In einer seiner Satiren erzählt der antike Schriftsteller Lukian von dem Wanderpropheten Peregrinus. Als dieser alt wurde, schloss er sich den Christen an, weil man sich bei den christlichen Versammlungen als herumreisender Glaubensbruder hervorragend durchschnorren konnte. Es sei ja allgemein bekannt: «Kommt bei den Christen ein Schwindler und Betrüger vorbei, der weiß, wie man es macht, so wird er alsbald in kurzer Zeit reich und lacht über die Einfältigen.»

Lukian hatte ein sicheres Gespür für das, was den frühen Christen besonders heilig war: die Gastfreundschaft. Doch was für ihn ein Zeichen ihrer Leichtgläubigkeit war, lässt sich auch als Eckstein einer humanen Moral betrachten. .

Das frühe Christentum verstand sich als Religion der Liebe: Dass Gott die Liebe ist, galt es nicht nur zu glauben, sondern sollte auch im eigenen Handeln bezeugt werden. Die Liebe, zu der ein Christ verpflichtet ist, ist so grenzenlos wie Gott selbst. Daher soll sie sich auf jeden Menschen richten, nicht nur auf die Mitglieder der eigenen Kultgemeinschaft oder der eigenen Familie. Darin scheint die Utopie einer neuen Menschlichkeit auf.

In den christlichen Gemeinschaften wurde dies auf verschiedene Weise verwirklicht: zunächst in den Versammlungen selbst, die sowohl Gottesdienste als auch Armenspeisungen waren, sodann in den Almosen für die vielen Witwen und Waisen oder in den Hilfen für Kranke, Schwache und Behinderte. Wenn man nicht direkt helfen oder heilen konnte, besuchte und tröstete man die Notleidenden, zum Beispiel die vielen Menschen, die zu Unrecht im Gefängnis saßen oder sich als Sträflinge in Bergwerken zu Tode schufteten. Viele waren wegen ihres christlichen Glaubens dorthin gekommen. Einige konnten losgekauft werden, die anderen ließ man zumindest nicht allein. Das war mit erheblichen Mühen und Gefahren verbunden. Besonders viel Dankbarkeit und Anerkennung auch bei Nichtchristen erwarb man sich dadurch, dass man arme Menschen – nicht nur Christen – anständig beerdigte. Schließlich kümmerte man sich um Sklaven. Dabei erhob man keinen allgemeinen Einspruch gegen die Institution der Sklaverei selbst. Die Sklaverei galt als selbstverständliches Übel dieser Welt so wie die gewalttätige Kaiserherrschaft, der ungerechte Reichtum weniger oder das grausame Militärwesen. All dies würde mit dem Anbruch einer neuen Welt ein Ende finden. Doch die frühen Christen erklärten die Sklaverei immerhin in ihren Gemeinschaften für ungültig: Sie erkannten Sklaven als vollgültige Glaubensgeschwister an, mit den gleichen Rechten und Pflichten wie alle anderen – einige Sklaven wurden sogar Bischöfe –, sie forderten eine menschenwürdige Behandlung, besonders den Schutz der Sklavinnen vor sexuellen Übergriffen, und in einigen Fällen sorgten sie für Freilassungen und Loskäufe. Diese vielfältige Barmherzigkeit war kein Instrument einer auf äußeren Eindruck bedachten Massenmission, sondern ein leises und zugleich engagiertes Vorleben der Liebe. Sie band die christlichen Gemeinschaften zusammen und führte ihnen viele neue Mitglieder und Sympathisanten zu.

Wer Christ wurde, stellte sich unter einen enormen Anspruch. Das nachbiblische Hebräerevangelium hat ihn so ausgedrückt:

> So spricht der Herr: «Wie kannst du behaupten: ‹Ich habe alles gehalten, was im Gesetz und bei den Propheten steht!› – wenn doch im Gesetz zu lesen ist: ‹Du sollst deinen Nächsten wie dich selbst lieben›? Schau dir doch deine vielen Brüder an, die vor deiner Tür im Schmutz liegen und vor Hunger sterben. Dein Haus ist voll von vielen Gütern, aber niemals kommt etwas aus ihm heraus zu jenen dort.»

Fast noch schwerer, als aus dem eigenen Haus etwas zu den Armen herauszutragen, ist es wohl, Bedürftige zu sich hereinzubitten. Dabei war die Gastfreundschaft für die frühen Christen die wichtigste aller Taten der Liebe. Sie galt ihnen nach dem Glauben als die zweithöchste Tugend.

Eine drückende Last für die Bevölkerung des Römischen Reichs war die Pflicht, durchreisende Beamte und Soldaten aufzunehmen und zu bewirten. «Gastfreundschaft» kann man dies nicht nennen, dafür war dieser ungebetene Besuch viel zu fordernd und hart. Anders war es in den christlichen Gemeinschaften. Für sie war es kein Zwang, sondern eine innere Notwendigkeit, reisende Glaubensbrüder, Lehrer, Propheten und Missionare bei sich zu beherbergen. Ursprünglich ist Gastfreundschaft die Tugend der Nomaden, und zu einem großen Teil war das junge Christentum immer noch eine Wanderreligion. Doch langsam wuchs der andere Teil: sesshafte Christen mit Haus, Familie und Beruf, die in ihrer Heimat dauerhafte Gemeinschaften bildeten. Eine ihrer vornehmsten Aufgaben bestand darin, die wandernden Brüder willkommen zu heißen.

«Ihr sollt die Fremden lieben, denn ihr seid selbst einmal Fremde gewesen.» Diesen Grundsatz der Freundlichkeitsmoral des Alten Israel nahmen die frühen Christen auf und steigerten sie noch auf ihre Weise. Denn sie waren ja nicht bloß in einer fernen Vergangenheit Fremde gewesen, sondern waren es in der römischen Gesellschaft immer noch. So entwarfen sie eine große Ethik der Gastfreundschaft. Das war für die winzigen und verstreuten Versammlungen eine schlichte Lebensnotwendigkeit. Die ersten Glaubensboten reisten durch eine fremde, feindliche Welt. Christen wurden von Beginn an verfolgt und vertrieben, waren also auf die Hilfe an fremden Orten angewiesen. Ohne die Gewissheit, bei Glaubensbrüdern selbstverständlich Obdach zu finden, wäre die Ausbreitung des Evangeliums nicht möglich gewesen.

Ganz so selbstverständlich aber scheint dies eben nicht gewesen zu sein. Sonst würde man in den Briefen des Neuen Testaments nicht so oft dieses Gebot lesen.

> Eure Liebe zueinander sei ohne Heuchelei. Jeder begegne dem anderen mit Respekt. Seid nicht träge. Brennt im Geist. Dient Gott. Seid fröhlich in der Hoffnung, geduldig in der Trübsal, beharrlich im Gebet. Nehmt euch der Brüder an, die in Not sind. Übt Gastfreundschaft.[1]

Kaum eine andere Mahnung wird in den Briefen des frühen Christentums so häufig wiederholt und eingeschärft.

> Seid gastfrei untereinander, ohne zu murren.[2]

Es wird offenkundig mancher Gastgeber «gemurrt» haben – so wie Israel in der Wüste regelmäßig «murrte» –, wenn wieder einmal so ein fremder Wandermissionar plötzlich vor der Tür stand oder ein Glaubensflüchtling zu lange blieb. Es waren ja Menschen, die man nicht kannte. Doch scheinen die Ermahnungen gewirkt zu haben. Das lag wohl auch daran, dass sie mit Verheißungen verbunden waren. So erinnert der Autor des Briefs an die Hebräer daran, wie es Abraham einmal ergangen war: Er hatte Fremde bei sich willkommen geheißen, doch diese waren Boten Gottes, die ihm ankündigten, dass sein größter Lebenswunsch – die Geburt eines Sohnes – bald in Erfüllung gehen würde.

> Vergesst die Gastfreundschaft nicht. Denn durch sie haben einige, ohne es zu ahnen, Engel beherbergt.[3]

Die Gastfreundlichkeit der ersten Gemeinden war berühmt. Besonders die Gemeinde in der Reichshauptstadt Rom muss sich dabei hervorgetan haben. Hier kamen ja auch die meisten Flüchtlinge und Migranten an. Aber es sind auch die Namen von Einzelnen überliefert, die sich besonders verdient gemacht haben.

> Mein geliebter Gaius, es ist so gut und ein Zeichen deiner Treue, was du für die Brüder tust, besonders für die fremden. Sie haben in der Versammlung von deiner Liebe Zeugnis abgelegt. Bestimmt wirst du es auch weiterhin gut machen: sie aufnehmen, versorgen und weitergeleiten. So ist es recht vor Gott. Denn sie sind um des Namens Jesu willen ausgezogen und nehmen von Heiden nichts an. Deshalb ist es an uns, sie aufzunehmen, damit wir Mitarbeiter der Wahrheit werden.[4]

Da einzelne Christen schnell überfordert sein konnten, war die Aufnahme und Verpflegung der Gäste besonders eine Pflicht für die Vorsteher der Versammlung und wurde als Aufgabe aller oft aus der gemeinsamen Kasse bezahlt.

Mit der Zeit wurde es jedoch notwendig, bestimmte Regeln einzuführen, um Missbräuche, wie sie von Lukian geschildert werden, zu verhindern. Ganz so dumm waren die frühen Christen ja nicht. Sie prüften die Herkunft und den Glauben ihrer Gäste. Vor allem begrenzten sie deren Aufenthalt: Niemand sollte länger als zwei oder höchstens drei Tage zu Besuch sein dürfen. Wer länger blieb, sollte arbeiten und sich sein eigenes Geld verdienen. Für religiöse Dienste sollte er kein Geld erhalten. Im Gegenteil, wer zu lange bleiben und für seine Predigten und Prophezeiungen bezahlt werden wollte, galt als falscher Bruder. Später verlangte man, um ganz sicher zu sein, von den Glaubensgästen eine Art Pass ihrer Heimatgemeinde. So verbanden die frühen Christen zwei sehr unterschiedliche Tugenden miteinander: Nächstenliebe und Nüchternheit, Besonnenheit und Barmherzigkeit.

Diese Balance ermöglichte es ihnen, vielen einzelnen Reisenden zu helfen. Nicht selten gaben sie ihren abreisenden Gästen sogar Geldsammlungen für deren weit entfernte Heimatgemeinden mit, wenn diese Not litten. Genauso wichtig war aber das Zusammengehörigkeitsgefühl, das durch die Gastfreundschaft gefördert wurde. Man tauschte sich aus, nahm Anteil aneinander, tröstete und bestärkte einander. So entstand in Ansätzen eine weltweite christliche Solidarität, die – das darf man nicht unterschätzen – tiefe kulturelle Gräben überbrückte. Denn auch wenn die Gäste demselben Glauben anhingen, waren sie doch Fremde, zu denen man erst Vertrauen fassen musste.

Was in deutschen Bibelübersetzungen «Gastfreundschaft» genannt wird, heißt im griechischen Original «xenophilia», also «Fremdenfreundlichkeit» oder «Fremdenliebe». Sie ist ein Sonderfall der Nächstenliebe, die sich nicht auf den eigenen Nahbereich beschränkt, sondern sich im Prinzip auf alle Menschen richtet. Die frühchristliche Gastfreundschaft und Fremdenliebe bezog sich zwar auf fremde Christen – also nicht auf Nichtchristen –, doch ist in ihr keimhaft eine allgemeine Menschenfreundlichkeit angelegt, die sogar die Grenze zwischen Christen und Nichtchristen überwindet.

Ihr liegt eine besondere Glaubenserfahrung zugrunde:

> Ihr seid jetzt nicht mehr Fremde und Unbekannte, sondern Mitbürger der Heiligen und Hausgenossen Gottes.[5]

Wer sich selbst so verstehen kann, für den muss es leicht sein, im Fremden den Mitmenschen zu erkennen, sich von seiner Not berühren zu lassen, ihm gern, aber auch klug zu helfen, ihn ins eigene Haus einzuladen – wenigstens für zwei, drei Tage. Eine letzte Steigerung fand dieser Gedanke in Versen aus dem Matthäusevangelium, nach denen der Fremde nicht nur einer wie alle ist, sondern sogar ein Stellvertreter Gottes sein kann.

Wenn aber am Ende aller Tage der Menschensohn kommt in seiner ganzen Herrlichkeit und mit allen Engeln, er sich auf den Thron setzt und alle Völker vor sich versammelt, dann wird er die Gerechten von den Ungerechten scheiden. Er wird sie an seine rechte Seite stellen und zu ihnen sagen:
«Kommt her zu mir, ihr Gesegneten, und tretet ein in das Königreich, das für euch seit Anbeginn der Welt bereitet ist! Denn ich bin hungrig gewesen, und ihr habt mir zu essen gegeben. Ich bin durstig gewesen, und ihr habt mir zu trinken gegeben. Ich bin ein Fremder gewesen, und ihr habt mich aufgenommen. Ich bin nackt gewesen, und ihr habt mich gekleidet. Ich bin krank gewesen, und ihr habt mich besucht. Ich bin im Gefängnis gewesen, und ihr seid zu mir gekommen.»
Dann werden die Gerechten ihn fragen: «König, wann haben wir dich hungrig gesehen und dir zu essen gegeben? Oder durstig und haben dir zu trinken gegeben? Wann haben wir dich als Fremden gesehen und dich aufgenommen? Oder nackt und haben dich gekleidet? Wann haben wir dich krank oder im Gefängnis gesehen und sind zu dir gekommen?»
Dies wird der König ihnen antworten: «Amen, das sage ich euch: Was ihr für einen meiner geringsten Brüder getan habt, das habt ihr für mich getan.»[6]

Anhang

Dank

Ich danke Ferdinand Ahuis, Ulrich Aldag, Ulrich Barth, Klaus-Martin Bresgott, Theo Christiansen, Jan Gertz, Lothar Gorris, Gudrun Jäger, Christof Jaeger, Corinna Körting, Christian Lehnert, Helge Martens, Alexander Ochs, Marilynne Robinson, Arnulf von Scheliha.

Zeittafel zur Geschichte Israels und des frühen Christentums

um 1200 v. Chr.	Erste Erwähnung Israels auf einer Inschrift des Pharaos Merenptah.
um 1000	Entstehung der Königreiche Israel und Juda.
um 735	Die Propheten Jesaja, Hosea und Amos.
722	Die Assyrer unter Sargon II. erobern Samaria und machen Israel zur assyrischen Provinz «Samerina». Die Oberschicht wird deportiert.
639–609	Letzte Blütezeit des Königreichs Juda unter König Josia. Konzentration des offiziellen Jahwekultes auf Jerusalem.
597	Die Babylonier unter Nebukadnezar II. erobern Juda. König Jojachin und sein Hofstaat werden nach Babylon deportiert.
586	Die Babylonier unter Nebukadnezar II. erobern zum zweiten Mal Jerusalem und zerstören Tempel, Palast und Stadtmauern. König Zedekia und die Oberschicht von Juda werden deportiert.
539	Die Perser unter Kyros II. erobern Babylon. Den exilierten Israeliten wird die Rückkehr in ihre Heimat angekündigt.
520	Juda wird unter Darius I. persische Provinz. Nach der Tradition wird in den folgenden Jahren der zerstörte Tempel in Jerusalem wieder aufgebaut.
445/44	Unter dem persischen Beamten Nehemia wird die Stadtmauer von Jerusalem wieder aufgebaut.
333	Die Makedonier unter Alexander dem Großen besiegen das Persische Reich. Beginn des hellenistischen Zeitalters.
168–164	Aufstand der Makkabäer gegen die Herrschaft der Seleukiden.
129–63	Königtum der Hasmonäer.
63	Die Römer erobern Palästina.
7–4	Geburt Jesu von Nazareth.
26–36 n. Chr.	Pontius Pilatus Statthalter in Judäa und Samarien.
um 28	Johannes der Täufer ruft zur Umkehr.
um 30	Kreuzigung Jesu.
um 32	Bekehrung des Paulus.

um 35	Paulus in Jerusalem, danach in Syrien und Kilikien.
43/44	Bedrängung der Christus-Anhänger in Jerusalem. Tod des Jakobus, Sohn des Zebedäus.
45	Paulus reist nach Zypern und Galatien.
48	Zusammenkunft der Apostel in Jerusalem.
49	Vertreibung der Juden und Christen aus Rom unter Kaiser Claudius.
48–52	Paulus reist nach Kleinasien und Griechenland.
52–56	Paulus reist wieder nach Kleinasien und Griechenland. Anschließend überbringt er die Kollekte nach Jerusalem.
57–60	Paulus wird in Jerusalem festgenommen und anschließend in Cäsarea festgehalten.
60	Paulus wird nach Rom gebracht.
60–95	Entstehung der vier Evangelien.
62	Tod des Jakobus, des Bruders Jesu.
64	Brand Roms, Verfolgung der Christen unter Kaiser Nero. Tod des Paulus.
66	Jüdischer Aufstand gegen die Römer.
70	Belagerung und Zerstörung Jerusalems durch die Römer.
81–96	Christenverfolgungen unter Kaiser Domitian.
um 95	Entstehung der Offenbarung des Johannes.
132–135	Jüdischer Aufstand unter Bar Kochba gegen die Römer. Endgültige Unterwerfung Judäas und Vertreibung der Juden aus Palästina.

Karten

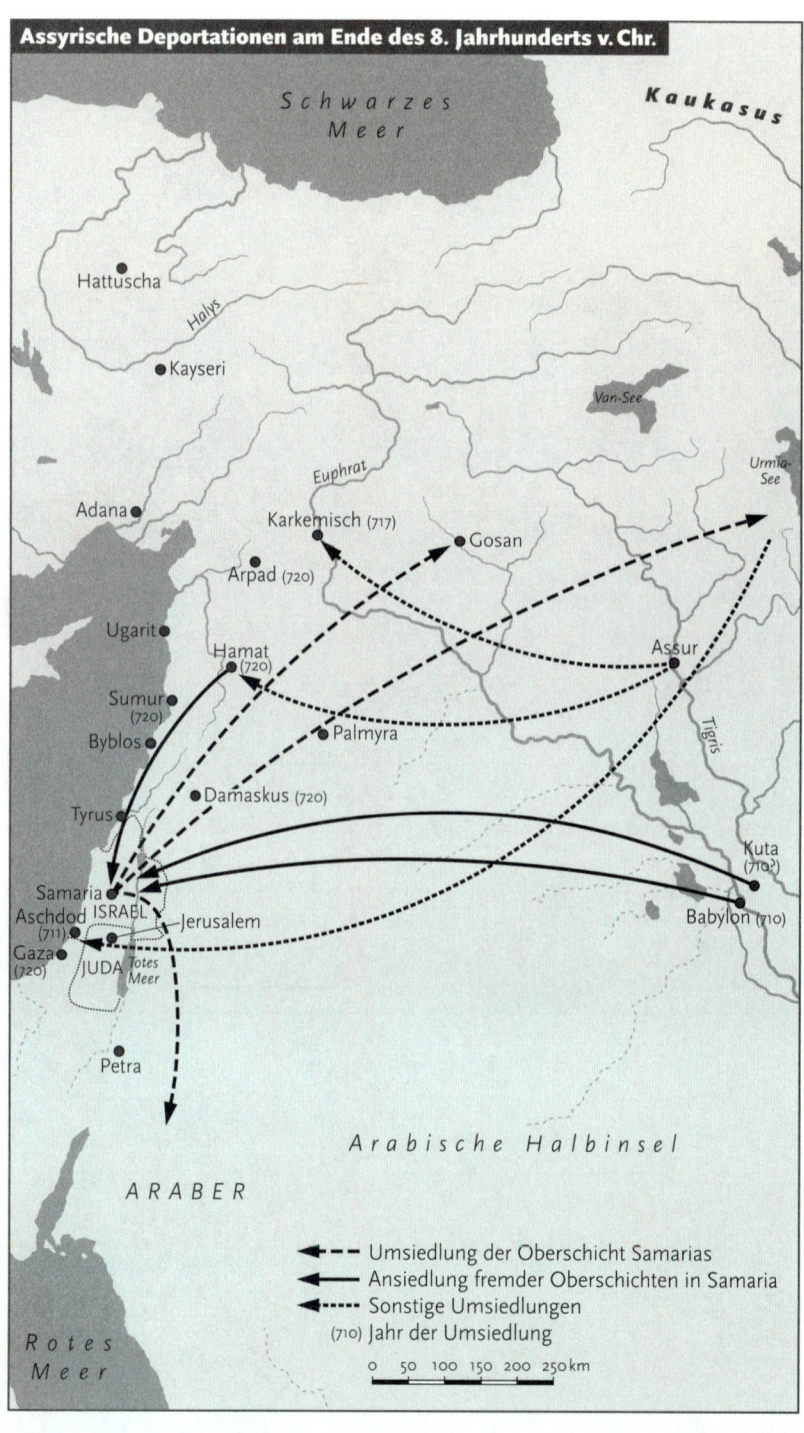

Assyrische Deportationen am Ende des 8. Jahrhunderts v. Chr.

Schwarzes Meer

Kaukasus

Hattuscha

Halys

Kayseri

Van-See

Euphrat

Urmia-See

Adana

Karkemisch (717)

Gosan

Arpad (720)

Assur

Ugarit

Hamat (720)

Sumur (720)

Palmyra

Tigris

Byblos

Tyrus

Damaskus (720)

Kuta (710?)

Samaria

ISRAEL

Jerusalem

Babylon (710)

Aschdod (711)

Gaza (720)

JUDA

Totes Meer

Petra

Arabische Halbinsel

ARABER

◀--- Umsiedlung der Oberschicht Samarias
◀— Ansiedlung fremder Oberschichten in Samaria
◀···· Sonstige Umsiedlungen
(710) Jahr der Umsiedlung

0 50 100 150 200 250 km

Rotes Meer

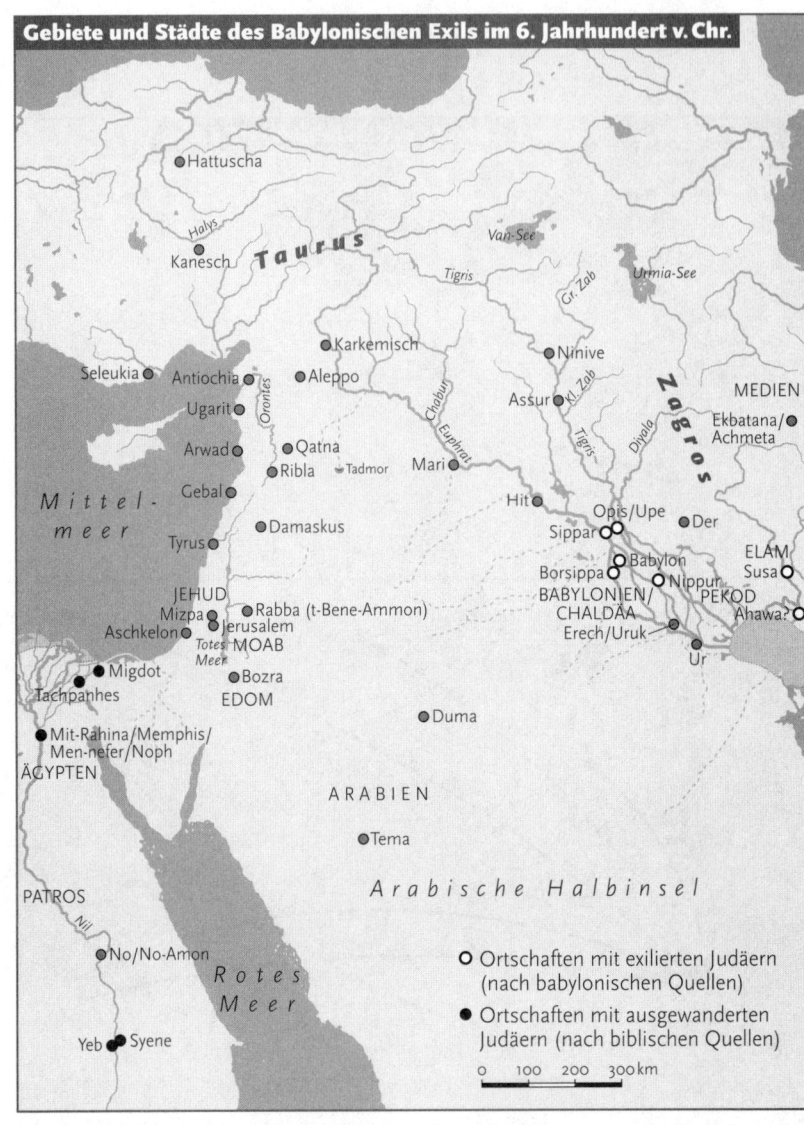

Gebiete und Städte des Babylonischen Exils im 6. Jahrhundert v. Chr.

Hattuscha

Halys

Kanesch · Taurus

Van-See

Tigris

Gr. Zab

Urmia-See

Karkemisch

Ninive

MEDIEN

Seleukia · Antiochia · Aleppo

Assur · Kl. Zab

Ekbatana/Achmeta

Ugarit · Orontes

Chebur

Euphrat

Tigris

Diyala

Zagros

Arwad · Qatna

Ribla · Tadmor · Mari

Hit

Opis/Upe · Der

Gebal

Sippar

ELAM

Mittel-meer

Damaskus

Borsippa · Babylon

Nippur

Susa

Tyrus

BABYLONIEN/CHALDÄA

PEKOD

JEHUD

Mizpa · Rabba (t-Bene-Ammon)

Erech/Uruk

Ahawa?

Aschkelon · Jerusalem

Totes Meer · MOAB

Ur

Migdot

Bozra

Tachpanhes

EDOM

Duma

Mit-Rahina/Memphis/Men-nefer/Noph

ÄGYPTEN

ARABIEN

Tema

PATROS

Arabische Halbinsel

Nil

No/No-Amon

Rotes Meer

○ Ortschaften mit exilierten Judäern
(nach babylonischen Quellen)

● Ortschaften mit ausgewanderten
Judäern (nach biblischen Quellen)

Yeb · Syene

0   100   200   300 km

Das Land der Bibel zur Zeit des Neuen Testaments

Sidon

Sarepta

Damaskus

SYRIEN

Phönizien

Libanon-Gebirge

Tyrus

Cäsarea Philippi

Mittelmeer

Galiläa

Ptolemais

Chorazin

Kapernaum   Betsaida

Kana

Magdala   *See Genezareth*

Sepphoris

Tiberias

Karmel

Nazareth

Jesreelebene

Yarmuk

Philoteria

Tabor   Gadara

Megiddo   Nain

Agrippina

Cäsarea

Gilboa

DEKAPOLIS

Samarien

Salim (?)

Aenon (?)

Samaria

Jabbok

Appollonia

Sichem   *Ebal*

Sychar

Garizim

Scharonebene

Gilead-Gebirge

Joppe

Gadora

Arimathäa

Ephraim   Archelais

Peräa   Philadelphia

Bethel

Sorek   Emmaus   Bethphage   Gibeah   Jericho

Jerusalem   Qumran

Bethanien

Azotos   Hyreania

Askalon   Bethlehem   *Moabebene*   *Nebo*

JUDÄA   Kallirrhoe

Shiqma   Hebron

Gaza   *Totes Meer*

En-Gedi   *Arnon*

Besor   Idumäa   Masada

Beerscheba

Nabatäer

Zoar

Wüste Negev   0 10 20 30 40 50 km

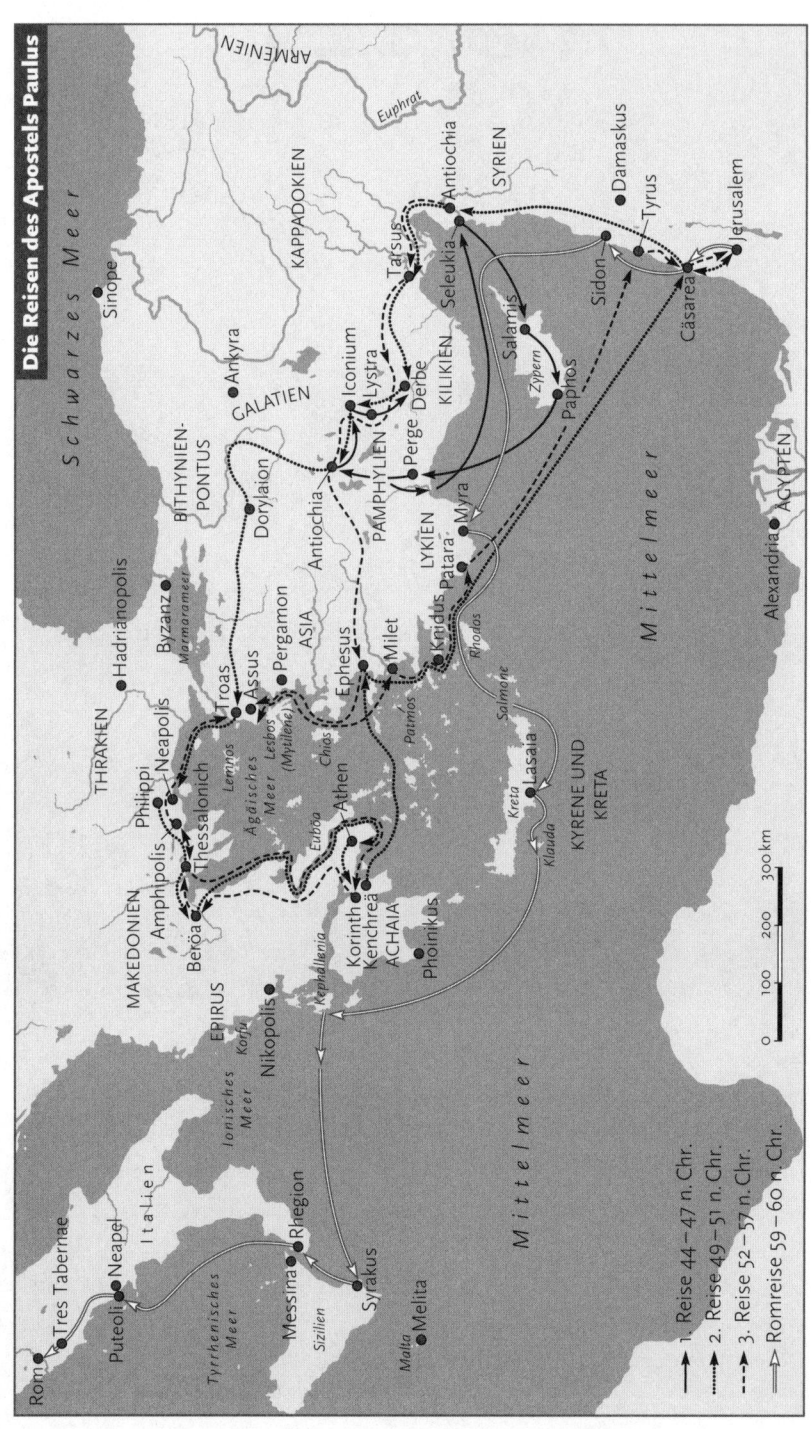

Die Reisen des Apostels Paulus

Zu den Abbildungen

Frontispiz: Jüdischer Auswanderer an Deck des Schnelldampfers «Bremen», 1930er-Jahre. Foto: Hanns Tschira. © Bildarchiv Pisarek / akg-images

Präludium: Eine Frau mit Kindern, die einen Teil ihres Gepäcks verloren hat, vor der zentralen Kontrollstelle auf Ellis Island, New York, 1905. Seit 1892 hatte die Einwanderungsbehörde des Staates New York ihren Sitz auf Ellis Island im Hafengebiet des Hudson. Bis zu ihrer Schließung 1954 durchliefen über 12 Millionen Einwanderer dieses Tor in die USA. Der amerikanische Soziologe und Fotograf Lewis W. Hine (1874–1940) machte zwischen 1904 und 1909 rund zweihundert Fotos auf Ellis Island. Er verstand seine Bilder als Mittel, um soziale Reformen in Gang zu setzen. © akg-images

1. Station: Frau in der Einwandererhalle auf Ellis Island, New York, 1905. Foto: Lewis W. Hine. © akg-images

2. Station: «Flüchtlinge auf dem Tauruspass», Glasdiapositiv von Armin T. Wegner, der das Bild 1919 in seinem Aufsehen erregenden Lichtbildvortrag «Die Austreibung des armenischen Volkes aus der Wüste» veröffentlichte. Ab 1915 wurden die Armenier aus ihrer Heimat im Osten der heutigen Türkei vertrieben. Je nach Schätzung kamen zwischen 300 000 und 1,3 Millionen Armenier auf Todesmärschen und durch Massaker ums Leben. Die Fotos des deutschen Schriftstellers Armin T. Wegner (1886–1978), der 1915 mit einer deutschen Sanitätsexpedition ins Osmanische Reich kam, gelten bis heute als wichtige Beweismittel für den Genozid an den Armeniern. Nach einem kritischen Brief an Adolf Hitler im April 1933 wurde Wegner verhaftet und gefoltert. 1936 gelang es ihm, nach Italien zu emigrieren. © akg-images / Pictures From History

3. Station: Im Auftrag des Rasse- und Siedlungshauptamtes der SS wurden Kinder gefangener jugoslawischer Partisanen deportiert, um von deutschen Familien adoptiert zu werden. Das Bild zeigt die Ankunft von Kindern aus Celije in Frohnleiten (Österreich), August 1942. © akg-images

4. Station: Hans-Erich Fabian, der Vorsitzende der Jüdischen Gemeinde Berlin, steht vor Grabsteinen des 1943 durch die Gestapo zerstörten Alten Jüdischen Friedhofs an der Großen Hamburger Straße am Tag der offiziellen Übergabe an die Gemeinde, 12. September 1948. Das Foto stammt von dem jüdischen Fotografen Abraham Pisarek (1901–1983). Pisarek stammte aus Łódź, wanderte 1924 nach Palästina aus, ging 1928 nach Berlin, wurde Fotograf und freundete sich unter anderem mit Max Liebermann an. Nach 1933 wurde er mehrfach verhaftet; sein Versuch, in die USA auszuwandern, scheiterte; er überlebte das Dritte Reich dank des Rosenstraße-Protestes, bei dem «arische» Frauen für die Freilassung ihrer jüdischen Männer demonstrierten. © Bildarchiv Pisarek / akg-images

5. Station: Die Klagemauer in Jerusalem, Postkarte von 1935. © akg-images / arkivi

Zwischengedanken: Die Entdeckung Gottes im Unheil: Flüchtende Frauen und Kinder in einer zwischen deutschen und sowjetischen Truppen umkämpften Straße in Danzig, März 1945. © akg-images

6. Station: Überlebende des nationalsozialistischen Terrors auf einem Schiff nach Haifa, 1945. © akg-images / Pictures From History

7. Station: Das 1944 aufgenommene Bild zeigt wahrscheinlich die Deportation von Krimtataren. Im Mai wurden innerhalb weniger Tage 189 000 Menschen in Zügen nach Zentralasien verfrachtet. Viele von ihnen starben. © akg-images / Archive Photos

8. Station: Zwei jüdische Einwanderer vor der Skyline von Manhattan, um 1920. © akg-images / Imagno

9. Station: Das jüdische Viertel auf der Lower East Side in New York, um 1900. © akg-images

10. Station: Blick auf das überfüllte Deck eines Auswandererschiffes, im Vordergrund Passagiere des Oberdecks, 1905. Foto: Waldemar Abegg. © akg-images / Waldemar Abegg

11. Station: Junge mit Gebetsschal an der East Side, New York City, ohne Datum. © akg-images / Universal Images Group / Universal History Archive

12. Station: Überlebende des Konzentrationslagers Buchenwald am Fenster eines Eisenbahnabteils: links ein Mädchen aus Polen, rechts ein Mädchen aus Ungarn, in der Mitte ein junger Mann aus Lettland, 5. Juni 1945. Foto: J. E. Myers. © akg-images

13. Station: Jüdische Einwanderer versuchen, nachts in Schlauchbooten an die Küste Palästinas überzusetzen und die Blockade der Engländer zu umgehen, Dezember 1947. © akg-images

14. Station: Schlafsaal für jüdische Mädchen in einem Lager für Displaced Persons (aus ihrem Heimatstaat zwangsverschleppte Menschen) in Berlin-Tempelhof, September 1946. Foto: Abraham Pisarek. © Bildarchiv Pisarek / akg-images

15. Station: Ehemalige Sklaven, die auf der Flucht den Rappahannock River in Virginia durchqueren, und Soldaten der Unionstruppen, die ihre Pferde tränken, im August 1862. Stereoskopische Fotografie von Timothy H. O'Sullivan. © akg-images

16. Station: Befreite Sklaven in Richmond, Virginia, April 1865. Stereoskopische Aufnahme. © akg-images

17. Station: Ein Siedlertreck der Mormonen zieht nach Westen, um 1879. Foto C. W. Carter. © akg-images

18. Station: Gebet vor einer Gedenktafel zu Ehren des verstorbenen Jacob Saphirstein, des Gründers der jiddischen Zeitschrift *Der Morgen Zshurnal*, New York, wahrscheinlich in den 1920er-Jahren. Das 1901 gegründete Magazin wandte sich vor allem an Einwanderer aus Osteuropa und trat für eine Amerikanisierung der Immigranten ein. © Bildarchiv Pisarek / akg-images

19. Station: Armenischer Junge auf der Flucht, 1915. © akg-images / Pictures From History

Zwischengedanken: Die Gemeinde und ihre Gewalt: Die Narben eines entflohenen Sklaven aus Louisiana, 1863. © akg-images

20. *Station:* «Mein Feld ist die Welt»: Abfertigungshalle im Hamburger Hafen mit dem Firmenmotto der Hamburg-Amerika-Linie, um 1900. © akg-images

21. *Station:* Eine Karawane mit jüdischen Einwanderern in Palästina in den 1930er-Jahren. © Bildarchiv Pisarek / akg-images

22. *Station:* Eines der ersten palästinensischen Flüchtlingslager, 1948. Der Israelische Unabhängigkeitskrieg war für die Araber in Palästina «an-Nakbah», die Katastrophe. Mehrere Hunderttausend Menschen wurden vertrieben und mussten fliehen; ihre Zahl ist bis heute umstritten. Die Lager wurden zu dauerhaften Provisorien. © akg-images / Pictures From History

23. *Station:* Albanerin in der Einwanderungshalle auf Ellis Island, New York, 1905. Foto: Lewis W. Hine. © akg-images

24. *Station:* Rückkehr in das zerstörte Berlin, 1945. © akg-images

25. *Station:* Polnische Mutter mit ihrem Kind auf Ellis Island, New York, 1905. Foto: Lewis W. Hine. © akg-images

26. *Station:* Flüchtlingstreck auf dem Weg nach Westen, 1945. © akg-images

27. *Station:* Britische Flüchtlingskinder treffen auf der «Volendam», einem Schiff der Holland-Amerika-Linie, aus dem englischen Southampton kommend, in New York ein, 1. Juli 1940. © akg-images / AP

28. *Station:* Hilfe für vertriebene Armenier, Anatolien 1915. © akg-images / Pictures From History

Zwischengedanken: Was sollen wir tun?: Flüchtlinge kurz nach Ende des Zweiten Weltkriegs in Berlin, 1945. Foto: Abraham Pisarek. © Bildarchiv Pisarek / akg-images

29. *Station:* Osteuropäerin mit ihrem Gepäck auf Ellis Island, New York, 1905. Foto: Lewis W. Hine. © akg-images

30. *Station:* Frau aus Böhmen auf Ellis Island, New York, 1905. Foto: Lewis W. Hine. © akg-images

31. Station: Frauen aus der Ukraine auf Ellis Island, New York, 1930er-Jahre. © akg-images / TT News Agency / SVT

32. Station: Einwanderer in die USA beim Englischunterricht, New York, um 1950. © akg-images

33. Station: Flüchtlingsfamilie während des Amerikanischen Bürgerkriegs, 1861–1865. © akg-images

34. Station: Einwanderer auf Ellis Island, New York, ohne Datum. © akg-images / Science Source

35. Station: Illegale Einwanderer in die USA werden von Ellis Island nach Hoboken, New Jersey, gebracht, wo sie ein Schiff in ihre Heimat besteigen müssen, um 1950. © akg-images / Science Source

36. Station: Jüdische Flüchtlinge gehen am 11. Dezember 1947 vor der italienischen Küste bei Rom an Bord des Segelschiffes «Al Tafchidunu», das am 22. Dezember von der britischen Marine aufgebracht und an der Weiterfahrt nach Palästina gehindert wurde. Foto: J. Walter Green. © akg-images / AP

37. Station: «The Steerage» («Das Zwischendeck») von Alfred Stieglitz (1864–1946), aufgenommen 1907 auf der «SS Kaiser Wilhelm II.» von New York nach Bremen, zuerst veröffentlicht 1911 in Stieglitz' Magazin «Camera Work», ist eine der berühmtesten Aufnahmen in der Geschichte der Fotografie. Das Foto wurde als Ausdruck der damaligen Zeit und Gesellschaft, als frühes Zeugnis der künstlerischen Moderne und sogar als erstes proto-kubistisches Kunstwerk gefeiert. © akg-images

38. Station: Rückkehr von Juden aus dem Exil in Shanghai nach Berlin, 21. August 1947: Heimkehrer treffen, vom Görlitzer Bahnhof kommend, auf dem Gelände der Argus Motoren Gesellschaft m. b. H. in Reinickendorf ein. Foto: Abraham Pisarek. © Bildarchiv Pisarek / akg-images

39. Station: Immigranten warten auf den Docks von Ellis Island auf ihre Überfahrt nach New York, 1912. © akg-images / Fototeca Gilardi

40. Station: Arbeiterfamilien bei einer Mahlzeit in einem Wohnheim für slawische Einwanderer im Industriegebiet von New York City, 1912. Foto: Lewis W. Hine. © akg-images

Karte *«Assyrische Deportationen am Ende des 8. Jahrhunderts v. Chr.»:* Peter Palm, Berlin, erstellt nach: Herders neuer Bibelatlas, hrsg. von Wolfgang Zwickel, Renate Egger-Wenzel und Michael Ernst, Verlag Herder, Freiburg, Basel, Wien 2013, Seite 163

Karte *«Gebiete und Städte des Babylonischen Exils»:* Peter Palm, Berlin, erstellt nach: Herders neuer Bibelatlas, hrsg. von Wolfgang Zwickel, Renate Egger-Wenzel und Michael Ernst, Verlag Herder, Freiburg, Basel, Wien 2013, Seite 189

Karte *«Das Land der Bibel zur Zeit des Neuen Testaments:* © Peter Palm, Berlin

Karte *«Reisen des Paulus»:* © Peter Palm, Berlin

Literatur

Bibelübersetzungen

Das Alte Testament. Ausgewählt, übertragen und in geschichtlicher Folge angeordnet von Jörg Zink, Stuttgart und Berlin 1966.
Das Neue Testament. Übertragen von Jörg Zink, Stuttgart und Berlin 1965.
Die Bibel nach Martin Luthers Übersetzung, revidiert, Stuttgart 2017.
Zürcher Bibel, Zürich 2007.

Literatur zur Bibel

Assmann, Jan: Exodus. Die Revolution der Alten Welt, München 2015.
Brown, Chester: Mary wept over the feet of Jesus. Prostitution and religious obedience in the Bible, Montreal 2016.
–: Gospel of Mark in: Yummy Fur, verschiedene Hefte (ab 1983), Montreal.
–: Gospel of Matthew, in: Yummy Fur ab Heft 15 (ab 1986), sowie in: Underwater ab Heft 2 (ab 1994), Montreal.
Bruce, F. F.: Außerbiblische Zeugnisse über Jesus und das frühe Christentum, hg. von Eberhard Güting, Gießen/Basel 1991.
Bultmann, Christoph: Der Fremde im antiken Juda. Eine Untersuchung zum sozialen Typenbegriff ‹ger› und seinem Bedeutungswandel in der alttestamentlichen Gesetzgebung, Göttingen 1992.
Claussen, Johann Hinrich: Die Jesus-Deutung von Ernst Troeltsch im Kontext der liberalen Theologie, Tübingen 1997.
Dahlheim, Werner: Die Welt zur Zeit Jesu, München 2013.
Dahlman, Gustav: Orte und Wege Jesu, Gütersloh 1919.
Dallmann, Hans-Ulrich: Das Recht, verschieden zu sein. Eine sozialethische Studie zu Inklusion und Exklusion im Kontext von Migration, Gütersloh 2002.
Finkelstein, Israel: Das vergessene Königreich. Israel und die verborgenen Ursprünge der Bibel, München 2014.
Fühmann, Franz: Meine Bibel. Erfahrungen, in: Zu Martin Luther: Biblia, Leipzig 1983.
Gertz, Jan Christian: Mose und die Anfänge der jüdischen Religion, in: Zeitschrift für Theologie und Kirche 99 (2002), 3–20.

–: Noah und die Propheten. Rezeption und Reformulierung eines altorientalischen Mythos, in: Deutsche Vierteljahrsschrift für Literaturwissenschaft und Geistesgeschichte 81, 2007, 503–522.

–: Schriftauslegung in alttestamentlicher Perspektive, in: Schriftauslegung, hg. von Christine Nüssel, Tübingen 2014, 9–41.

Grundinformation Altes Testament, hg. von Jan Christian Gertz, Göttingen 2006.

Grundinformation Neues Testament, hg. von Kai-Wilhelm Niebuhr, Göttingen 2011 (4. Auflage).

Harnack, Adolf von: Die Mission und Ausbreitung des Christentums in den ersten drei Jahrhunderten, Leipzig 1924.

Hausmann, Jutta: Rut. Miteinander auf dem Weg, Leipzig 2005.

Hebel, Johann Peter: Biblische Geschichten, Zürich 1992.

Herbert, Zbigniew: Gesammelte Gedichte, hg. von Ryszard Krynicki, Berlin 2016.

Kessler, Rainer: Der Weg zum Leben. Ethik des Alten Testaments, Gütersloh 2017.

Köckert, Matthias: Abraham. Ahnvater – Vorbild – Kultstifter, Leipzig 2017.

Kratz, Reinhard Georg: Historisches und biblisches Israel. Drei Überblicke zum Alten Testament, Tübingen 2013.

Lehnert, Christian: Korinthische Brocken. Ein Essay über Paulus, Berlin 2013.

Levin, Christoph: Das Alte Testament, München 2018 (5. Auflage).

Lux, Rüdiger: Josef. Der Auserwählte unter seinen Brüdern, Leipzig 2001.

Martens, Helge: Am Anfang war das Trauma. Zur Interpretation von Ohnmachtserfahrungen als Schulderleben, in: Deutsches Pfarrerblatt Heft 2, 2011.

–: Exodus und Ostern als Reframing existentieller Krisen. Am Anfang war das Trauma (II), in: Deutsches Pfarrerblatt Heft 3, 2012.

Ritter, Henning: Notizhefte, Berlin 2010.

Robinson, Marilynne: When I was a child I read books, London 2012.

Scheliha, Arnulf von: Migration in ethisch-religiöser Reflexion. Theologiegeschichtliche und ethische Erwägungen zu einem aktuellen Thema, in: Zeitschrift für Theologie und Kirche 113. Jg., Heft 1/2016, 78–98.

Schöne, Albrecht: Der Briefschreiber Goethe, München 2015.

Schweitzer, Albert: Die Mystik des Apostels Paulus, Tübingen 1981 (Nachdruck der 1. Auflage von 1930).

Theißen, Gerd: Die Jesusbewegung. Sozialgeschichte einer Revolution der Werte, Gütersloh 2004.

Weizsäcker, Carl: Das apostolische Zeitalter der christlichen Kirche, Freiburg 1892.

Wellhausen, Julius: Israelitische und jüdische Geschichte, Berlin 1907 (6. Auflage).

Wernle, Paul: Die Anfänge unserer Religion, Tübingen und Leipzig 1904 (2. Auflage).

Nachweis der Bibeltexte

7. Das leere Land

1 Klagelieder 2,11 f. und 4,3–10
2 Ezechiel 37 in Auswahl

8. An den Flüssen Babylons und Ägyptens

1 Psalm 1 in Auswahl
2 Psalm 3
3 Psalm 102 und 42 in Auswahl
4 Psalm 60, 74 und 79 in Auswahl
5 Psalm 9 in Auswahl
6 Psalm 137
7 Psalm 126

9. Die Verwirrung der Sprachen

1 1. Mose 11,1–9

10. Die ganze Welt

1 1. Mose 2,4–25
2 1. Mose 1–2,4

11. Ein neuer Gottesdienst

1 2. Mose 20,8–11

12. Die Rückkehr und ein geheimnisvoller Knecht Gottes

1 Jesaja 40,1–8
2 Jesaja 55,8–13
3 Jesaja 44,6–17 in Auswahl
4 Jesaja 42,1–5 in Auswahl
5 Jesaja 43,1–7 in Auswahl
6 Jesaja 58,7–11
7 Jesaja 50,4–7

8 Jesaja 53,2–8
9 Jesaja 55,1–3
10 Jesaja 57,15

13. Ein Rest wird gerettet

1 Jesaja 24 in Auswahl
2 1. Mose 6–9 in Auswahl
3 Hosea 11,8
4 Amos 7,1–6

14. Eine neue Heimat in der Schrift

1 Nehemia 13,30
2 Jeremia 36 in Auswahl
3 Jesaja 1,10
4 Jesaja 34,16
5 Hesekiel 2,8–3,3

15. Das Fest der ersten Flucht

1 2. Mose 11,4–6
2 Vgl. 2. Mose 12 in Auswahl
3 Vgl. 2. Mose 14 in Auswahl
4 5. Mose 16,1–3

16. Der fremde Gott und der fremde Prophet

1 2. Mose 2,1 f.
2 Vgl. 2. Mose 2,1–10
3 Vgl. 2. Mose 2,11–15
4 Vgl. 2. Mose 2,16–22
5 Vgl. 2. Mose 3
6 Vgl. 2. Mose 4,10–13

17. Auf dem Weg in das
versprochene Land

1 Vgl. 4. Mose 33
2 2. Mose 16,3
3 Vgl. 2. Mose 19

18. Mit dem Gesetz

1 Vgl. 2. Mose 31
2 2. Mose 20
3 3. Mose 19,15–18
4 3. Mose 19,33 f.
5 Vgl. 2. Mose 32
6 Vgl. 2. Mose 33 f.

19. Die Vernichtung der
Abweichler

1 2. Mose 32,25–28
2 Vgl. 4. Mose 16 f.
3 Vgl. 5. Mose 34
4 Vgl. 1. Könige 18 f.

Zwischengedanken:
Die Gemeinde und ihre Gewalt

1 2. Mose 32,27

20. Aufbruch auf ein Wort hin:
Abraham

1 Vgl. 4. Mose 33,50 ff.
2 Josua 6
3 Vgl. 1. Mose 12 f.
4 Vgl. 1. Mose 15
5 Vgl. 1. Mose 16
6 Vgl. 1. Mose 18
7 Vgl. 1. Mose 21
8 Vgl. 1. Mose 22

21. Der verlorene Bruder:
Jakob

1 Vgl. 1. Mose 25
2 Vgl. 1. Mose 27
3 Vgl. 1. Mose 28
4 Vgl. 1. Mose 29–31
5 Vgl. 1. Mose 32
6 Vgl. 1. Mose 33
7 Vgl. 1. Mose 35
8 Vgl. Hosea 12,3–7

22. In die weite Welt: Josef

1 Vgl. 1. Mose 37–50, vgl. 2. Mose 13,19
und Josua 24,32

23. Mitgehen: Rut

1 Vgl. Rut 1–4
2 Vgl. Matthäus 1

24. In der Wüste und am Fluss:
Johannes der Täufer

1 Markus 1,5 f. und Matthäus 3,1 f.
2 Lukas 3,7–14
3 Markus 1,9–11
4 Markus 1, 12 f. und Lukas 4,2–13

25. Ohne Obdach und auf der
Flucht: Jesus

1 Lukas 2,1–20
2 Matthäus 2

26. Wandern und Wunder

1 Lukas 4,16–30
2 Markus,21–39

3 Markus 9,14–27

4 Markus 2,1–12

5 Lukas 18,35–43

6 Lukas 7,1–10

7 Markus 7,24–30

8 Markus 12,13–17

9 Lukas 12,22–33

10 Markus 10,13–16

11 Matthäus 6,5–13

12 Johannes 14,6

13 Thomas 42

27. Worte wie Samenkörner

1 Lukas 7,18–23

2 Lukas 17,21

3 Thomas 3

4 Matthäus 13,33

5 Markus 4 in Auswahl

6 Lukas 15,3–10

7 Lukas 15,11–32

8 Thomas 97

28. Das Gesetz der Liebe

1 Markus 2,18 f.

2 Markus 2,23–27

3 Ergänzung zu Lukas 6,5

4 Markus 3,1–6

5 Markus 7,1–23

6 Lukas 19,1–10

7 Matthäus 11,25–30 in Auswahl

8 Matthäus 10,34 f.

9 Markus 12,28–31

10 Matthäus 5 in Auswahl

11 Matthäus 6 in Auswahl

12 Lukas 10,30–37

29. Ohne Haus, Familie und Beruf

1 Lukas 14,13a.15–23

2 Markus 1,16–20

3 Markus 3,31–34

4 Lukas 9,57 f.

5 Markus 8,34 f.

6 Markus 10,29–31

7 Markus 10,17–22

8 Markus 6,30–44

9 Lukas 10,3–11

10 Markus 8,27–29

11 Markus 9,33–35

12 Markus 10,42–44

13 Matthäus 5,13–16 in Auswahl

14 Matthäus 5,3–10

30. Der Weg in den Tod

1 1. Korinther 11,23–25

2 Markus 11,1–10

3 Markus 11,15–17

4 Markus 11,18 und 14,1–2

5 Markus 14,3–8

6 Markus 14,10 f.

7 Markus 14,12–25 in Auswahl

8 Markus 14,26–31

9 Markus 14,32–52

10 Markus 14,53–72

11 Markus 15,1–15

12 Markus 15,16–37

13 Markus 15,40–47

31. Ins Offene schauen und gehen

1 Jesaja 53,2–7

2 1. Brief an die Korinther 15,1.3–8

3 1. Brief an die Korinther 9,1

4 Brief an die Galater 2,20

5 Markus 16,1–8

6 Lukas 24,1–12

7 Matthäus 28,1–10 in Auswahl

8 Matthäus 28,16–20

9 Lukas 24,13–32

32. Begeisterung in Jerusalem

1 Vgl. Apostelgeschichte 2,1–13

2 Vgl. Apostelgeschichte 2,37–47

3 Apostelgeschichte 3,1–11

33. Grenzüberschreitungen im Ausland

1 Apostelgeschichte 6,8–7,60 in Auswahl

2 Vgl. Apostelgeschichte 8,1–8

3 Apostelgeschichte 8,26–39

4 Apostelgeschichte 10

34. Vom Verfolger zum Verfolgten: Paulus

1 Vgl. Brief an die Philipper 3,5 f.

2 Vgl. 1. Brief an die Korinther 15,9

3 Vgl. 1. Brief an die Korinther 15,8

4 Vgl. Brief an die Galater 1,1 und 1,11–16

5 Vgl. Brief an die Philipper 3,4 ff.

6 Vgl. Apostelgeschichte 9

35. Streit um die Fremden: Paulus gegen Petrus

1 Brief an die Galater 1,15–17

2 Brief an die Galater 1,18 f.

3 Brief an die Galater 1,21–24

4 Brief an die Galater 2,1–9

5 Vgl. Brief an die Galater 2,11–14

6 Brief an die Galater 5,1–6

36. Reisen bis ans Ende der Welt

1 Brief an die Römer 15,20

2 Vgl. 1. Brief an die Korinther 9,12–18

3 Vgl. Brief an die Philipper 4,12–18

4 Brief an die Römer 16

5 1. Brief an die Korinther 6,9–11

6 2. Brief an die Korinther 12,1–11

7 Brief an die Galater 4,13 f.

8 2. Brief an die Korinther 6,3–10

9 2. Brief an die Korinther 11,32 f.

10 2. Brief an die Korinther 11,23–28

11 Vgl. Brief an die Römer 12,12–21 in Auswahl

12 Vgl. 1. Brief an die Korinther 14 in Auswahl

13 Brief an die Römer 15,23 f.

14 Brief an die Römer 15,25–32

15 Vgl. 1. Clemensbrief 5,1–7

37. Die Geburt der Theologie aus der Heimatlosigkeit

1 2. Brief an die Korinther 5,17

2 Vgl. Brief an die Philipper 3,12–14

3 Brief an die Römer 3,9–12

4 1. Brief an die Thessalonicher 5,2.4 f.

5 Brief an die Römer 8,1–2.10–11.14

6 Brief an die Römer 8,24–39 in Auswahl

7 Brief an die Römer 3,21–24

8 Brief an die Galater 3,28

9 1. Brief an die Korinther 12 in Auswahl

10 1. Brief an die Korinther 13 in Auswahl

11 Vgl. 1. Brief an die Korinther 7,29–31

12 1. Brief an die Thessalonicher 5, 12–28

38. Das Ende von Jerusalem

1   Lukas 21,20–24

39. Das himmlische Jerusalem

1   Vgl. Offenbarung des Johannes 1 in Auswahl
2   Vgl. Offenbarung des Johannes 5 f. und 8 in Auswahl
3   Vgl. Offenbarung des Johannes 13 in Auswahl
4   Vgl. Offenbarung des Johannes 2 f. in Auswahl
5   Vgl. Offenbarung des Johannes 18 in Auswahl
6   Vgl. Offenbarung des Johannes 19 in Auswahl
7   Brief an die Hebräer 13,14
8   Vgl. Offenbarung des Johannes 21 in Auswahl

40. Gemeinden der Gastfreundschaft

1   Brief an die Römer 12, 10–13
2   1. Brief des Petrus 4,10
3   Brief an die Hebräer 13,2
4   3. Brief des Johannes 5–8
5   Brief an die Epheser 2,19
6   Matthäus 25,31–40

Aus dem Verlagsprogramm

364 Seiten mit 29 Abbildungen. Gebunden
ISBN 978-3-406-66684-1

«Dieses Buch ist mit Jauchzen und Frohlocken
zu begrüßen!»
Harald Schmidt, Frankfurter Allgemeine Zeitung

«Absolut lesefreundlich geschrieben und
liebevoll gestaltet.»
Edgar S. Hasse, Welt am Sonntag

VERLAG C.H.BECK

288 Seiten mit 48 Abbildungen. Gebunden
ISBN 978-3-406-60718-9

«Johann Hinrich Claussen versteht es in seltener
Kenntnisdichte, die Architekturgeschichte des
Christentums, all die Steine, Bögen und Skulpturen
zum Sprechen zu bringen.»
Elisabeth von Thadden, DIE ZEIT

«Elegant und kurzweilig verknüpft er Kunstgeschichte,
theologische Deutung, Politik und Frömmigkeits-
geschichte und lässt nicht nur Gläubige Kirchen
mit anderen Augen sehen.»
Andrea Gerk, WDR

VERLAG C.H.BECK